인천의 전통신앙

인천학연구총서 46

인천의 전통신앙

김영준

차 례

Ⅲ. 풍어신앙

Ⅳ. 마을신앙

V. 국가신앙

Ⅵ. 이주민 신앙

Ⅶ. 가신신앙

서문

1. ‘전통신앙’의 개념

‘전통신앙’이라는 말은 많이 쓰이는 단어는 용어는 아니다. 학술적으로는 ‘전통신앙’이라는 용어에 대응하는 것으로 ‘민간신앙’이라는 용어가 많이 쓰인다. 그렇기 때문에 먼저 본 책에서 말하는 ‘전통신앙’이란 어떤 것을 말하는지 설명할 필요가 있다고 생각된다.

전통신앙이라는 것은 전통적으로 내려온 신앙, 즉 근래에 만들어진 것이 아니라 과거로부터 내려오는 신앙을 말하는 것으로 일반적으로 ‘민속신앙’ 혹은 ‘민간신앙’이라고 불리는 것을 말한다. 이러한 전통신앙은 ‘민속’이라는 범주에 들어간다. ‘민속’라는 것은 ‘민간의 풍속’이라는 말의 약어이지만 원래는 영국의 민속학자인 톰스가 1846년에 쓴 ‘folklore’라는 말의 번역어로 원래의 뜻은 ‘민간의 지식’이었다. 그리고 ‘민속’이라는 것은 전통문화라는 말과 관련이 있는데 전통문화란 오랜 역사를 통해 형성되어 집단의 모든 사람이 공용하는 것이며 민속은 이렇게 형성되어진 민족의 생활양식을 뜻하는 것이다.[1] 즉 민속이란 전통문화라고 부를 수 있는 것이며 민속 연구는 곧 전통문화에 대한 연구라고 볼 수 있는 것이다. 즉 민속 혹은 전통문화의 한 부분이 '민속신앙' 혹은 '민간신앙' 즉 '전통신앙'인 것이다.

역사적으로 한국의 전통신앙은 고대로부터 중국과의 교류를 통해 많은 변화를 겪어왔다. 이를 시대를 구분해서 설명할 수 없지만, 다음과 같이 정리할 수 있다. 『삼국지』와 『삼국사기』 등의 기록을 보면 한국은 중국과 구별되는 문화적 전통을 가지고 있었고 전통신앙 역시 신화에 기반한 샤머니즘에 가까운 신앙을 가지고 있었던 것으로 보인다. 그러다가 중국문화를 적극적으로 수용하여 국가체제를 정비하려는 노력을 하면서 중국으로부터 유교, 불교, 도교 등을 수용하면서 변화가 생기게 된다. 중국으로부터 종교를 비롯한 다양한 문물들이 전래되면서 이를 받아들이려는 분위기가 생기게 된다. 이러한 경향은 고려와 조선시대에도 계속되는데 특히 조선시대에는 유교국가로 만들고자 무속신앙을 억누르게 된다. 그래서 이 무렵부터 무당들은 점차 천시당하는 신세로 변한 것으로 보인다. 그러한 경향속에서 조선후기 개화의 분위기속에서 기독교가 전래되면서 각 지역의 전통신앙을 밀어내게 되고, 일제강점기에는 일제에 의한 기부금 제한과 미신타파운동이 벌어지면서 전통신앙은 고난을 겪게 된다.

이러한 역사 속에서 외래문화를 적극적으로 받아들이려는 경향은 주로 상류층에서 두드러졌다. 이들은 필요하면 무당을 불러 굿을 하기도 했으나 조선시대 이전에는 주로 불교 신앙을 받아들였으며, 조선시대에는 성리학적인 가르침을 따르며 살아가는 등 전통신앙과 거리를 두게 된다. 그러나 대부분의 민중들은 이러한 변화속에서도 조상들이 남

1) 최인학 외 7인 공저, 『한국민속학 새로 읽기』, 민속원, 2001, 15~16쪽.

긴 생활양식과 종교적 전통을 지켜왔고 상류층의 영향을 받아 바뀐다고 하더라도 본질적인 면은 바뀌지 않았다.

대표적으로 전통혼례의 경우를 살펴보면, 조선은 초기부터 전통적인 서류부가혼(婿留婦家婚)을 중국식 친영례(親迎禮)로 바꾸고자 노력했지만 결국 민중들의 저항에 부딪쳐 조선후기에는 서류부가혼과 친영례가 섞인 반친영(半親迎)이 만들어지게 된다. 그리고 현대에 이르러서 신혼여행을 다녀온 후 먼저 처갓집에 가서 자고 오는 풍습이 있었는데 이것은 서류부가혼의 잔재라고 한다.

이렇게 민중문화는 변화에 저항하고 전통문화의 본질적인 면을 지키려는 특성을 가지고 있다. 이러한 점은 민간신앙 역시 마찬가지라고 할 수 있다. 지금은 거의 사라져 가지만 한국에서는 전통적으로 유교, 불교, 기독교 등과는 다른 전통적으로 내려오는 신앙이 존재했다. 이러한 전통신앙들은 불교나 도교의 영향을 받기도 했지만 근본적인 면은 바뀌지 않은 채로 전해내려왔다. 따라서 '전통신앙'이란 이렇게 전통적으로 내려오는 민간신앙들을 말한다고 볼 수 있다. 따라서 본 책에서 말하는 전통신앙이란 기본적으로 전통적으로 인천에서 내려오는 민간신앙을 중심에 두고 있다고 말할 수 있다.

한편으로 전통신앙의 의미를 민간신앙에만 국한시킬 필요는 없다고 생각한다. '전통(傳統)'은 넓은 의미로 과거로부터 내려오는 모든 문화유산을 가리킨다. 그래서 좀 더 확장해서 생각해본다면 전통신앙이란 한 지역에서 과거로부터 오랫동안 전해오는 대부분의 신앙들을 포함시킨다고 볼 수 있다. 예를 들면 본서에서 언급하고 있는 미추홀구의 원도사, 강화도의 마니산 참성단 등의 경우를 보면, 원도사는 주변 섬들의 신들을 모아서 제사를 지냈고, 마니산 참성단은 비록 고려 고종 때 처음으로 초제를 지냈지만 참성단의 만들어진 시기가 불분명하다는 점 등에서 민간신앙과 밀접한 관련을 가지는 것으로 보인다. 그렇기 때문에 비록 국가에서 주도한 것이라고 할지라도 해당 지역에서 전통적으로 내려오는 신앙과 관련이 있다고 판단되기 때문에 국가에서 주도한 미추홀구의 원도사와 강화도의 마니산 참성단도 전통신앙에 포함시킬 수 있다고 생각된다.

2. 연구의 범위

그런데 인천의 전통신앙 특히 민간신앙 중에는 용동 큰 우물제와 같이 후대에 만들어지는 신앙이 존재하기도 한다. 그러나 이러한 것들까지 포함한다면 본 책에의 취지와는 어긋난다고 볼 수 있다. 그래서 본 책에서는 이주민들에 의해 정착한 신앙들을 제외한다면 주로 현대에 만들어진 것이 아닌 전통적으로 내려오는 민간신앙을 정리하고자 한다. 그렇기 때문에 본 연구에서 말하는 인천의 전통신앙은 대체로 고대부터 조선시대까지 있었다고 여겨지는 것들을 중심으로 하여 근대 및 6·25전쟁 직후까지로 시대를 제한하고자 한다. 이러한 범위에 속하는 것으로는 대표적으로 인천 문학산과 계양산의 제사유적, 조선후기 기록인 『강도지(江都志)』에 보이는 갑곶성황, 조선시대 기록에는 보이지 않지만 이경성의 『인천고적조사보고서』(1949) 및 구술 자료에 보이는 안관당 등이 있다. 또한 동제 역시 이 범위에 들어가는데, 동제의 경우도 조선시대 이전부터 존재했을 것으로 볼 수 있기 때문에 전통신앙으로 분류할 수 있다. 그리고 근대 및 6·25 전쟁 직후로 한정하면 의선당을 중심으로 한 화교와 서해안 풍어제로 대표되는 황해도민들의 신앙까지 인천의 전통신앙에 포함 될 수 있다. 그 이유는 비록 화교가 임오군란 이후 이주한 중국인들을 조상으로 하고 있으며 이미 한국사회에 정착한지 오래되었기 때문이며, 서해안 풍어제는 황해도민들의 이주로 전래되었지만 지금은 인천의 대표적인 풍어제가 되었기 때문이다.

이렇게 본 연구는 조선시대 또는 근현대에 인천에 정착했다고 여겨지는 것들을 대상으로 하고 있다. 그렇기 때문에 지나치게 후대에 등장했을 것으로 생각되는 것들은 제외하였다. 대표적으로 인천의 맥아더 장군 신앙의 경우, 매우 흥미로운 무속신앙이기는 하지만 후대에 등장한 것으로 볼 수 있기 때문에 본 연구의 범위에 넣지 않았다.[2)]

3. 연구 목적 및 필요성

現 인천광역시는 대체로 지금의 미추홀구, 남동구, 연수구, 중구 및 동구 등을 중심으로 하는 原인천지역과 계양구, 부평구를 중심으로 하는 부평지역 및 본래 김포에 속해있던 서구와 강화도, 교동군, 그리고 황해도에 속했던 옹진군 등으로 구분할 수 있다. 그리고 이러한 문화적 전통 중에서 신앙 역시 다양하게 존재하고 있다. 예를 들면, 문학산의 안관당 및 낙섬 지역의 원도사, 옹진군 지역의 임경업 장군 신앙 및 원순제 신앙, 강화도 외포리 곶창굿 등이 있다. 그러나 이러한 인천의 전통신앙은 인천에 기독교가 전래되고 도시화되면서 점차 사라져 갔다. 대표적으로 인천지역에 있던 동제 및 안관당에서 벌어지던 안관제가

2) 맥아더 신앙에 대한 연구는 전문적인 민속학 연구자의 연구가 필요하다고 생각된다.

사라져갔으며 원도에 있던 원도사제는 그 일대가 매립되면서 사라져갔다. 물론 그 이전에 사라진 것으로 추정되는 것들도 많다. 예를 들면 인천 문학산과 강화도 갑곶에 있던 성황당 역시 지금은 존재하지 않는 것들이다. 다만 강화도 갑곶의 성황당 및 성황제의 경우는 조선 후기에 이형상이 남긴 『강도지』에 그 일부가 전해지고 있지만 강화도 외포리 곶창굿처럼 잘 알려진 무형문화재는 아니었다.

이렇게 인천 지역에는 다양한 전통신앙이 존재하고 있었지만 지금은 대부분 존재하지 않는다. 그런데 이렇게 다양한 전통신앙이 인천에 있음에도 불구하고 지금까지 이를 정리한 책은 보이지 않고 있다. 인천의 전통신앙과 관련하여 인천광역시립박물관에서 2015년에 『인천의 동제』라는 책을 낸 적은 있지만 이 책이 인천 지역의 전통신앙들을 정리한 책이라고 볼 수는 없다. 반면에 지금까지 인천의 전통신앙을 다룬 논문들은 다수 존재하고 있다. 그럼에도 불구하고 아직까지 인천의 전통신앙을 종합적으로 정리한 책이 없다는 것은 아쉬운 점이라고 할 수 있다. 그래서 이렇게 사라졌고 점차 사라져 가는 인천의 전통신앙에는 어떤 것이 있는지 분류하고 정리해서 책으로 만드는 작업은 인천 지역의 전통문화와 관련하여 반드시 필요한 작업이라고 생각된다.

4. 연구사 개관

인천의 전통신앙에 대한 기록은 조선시대부터 조금씩 있어 왔다. 대표적으로 조선 숙종 때 만들어진 『강도지』 사단(祠壇)조에 의하면 '갑곶신사'이라는 항목에 "본부의 음사자(淫祀者) 및 왕래하는 뱃사람들이 계속 분주하게 기도한다."라고 하여 신사(神祠) 즉 신을 모시는 사당이 있으며 이곳에 뱃사람들이 기도하였다고 하였으며 중종(中宗) 25년(1530)에 만들어진 『신증동국여지승람』에는 원도(猿島)에 대해 "부 서쪽 12리 되는 곳에 있으며 섬 가운데에 여러 섬의 신제단(神祭壇)이 있는데, 봄·가을에 악(岳)·해(海)·독(瀆)에 제사를 지낼 때에 수령이 친히 행한다." 라고 하는 등 전통신앙에 대한 기록들이 남아 있다. 그리고 『소성진중일지』 4월 20일 기록에는 인천부사 구완식이 문학산 산신에게 제사를 지냈다고 나오며 『백령진지』, 『백령도지』 등에는 성황신앙과 같은 옹진군 지역의 전통신앙에 대한 기록이 있다. 그리고 1949년에 이경성이 쓴 『인천고적조사보고서』에는 안관당에 대한 이야기가 나오고 있다. 이렇게 1950년대 이전까지는 단편적이기는 하지만 인천의 전통신앙에 대한 기록들이 있어왔다. 다만 이러한 내용들이 정리되어 소개되거나 연구된 적은 없었다.

이후 조금씩 인천 전통신앙에 대한 연구가 진행된다. 인천 전통신앙에 대한 연구는 매우 다양하고 주제별로 연구의 양상도 다르다. 그래서 이러한 인천 전통신앙에 대한 연구를 비교적 연구가 활발한 것들을 중심으로 정리하면 다음과 같다. 첫째로 인천의 동제의 경우는 문상범의 「인천의 洞祭 연구」(『인천학연구』 2권, 2(2), 인천학연구원, 2003)가 처음이라고 할 수 있다. 문상범은 지금은 거의 사라지고 없는 인천 지역의 동제에 대한 현지조사를 통해 인천 동제의 양상과 특징을 정리했고, 이후 2015년에 인천광역시립박물관에서는 다시 『인천의 동제』를 통해 사진과 설명을 통해 인천지역의 동제를 정리하였다. 둘째로 인천의 무형문화재 8호인 강화도 외포리 곶창굿의 경우는 1989년에 나온 『곶창굿 연신굿』(이선주, 동아사, 1989)에 곶창굿의 의미를 설명하면서 언급된다.

이후 문광영의 「강화도 외포리 고창굿 연구」(『기전문화연구』 24, 경인교육대학교 기전문화연구소, 1996)라는 논문을 통해 본격적인 연구가 이루어지게 되며, 2005년에는 경기대학교에서 김용국이 「강화도 외포리 곶창굿의 현지 연구」라는 박사학위논문을 발표하였다. 그리고 2010년에는 강영경이 『강화도 외포리 곶창굿』(민속원, 2010) 책을 통해 곶창굿의 기원 및 절차·내용·활동 등을 정리하였다. 강화도에는 이러한 외포리 곶창굿과 유사한 성격의 굿이 지금의 갑곶지역에 있었을 것으로 추정되는데 이에 대해 김영준은 「『강도지』에 보이는 갑곶성황제에 대한 검토」(『인천학연구』 17, 인천학연구원, 2012)라는 논문을 통해 지금은 사라진 갑곶지역의 성황제에 대해 조명하였다. 셋째로 인천 미추홀구의 경우 지금은 사라졌지만 인천의 전통종교와 관련된 것으로는 낙섬 혹은 원도라 불리는 곳에서 벌어진 원도사제와 문학산의 안관당이 존재한다. 원도사는 조선 세종 때 주변 섬들의 신을 한 곳으로 모아 합사(合祀) 한 곳으로 이후 조선의 주요 기우제를 올리는 곳이 되며 안관당은 인천부사 김민선을 모셨던 곳으로 문학산 산신신앙과 관련이 있는 곳이다. 이 두 신앙에 대한 연구 및 학술조사를 살펴보면 김영준은 2010년 「조선시대 인천의 원도사에 대한 고찰」(『박물관지』 13, 인하대 박물관, 2010)이라는 논문을 통해 인천 원도사의 양상과 성격을 살펴보았으며, 이후 2012년에 이용범은 「원인천 지역 지방제사의 전통과 계승」(『박물관지』 15, 인하대학교 박물관, 2012)을 통해 원도사와 안관당의 양상과 성격을 통해 인천 미추홀구 지역의 지방제사의 특징을 살펴보았다. 그리고 2014년에는 인천사연구소에서 미추홀구청의 의뢰를 받아 『「인천 남구 청황패놀이 재현사업」 조사연구 최종보고서』를 통해 말로만 전해지던 원도에서 벌어지는 청황패놀이에 대한 학술조사 및 재현 사업에 대한 용역 연구를 하였다. 넷째로 옹진군 지역에서 가장 유명한 것은 연평도의 임경업 신앙이다. 이러한 임경업 신앙에 대해서는 그전에 다수의 논문에서 그 양상과 성격에 대해 다루었지만, 대청도의 원순제 신앙이나 백령도의 성황신앙에 대해서는 연구된바가 없었다. 그러다가 2016년 김영준은 「서해 5도 설화의 역사적 검토」(『박물관지』 19, 인하대 박물관, 2016)라는 논문에서 옹진군 지역의 설화를 정리하면서 연평도의 임경업 신앙과 더불어 기존 연구에서는 다루지 못한 백령도의 성황신앙, 대청도의 원순제 신앙의 기원과 성격에 대해서도 검토하였다. 다섯째로 의선당은 인천 화교와 밀접한 관련을 가진 종교시설로 이에 대한 연구로는 박현규의 「인천화교 義善堂의 모습과 민간신앙 조사」(『역사민속학』 29, 한국역사민속학회, 2009), 이정희의 「조선화교의 민간신앙과 비밀결사: 거선당과 의선당을 중심으로」(『사회와 역사』 120, 한국사회사학회, 2018) 등이 있다.

5. 연구 방법 및 각 장 소개

본서는 기본적으로 지금까지 문헌 및 현지조사를 통해 밝혀진 인천의 전통신앙들을 그 역사적 연원을 밝히고 내용과 의미를 살펴보는 방향으로 서술하였다. 다만 동제와 같이 역사적으로 언제부터 시작되었는지 정확히 알 수 없는 것들도 있고 원도사와 같이 문헌으로만 남아있을 뿐 현재는 존재하지 않는 것들도 있다. 이러한 것들을 최대한 모아서 다음과 같이 분류하여 각 장을 구성하였다.

'Ⅰ. 성황신앙'은 성황당 혹은 성황사를 중심으로 하는 신앙들을 모아 정리하였다. 성황신앙이라는 것은 일반적으로 중국에서 시작하였지만 신라말기에 전래되어 한국의 토착신앙이 되었다. 조선시대에는 성황신앙을 국가에서 유교식으로 바꾸고자 하였으며 각 읍에 1개씩 두는 것으로 관리하고자 하였다. 그리고 일반적으로 성황사는 읍의 치소에 해당되는 지역에 존재하였고 보통 조선시대 이전까지 읍의 치소가 산성이었기 때문에 화개산·계양산 등 산성이 위치한 산에 있는 경우가 많았다. 그러나 백령도의 경우와 같이 관치성황사가 아닌 민간 성황사로 남는 경우도 있었다. 여기서는 이와 같은 인천의 성황신앙에 대해 살펴보고자 한다.

'Ⅱ. 인물신앙'은 인천지역에서 신으로 모셔지는 인물들에 대한 신앙으로 서해 도서 지역의 대표적인 인물신인 임경업 장군을 비롯하여 대청도의 원순제, 강화도의 관우 등에 대해 알아보았다. 성황신앙으로 분류한 안관당의 김민선 역시 인물신앙으로 분류 할 수 있지만 여기서는 주로 성황신앙과 별개의 인물들에 대한 신앙을 살펴보았다.

'Ⅲ. 풍어신앙'은 인천지역에 남아있는 풍어제 및 그와 관련된 신앙에 대해 알아보았다. 지금의 인천항은 과거 작은 어촌마을이었고 연수구 동춘동 지역도 어촌마을이 많았다. 그렇기 때문에 인천지역에서도 당연히 풍어신앙이 존재했을 것으로 보인다. 그렇지만 현재 인천은 도시화가 진행되어 풍어신앙은 거의 사라지고 없다. 현재 남아있는 풍어신앙으로는 강화도 외포리 곶창굿과 서해안 풍어제뿐이다. 그러나 서해안 풍어제는 황해도민들이 인천에 정착한 다음 인천에 뿌리내린 것으로 과거로부터 인천에 존재한 풍어제라고 보기에는 힘든 점이 존재한다. 그래서 여기서는 서해안 풍어제를 이주민 신앙으로 따로 분류하고 대신 교동의 사신당을 풍어신앙으로 분류하였다.

'Ⅳ. 마을신앙'은 말 그대로 마을의 구성원들이 중심이 된 신앙을 말하는 것으로 일반적으로 동제가 대표적인 마을신앙이라고 할 수 있다. 이러한 동제는 오래전에 자연적으로 생간 자연마을과 깊은 관련을 가지고 있다. 그러나 인천이 도시화되면서 이러한 자연마을은 쇠퇴하여 사라지게 되고 아울러 인천지역의 동제들도 하나 둘 씩 사라지게 된다. 그래서 현재로서는 마을신앙은 거의 대부분 사라지고 없지만 마을신앙을 대표하는 부근당 신앙은 아직까지 교동에 남아있다. 그래서 여기서는 인천의 동제 및 부근당 신앙을 중심으로 인천의 마을신앙에 대해 살펴보았다. 그리고 인천의 동제 중 가장 유명하고 연구가 많이된 연수구 동춘동 동막마을의 동막도당굿을 동제에서 분리하여 별도로 살펴보았다.

'Ⅴ. 국가신앙'은 국가제사를 말한다. 국가제사라는 것은 국가가 주도한 제사의식을 말하는 것으로 중앙정부의 통제를 받는 종교의식이다. 다만 국가신앙이라는 용어는 학술용어는 없고 본 책에서 '○○신앙'이라고 분류한 기준에 따라 국가제사를 국가신앙이라고 한 것이다. 인천에서 국가신앙에 속하는 것으로는 마니산 참성단 초제와 인천 미추홀구 낙섬의 원도사제가 있다. 마니산 초제는 고려시대부터 조선시대까지 이어진 국가가 주관하는 도교의례이고 원도사제는 조선 세종 때 주변 섬들의 신들을 낙섬에 있는 원도사에 합사한 이후 국가가 관리하던 제사이다. 여기서는 이러한 국가신앙에 대해 알아보았다.[3]

'Ⅵ. 이주민 신앙'은 인천의 또 다른 특성인 이주민과 관련된 신앙이다. 인천은 개항 이후 수많은 타지역 주민들의 이주를 통해 인구가 증가하게 되어 지금도 토박이의 비중은 매우 적은 편이다. 그러한 이주민들

3) 이외에 봉천대의 경우 고려시대 나라에서 제천의식을 거행한 곳으로 알려져 있어 포함시켜야 하지만 자료가 많이 부족하고 여러 가지 의문점이 많기 때문에 봉천대를 포함시키지 못하였다.

가운데 대표적인 것이 임오군란 이후 들어온 화교와 6·25전쟁을 전후로 하여 인천에 정착한 황해도민들이다. 이들은 단순히 이주하여 정착한 것이 아니라 본래 자신들 지역에 있던 신앙들도 같이 가지고 오게 된다. 그것을 대표하는 것이 화교의 경우는 의선당이고 황해도민들의 경우는 서해안 풍어제이다. 여기서는 이러한 이주민들의 이주와 정착 그리고 그들이 인천에 가지고 온 신앙에 대해 살펴보았다.

'Ⅶ. 가신신앙'은 인천의 가정에서 모시는 신들에 대한 신앙으로 일명 '가정신앙'이라고 불리는 것을 말한다. 가정신앙은 마을신앙과 마찬가지로 도시화 및 주거환경의 변화, 기독교의 포교 등으로 점차 사라져 가는 신앙이다. 여기서는 이러한 가신신앙을 남동구, 영종도 및 용유도, 강화도, 교동도에 한에서 살펴보도록 하였다.

이러한 내용들은 대부분 기존의 연구 결과를 최대한 반영하였다. 그리고 일부 연구가 안 된 것은 별도의 연구를 통해 그 양상과 성격을 살펴보았다. 또한 관련된 사진들과 지도 등을 넣어서 최대한 이해를 돕도록 하였다.

I

성황신앙

1. 개요

성황(城隍)은 서낭과 발음이 비슷하여 종종 서낭으로 보기도 한다. 하지만 서낭은 몽골의 '어워(옛 이름 '오보')'처럼 돌을 쌓은 것을 말하고 성황은 원래 '성벽과 해자'를 가리키는 것으로 성벽을 수호하는 신을 말한다. 성황신앙은 중국 남북조시기에 형성되면서 사당을 뜻하는 묘(廟)를 중심으로 한 민간신앙으로 전해내려온다. 이러한 중국의 성황신앙은 한반도에는 신라말에 전래되어 한국의 전통신앙으로 자리잡게 된다. 그리고 한국의 성황신은 지역 세력과 연결되어 그 지역을 대표하는 인물들을 성황신으로 모셨다. 그런데 한국의 성황신앙은 무속신앙의 형태를 하고 있었기 때문에 유교국가를 표방한 조선왕조는 성황신을 숭배하는 방법을 유교식으로 바꾸고자 많은 노력을 한다. 예를 들면, 신상이나 그림을 없애고 위패로 대신하거나 무당이 아닌 지방관이나 지역의 연로한 사람을 제관으로 삼는 등의 노력을 하였다. 하지만 결국 이를 어기는 사례들이 계속적으로 등장하게 되어 성황신앙의 유교화

정책은 사실상 실패하게 된다.

성황을 모시는 성황사는 기본적으로 각 고을에 1개씩 존재했고 대부분 읍의 치소가 있는 곳에 위치했다. 그렇기 때문에 인천에도 읍치가 있었던 곳에는 항상 성황사가 있었던 것으로 보인다. 특히 인천은 현재의 교동, 강화, 부평, 인천, 서해 5도 지역이 조선시대에는 별개의 지역이었기 때문에 적어도 5개 이상의 성황사가 있었던 것으로 보인다. 그리고 이러한 성황사에서는 주기적으로 성황제가 벌어진 것으로 보인다. 그러나 이러한 성황사와 성황제에 대한 기록이 현재 모두 남아 있는 것은 아니다. 여기서는 남아있는 기록을 중심으로 인천지역의 성황신앙의 양상에 대해 살펴보고자 한다.

2. 강화도의 갑곶성황

1) 갑곶의 성황당과 성황단

강화도의 성황사에 대해서는 『신증동국여지승람』에서 "성황사(城隍祠) 갑곶나루에 있다."라고 언급하고 있어 강화도의 성황사는 갑곶나루에 있다는 것을 알 수 있다. 그런데 조선 숙종 때 이형상에 의해 쓰여진 『강도지(江都志)』에 의하면 다음과 같이 성황단에 대해 기록하고 있는 것을 볼 수 있다.

> 성황단(城隍壇)
> 예전에 갑곶에 있었는데 지금 견자산으로 옮겼다. 선유(先儒)들은 한의 기신(紀信)을 성황으로 제사하였다고 했는데 지금 그것을 아는 자가 없으

니 안타까운 일이다.[1)]

–『江都志』, 「祠壇」

위에서 보는 바와 같이 갑곶에는 예전부터 성황단이 있었다고 기록되어있다. 이러한 성황단에 대해 최종석은 조선 초기 『홍무예제』에 의거하여 성황을 산천신 및 풍운뢰우의 신과 하나의 단(壇)에 합제하면서 비롯된 것으로 보고 있다.[2)] 또한 최종석은 "동국여지승람 에서 보이지 않던 성황단이 여지도서 에서 등장하는 현상은 일부지역에서 성황사를 성황단으로 달리 칭한 데서 비롯된 것으로 이해할 수 있다."고 하여 성황사를 성황단으로 부르는 경우가 있음을 알려주고 있다. 하지만 "기왕의 성황사를 이질적인 성황단으로 교체하려는 움직임에서 비롯되었다."고 하여[3)] 성황단과 성황사가 본질적으로 다른 존재라고 말하고 있다.

이렇게 성황단은 『신증동국여지승람』에는 보이지 않다가 『여지도서』에는 매우 빈번히 보인다. 이는 최종석이 말한 대로 성황사를 성황단으로 잘못 부른 것이라고 볼 수도 있지만 『여지도서』에는 강원도 양양에 성황단과 성황사가 같이 존재하고 있는 것으로 나오고 있어 성황단과 성황사는 분명 구분되는 존재였음을 알 수 있다.[4)] 따라서 단순히 성황사

---

1) **城隍壇**[舊在甲串今移于見子山。以先儒所論視之、祀漢紀信以爲城隍、而今無知者甚可惜也]

2) 조선시대 초기에 『홍무예제』에 의거하여 풍운뇌우신과 산천신, 성황신을 한 壇에 합사시키는데 서울의 경우 어느 때부터 풍운뇌우와 성황신은 사라지고 산천신만 남았으며 지방의 경우 풍운뇌우산천성황단을 모델로 한 성황단이 생기게 되었다. (최종석, 「조선시기 城隍祠 입지를 둘러싼 양상과 그 배경」, 『한국사연구』 143, 한국사연구회, 2008, 176~178쪽.)

3) 최종석, 앞의 책, 157쪽.

4) **壇廟** **社稷壇**[在府西一里小阜上] **文廟**[在府西三里大成殿九間東西廡各六間神門七間奠祀廳三間東西齋各四間明倫堂十四間祭器庫一間書籍庫一間] **城隍壇**[在府南一里]

를 성황단으로 잘못 불렀다는 것은 말이 되지 않는다. 오히려 조선 전기와 달리 조선 후기에 들어서면서 성황단이 각 지역에 본격적으로 생겨나기 시작했다고 보아야 할 것이다.[5] 이렇게 성황단이 등장하게 된 데에는 성황에 대한 인식변화에 있다고 보여진다. 일반적으로 중국에서 성황신은 성벽으로 보호되는 도시의 수호신에서 시작되었지만 나중에는 사후세계의 심판자이며 사자(死者)들을 관리하는 신으로 변모하였다. 이 때문에 중국에서는 여제(厲祭)를 지낼 때 먼저 성황신을 제사했다.[6] 반면에 한국에서는 성황신앙이 비교적 성행했던 고려시대의 경우 전쟁의 승패를 좌우할 수 있는 능력, 기후를 조절하는 능력, 미래를 예언하는 능력을 가진 존재로 인식되었다.[7] 이런 관념은 조선시대 전기에도 이어지다가 후기 이르면 고려시대처럼 전쟁의 승리를 기원하는 일은 보이지 않고 성황이 귀신들을 감독한다는 관념이 새로 발견되고, 질병의 치료를 기원하는 일도 발견된다.[8] 그런데 성황이 귀신들을 감독한다는 관념은 조선후기 새롭게 등장한 것이 아니라 이미 조선 초기 『홍무예제』를 수용하여 풍운뢰우신과 산천신을 성황신과 합사하여 풍운뢰우산천성황

厲**壇**[在府北三里] **城隍祠**[在府北一里] **城隍祠**[在府東十里海上正殿六間神門三間奠祀廳二間東西齋各二間百川門一間每歲首別祭仲春仲秋常祭香祝皆自京下來]

5) 지방의 성황단은 『세종실록』 19년 3월 13일 기사에 "전주의 성황단(城隍壇) 위판은 전주 성황지신(全州城隍之神)이라 쓰고,…"라는 기록이 있어 국초부터 존재했던 것으로 보인다. 또한 지방 성황단에 관한 기록이 나오는 경상남도 함안군의 읍지인 함주지(咸州志) 도 선조 20년(1587)에 만들어진 것으로 보고 있다. 이러한 점들을 보면 지방의 성황단이 반드시 조선후기가 되어야 등장한 것은 아님을 알 수 있다. 단지, 왜란과 호란 이후 지방에서 성황단의 설치가 그 전보다 활발해졌던 것으로 보인다. 또한 이들 성황단의 성격이 당시 중앙의 성황단과 성격이 같은지도 알 수 없다.

6) 서영대, 「한국 중국의 성황신앙사와 순창의 〈성황대신사적〉」, 『성황당과 성황제』, 민속원, 1998, 398쪽.

7) 서영대, 앞의 논문, 409~410쪽

8) 서영대, 앞의 논문, 439~440쪽.

단을 만들 때부터 보이기 시작한 것이다. 조선 초기 여제(厲祭)를 지낼 때 반드시 중앙에 있는 성황단에서 발고제를 지내고 여단에서 여제를 지냈는데[9] 이 때 성황단은 풍운뢰우산천성황단을 말한다.[10] 이런 점을 보면 조선 초기부터 여제(厲祭)를 지내는 데 있어서 성황이 중요했음을 알 수 있다. 이렇게 성황이 여제에 포함되는 경향은 조선후기에 들어서면서 각 지방으로 전파된다.

> 고종 33년(1896)에 여제를 청명일(淸明日)과 10월 초 길일(吉日)에 두 차례 베풀어 행하도록 정하였다.
>
> 궁내부(宮內府)에서 주달하기를, "여제(厲祭)와 성황(城隍)은 억울함을 씻어 주고 원통함을 풀어 주어서 여재(厲災)가 이르지 않게 하기 위한 것이며, 민생(民生)의 화기(和氣)를 구하고 보호하는 본의입니다. 그러므로 <u>각 고을에서 단(壇)을 세우고 제사를 행하는 까닭은, 팔역(八域)에 제사 없는 귀신을 두루 고르게 제사를 지내주는 혜택에서 빠짐이 없도록 한 것입니다.</u> …… "하니, 그대로 따랐다.[11]
>
> –『增補文獻備考』, 「禮考」10 祭壇3 厲 朝鮮 續

9) "예조(禮曹)에서 여제 의주(厲祭儀注)를 지어 바치었는데, 【성황단(城隍壇)에서 발고(發告)하고, 북교단(北郊壇)에서 제사를 행한다.】"(『세종실록』 22년 6월 29일)

10) 『신증동국여지승람』 제1권 경도 상(京都上)에 의하면 **"풍운뇌우산천성황단(風雲雷雨山川城隍壇)** 남교(南郊)에 있는데, 둘레는 2장 3척이고, 높이는 2척 7촌이며, 사방에 섬돌을 놓았고, 두 낮은 담은 25보이다. 바람·구름·우레·비의 신좌(神座)는 복판에 있고, 산천은 왼쪽에 있으며, 성황은 오른쪽에 있는데, 모두 북쪽에서 남쪽을 향해 있다."라고 하여 한 단에 각각의 신위가 자리하고 있음을 알 수 있다.

11) 二十三年, 厲祭定以淸明十月初吉兩次設行。宮內府奉, 厲祭城隍爲其滌鬱解寃, 不至厲灾, 于和衛護民生之本意。所以各州縣立壇行祭, 則八域無祀鬼神無漏於威囿之澤。盖春氣愓旺之時, 潦暑蒸鬱之節, 寒威始蕭之際, 厲沴方盛, 故淸明日七月十五日十月一日設祭, 意有所在。而今但行於十月一日, 大朱本意則。請以淸明十月兩次設行從之。

위의 기록은 비록 19세기 후반 기록이기는 하지만 각 지방에 성황단을 세운 이유를 설명하고 있다. 이를 통해 조선후기에 성황에 대한 조선후기 성리학적 예제가 지방에 반영된 것이 지방의 성황단임을 알 수 있다. 물론 그렇다고 해서 기존의 성황의 마을 수호신으로서의 인식이 사라졌다고 말할 수 없다. 왜냐하면 여지도서에는 성황단만 있는 게 아니라 많은 수의 성황사가 그대로 존재하고 있으며 전라남도 순흥의 경우 관주도로 성황사가 이건되거나 증수되는 일이 있기 때문이다. 더군다나 1754년 4월에 기록된 순흥부의 『성황사이건기』의 "세월이 갈수록 기와가 깨어지고 벽이 허물어 썩어 기울어지고 무너지고 겉으로 드러난 모습은 비슷한 것 같지만 제대로 되지 못했다. 만약 이러한 성황이라면 재앙을 없애고 우환을 막을 수 있겠는가? 맹수가 사람을 핍박하고 악독한 여귀가 끊이지 않아서 신도 꾸짖어 금하지 않으니 이것이 일부 사람들이 답답한 심정으로 두려워하고 놀라워하는 것이 아니겠는가?"[12]라는 기록은 성황이 여전히 마을의 환란을 막는 수호신의 성격을 가지고 있음을 직접적으로 보여주고 있다.[13]

이러한 점들은 성황사가 성황단으로 바뀐 것도 아니고 성황의 성격이 마을 수호신에서 여제(厲祭)를 드릴 때 발고제를 드리는 신으로 바뀐 것이 아니라 두 가지가 조선후기에 공존하고 있음을 보여주는 것이다.

---

12) 歲久年深弊不重修毁瓦 漫壁 腐朽頹撤 像雖惟肖而不憖 若此城隍其何 肯弭災防患耶。是以猛獸逼人 毒萬彌綿 而神不呵禁 此非一府人 所憫然驚懼處耶。

13) 사실 厲祭를 지내는 목적도 한을 품고 죽은 영혼들에 의해 일어날 수 있는 재앙을 막기 위한 것이라고 할 수 있다. 이러한 점은 제시한 순흥부 「성황사 이건기」의 내용에서도 엿볼 수 있다. 하지만 『증보문헌비고』의 19세기 기록에서는 厲祭를 지낼 때 발고제를 드리는 신으로 나오지만, 「성황사 이건기」에서는 성황이 가지는 역할이 한 고을의 재앙을 막는 역할이라는 점, 즉 한 마을 혹은 한 고을의 수호신적인 성격이 강조되고 있다.

즉 조선전기에는 『홍무예제』에 근거한 예제로 인해 성황단이 겨우 중앙 및 일부지역에서만 행해지다가 왜란과 호란 중에 각 지역의 사단(祠壇)들이 다수 파괴되면서 지방으로 점차 보급 혹은 강요되기 시작한 것으로 보인다. 그렇다고 해서 기존의 성황신앙이 사라진 것은 아니었다. 『여지도서』에 나오는 성황사의 숫자는 성황단의 숫자보다 많은 편인데[14] 이를 통해 조선후기에도 모든 성황사가 각 지역의 수호신으로 모셔졌음을 추측할 수 있다. 그러므로 조선후기 각 지방에는 여제(厲祭)에 모셔지는 성황과 성황단이 존재했으며 동시에 각 지역 수호신으로서의 성황이 존재했음을 알 수 있다. 따라서 『강도지(江都志)』, 「사단(祠壇)」의 '성황단'은 기본적으로 다른 지역의 성황단과 마찬가지로 여제(厲祭)의 발고제를 지내기 위한 제단이라고 볼 수 있다. 또한 이는 갑곶에 있던 성황사가 왜란과 호란을 거치면서 파괴되어 읍치성황사로서의 기능을 상실했기 때문에 이곳에 성황단을 만들고 『홍무예제』에 입각한 의식을 거행한 것으로 보인다.

그런데 『강도지』의 내용을 보면 성황단은 갑곶에 있었다가 정자산 즉 지금의 견자산으로 옮겨갔음을 알 수 있다. 이러한 성황단의 위치 이동에 대해서는 이를 알려줄 만한 기록들이 없어 그 원인을 정확히 알 수는 없다. 일반적으로 사(祠)나 단(壇)이 옮겨가는 경우는 순흥성황사가 이건되는 것처럼 낡고 허물어진 곳에서 보다 깨끗한 곳으로 신을 모시려는 의도에서 이루어진 것으로 보인다.[15] 하지만 갑곶은 원래 성

14) 『여지도서』에는 城隍壇이 있는 지역이 83곳, 城隍祠가 있는 지역이 224곳으로 城隍祠가 있는 지역이 압도적으로 많다.

15) 순흥성황당의 「이건기」에는 "훼손과 역질이 벽에 가득하고 썩고 무너져 형편이 없었다. 비록 있어서 신을 모독하지는 않지만 이와 같은 성황이 어찌 기꺼이 재난을 막고 환란을 방지할 수 있겠는가. 그래서 사나운 짐승이 사람을 해하고 독한 병균이 옷을

황사가 있었으나 시간이 지나 성황사가 사라지고 성황단이 만들어졌으며 이 성황단은 남쪽의 정자산으로 옮겨간 경우이기에 순흥과는 다르다고 할 수 있다.

따라서 현재로서는 성황단이 왜 갑곶에서 정자산으로 옮겨갔는지에 대해 구체적인 원인을 찾기는 힘들다. 단지 다른 지역의 사례를 통해 가능성을 추정할 수 있다. 이와 관련하여 다음의 기록을 주목할 필요가 있다.

> **성황단(城隍壇)**
>
> 옛날에 성이 있는 산에 있었다. 성안의 관리와 백성들이 오래된 나무에 의지해 집을 만들고 목상을 안치하여 음사(淫祠)를 지냈다. 융경 기사년(1569)에 장후범(張矦範)이 단(壇) 북쪽에 서원을 세웠으므로 단(壇)을 군에서 남쪽 6리 떨어진 곳으로 옮겼다. 익산(益山)에 있는 음사(淫祠)도 단(壇)을 옮겼다가 이후 만력 병술년(1598)에 마침내 음사(淫祠)를 없앴다.[16)]
>
> -『咸州志』, 「壇廟」

이 기록은 선조 20년(1587년) 정구(鄭逑)가 쓴 경상남도 함안군의 읍지인 『함주지』의 내용으로 위의 기록을 보면, 사람들이 성황단에 목상을 안치하고 음사를 지내 결국 성황단은 군의 치소에서 멀리 떨어진 곳으로 옮겨가게 되는 모습을 볼 수 있다. 이 기록이 비록 선조 년간의 기록으로 숙종 대와는 시기적으로 차이가 있을 수 있으나 이를 통해 성황단

더렵혀도 신이 금하지 않았다. 이것은 한 고을의 사람들이 민망히 여기고 놀라고 두려워 할 바가 아니겠는가?" 라고 하여 성황당이 이건되는 원인이 성황신을 보다 깨끗한 곳에 모셔서 그 도움을 받는데 있음을 보여주고 있다.

16) 城隍壇[舊在城山。城內吏民, 依古樹作舍, 安木像以爲淫祠。隆慶己巳, 張矦範立書院於壇之北, 遂遷壇於郡南六里。益山上淫祠并遷於壇, 後萬曆丙戌, 終撤淫祠。

에 지내는 음사(淫祠)가 성황단을 옮기게 되는 원인임을 알 수 있다.

따라서 강화도에 성황단이 만들어진 것은 조선왕조가 중앙예제를 지방에 정착시키려는 노력이었던 것이지만 성황단 자체도 점차 지역주민들이 음사(淫祀)를 지내는 장소로 변질되어 결국은 정자산으로 옮겨야 했던 것으로 생각된다.

이러한 점을 볼 때, 『강도지』에서 언급하고 있는 성황단이 갑곶지역의 성황제와 일정부분 관련성이 있었을 것으로 보인다. 하지만 오히려 '갑곶성황'과 관련있는 사당은 성황단이 아니라 『강도지』, 「사단」에 나오는 '갑곶신사(甲串神祠)'라고 할 수 있다. 그 내용을 살펴보면 다음과 같다.

> 갑곶신사(甲串神祠)
> 갑곶당현(甲串堂峴)에 있다. 본부의 음사자(淫祀者) 및 왕래하는 뱃사람들이 계속 분주하게 기도한다.[17)]

여기서 '신사(神祠)'라는 것은 신을 모시는 사당을 말하는데 이러한 '신사'는 『강도지』, 「사단」에는 갑곶신사 뿐만 아니라 진강신사(鎭江神祠), 하음신사(河陰神祠) 등이 소개되고 있는데 갑곶신사를 제외하고 모두 지금은 없어졌다고 하여 당시에는 갑곶신사만 남은 것으로 생각된다. 갑곶신사에 대해 위의 기록에 "왕래하는 뱃사람들이 계속 분주하게 기도한다."라는 구절은 갑곶신사가 갑곶나루와 밀접한 관련이 있음을 보여준다. 즉 이 구절은 갑곶나루를 드나들던 뱃사람들이 항해의 안전을 갑곶신사에서 기원했다는 것을 보여준다. 따라서 이것은 갑곶신사가

17) **甲串神祠**[在甲串堂峴。本府淫祀者及往來船人、相繼奔走祈禱。]

『강도지』, 「풍속(風俗)」 갑곶성황(甲串城隍)에 나오는 '당(堂)'일 가능성이 있다. 다시 말하면 당시 갑곶에는 성황사나 성황단은 없고 성황당이 존재하며 여기서 대규모 제의를 벌인 것으로 생각된다. 그리고 이는 곧 『강도지』, 「사단」에 나오는 갑곶신사인 것으로 보인다.

이렇게 이 지역에 민간신앙의 성소인 갑곶신사가 만들어진 것은 역사가 깊다고 할 수 있다. 강화도는 조선 초기부터 특이하게 읍치에 성황사가 있던 것이 아니라 읍치의 동쪽에 위치한 포구인 갑곶에 성황사가 있었다. 더군다나 성황은 비록 조선왕조가 국가차원에서 흡수하려 했지만 결국 그 음사(淫祀)적인 성격을 버리지 못하고 민간신앙화 되어버린 신앙이었다. 따라서 원래 성황사가 있던 곳에 성황단이 사라지면서 자연스럽게 민간신앙의 성소인 갑곶신사가 만들어진 것으로 보이며 이곳을 중심으로 음력 12월에서 정월 대보름에 이르는 대규모 제의가 행해진 것으로 보인다.

이러한 갑곶신사의 위치에 대해 『강도지』, 「사단」에는 "갑곶당현(甲串堂峴)"이라고 쓰여 있는데 이곳은 현재 당고개라고 불리는 곳이다. 당고개는 먹절 북쪽에 있는 당산(堂山)에 있는 고개로 갑곶리와 용정리를 왕래하는 고개다.[18] 따라서 갑곶성황의 '당(堂)'은 곧 갑곶 당고개에 위치한 갑곶신사였던 것으로 보인다.

특히나 갑곶 당고개가 위치한 당산에는 임경업 사당이 있는데 이곳에서 마을과 풍어를 비는 제를 지냈다고 하며,[19] 주변에 곶당산이라는 지명의 산이 있는데 이러한 점은 적어도 이 지역에 이러한 무속신앙이 비교적 오래전부터 자리하고 있다는 것을 보여주며 이는 그 이름인 당산

18) 이 문단은 『인천의 지명유래』, 인천광역시, 1998, 497쪽 참조.
19) 『인천의 지명유래』, 인천광역시, 1998, 498쪽.

도 갑곶당현과 무관하지 않는다는 것을 보여준다. 따라서 갑곶의 성황사가 있던 곳은 지금의 갑곶리 당고개라고 생각된다.

2) 형성배경

(1) 지리적 배경

이러한 갑곶성황이 만들어지게 된 지리적 배경을 살펴보면 다음과 같다.

> 통진(通津) 북쪽에 이르러 조강(祖江)이 되며, 포구곶이[浦口串]에 이르러서 나뉘어 둘이 되었으니, 하나는 곧장 서쪽으로 흘러 강화부 북쪽을 지나 하원도(河源渡)가 되고, 교동현(喬桐縣) 북쪽 인석진(寅石津)에 이르러 바다로 들어가니, 황해도에서 배로 실어 온 곡식이 〈모두〉 이곳을 거치어 서울에 다다른다. 하나는 남쪽으로 흘러 강화부 동쪽 갑곶나루[甲串津]를 지나서 바다로 들어가니, 전라·충청도에서 배로 실어 온 곡식이 모두 이곳을 거치어 서울에 다다른다.[20]
>
> –『世宗實錄地理志』, 「京畿」

위의 기록에서 보는 바와 같이 조선시대 갑곶은 서울로 통하는 뱃길인 한강과 연결되는 지역에 위치하고 있어 남쪽 지역에서 올라오는 조운선들은 모두 이 지역을 통과해야 했다. 이러한 점은 1875년 조희백(趙熙百)이 『을해조행록(乙亥漕行錄)』에 법성포에서 조운선을 타고 지나면서 조운선이 지나는 길을 기록한 것에서도 잘 나타나 있다.[21] 따라서

---

20) 至通津北爲祖江, 至浦口串, 始分爲二。其一直西經江華府, 北爲河源渡, 至喬桐縣北寅石津, 入于海。黃海道漕運, 由此達于京。其一南流經江華府東甲串津, 入于海。全羅、忠淸道漕運, 由此達于京。

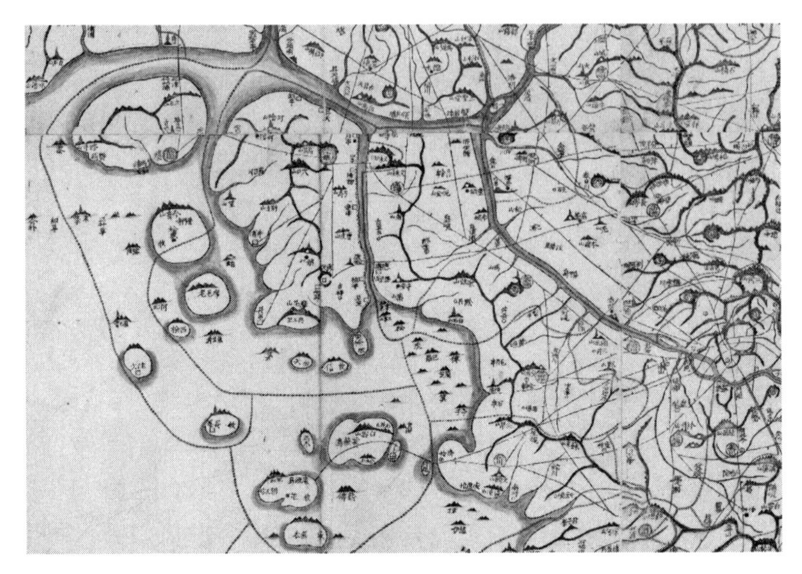

[그림 1]『대동여지도』 강화도 및 일대(출처: 규장각 한국학연구원)

갑곶은 경강으로 들어가기 전 조운선들의 중간 기착지 역할을 했을 것으로 보인다.

또한 이 지역은 강화도의 여러 나루터 중에서 비교적 육지로 건너기 수월한 곳[22]으로 예부터 일반적으로 서울로 통하는 주요한 육로이기도 했다. 광해군일기 10년(1618 무오) 7월 2일(무자)의 기록을 보면 검찰사

---

21)『乙亥漕行錄』에서는 항로를 배를 타고 가는 사람의 시점에 맞추어 좌우로 보이는 지역들을 서술하고 있는데 그 중에 "左 孫碩項-草芝-廣城-甲串-月串"이라는 기록이 있다.

22)『江都志』 津渡에는 갑곶 외에도 육지와 통하는 곳으로 광성(廣城), 승천보(昇天堡), 이이곶(犂耳串) 등을 언급하고 있다. 특히나 광성은 서울로 올라가는 직로(直路)라고 하였으며 승천보는 평안도, 황해도, 개성 등으로 가는 직로(直路)라고 하고 있고 이이곶은 갑곶과 광성이 막힐 경우 육지로 가는 길이라고 하고 있다. 하지만 일반적으로 갑곶을 통해 통진을 거쳐 서울로 갔던 것으로 보인다.

심돈이 "강도로 가는 육행은 양천(陽川)에서 출발하여 통진(通津)을 거쳐 갑곶(甲串)에 이르며, 배를 타면 한강을 따라 김포·양천·통진을 지나서 연미정(燕尾亭)에 이릅니다."[23]라고 하고 있어 강화도의 갑곶이 육로로 통하는 중요한 길목임을 알 수 있다.

이처럼 갑곶은 강화에서도 육로와 수로가 교차하는 교통의 요지에 위치했다. 이 때문에 『강도지』, 「고적」 이섭정(利涉亭)의 기록[24]에서 보이는 것처럼 많은 사람들이 몰려들었던 것으로 생각된다. 따라서 이렇게 중요한 길목에 위치했기에 자연스럽게 항해나 여행의 안전을 비는 종교시설이 만들어진 것으로 생각된다.

하지만 무엇보다 종교적으로 갑곶의 의미가 컸던 것은 손돌목 때문이었을 것으로 생각된다.

> 손석항(孫石項)
>
> 광성진 하류에 있는데 물가에 자갈이 잇몸처럼 깨물고 여울이 소용돌이 치는 것이 빨라 물결이 부딪쳐 흘러 천혜의 험한 곳이라 명명하고 있다. 삼남의 선박이 도달하여 서울로 가는 것은 다 이곳을 경유한다.」[25]
>
> –『江華府志(1783)』, 「關梁」

23) 江都, 陸行, 則自陽川、通津, 抵甲串乘舟, 則自江頭, 過金浦、陽川、通津, 抵燕尾亭。

24) 육지로 30여리 정도 가서 갑곶에 이르면 건너는 곳이 좁아져 쉽게 건널 수 있다. 그러므로 관찰사가 순찰하거나, 중앙의 신하가 어명을 받들어 오는 경우 모두 이 길을 통하여 강화부로 가며, 기타 왕래하는 자들도 끊이지 않으니 실로 마땅히 이곳에 정자(亭子)를 두어 송영(送迎)의 장소로 삼아야 한다. (行陸三十餘里至甲串、則濟處稍狹可易濟。故凡使相之巡察者、內臣之銜命者、皆由是道之府、其他行旅之往來者、亦絡繹焉、則固宜亭之於斯、以爲送迎之所。)

25) **孫石項**[在廣城下流, 磯石齟齬瀧湍迅激, 以天險名, 三南船舶之達, 于京師者皆由之。]

위의 기록에서 보는 것처럼 손석항 즉 손돌목은 충청도, 전라도, 경상도에서 서울로 올라오는 배들이 반드시 경유해야 하는 곳이면서 물살이 빨라 사고를 당하기 쉬운 곳이었다. 이러한 점은 기본적으로 강화가 가지는 보장지의 입장에서는 적이 쉽게 배를 타고 염하를 건너오지 못하게 하기 때문에 유리한 점이라고 할 수 있다. 하지만 삼남에서 올라오는 조운선의 입장에서는 반드시 이 여울을 지나야 서울로 안전하게 조세미를 수송해야 하기 때문에 장애가 되는 곳이다.

이러한 손돌목의 존재는 염하를 거치지 않고 바로 서울로 이어지는 뱃 길을 인위적으로 만들고자 하는 시도로도 이어졌는데 그것이 지금의 굴포천이다. 이러한 시도는 멀리 고려시대에도 시도되었고 조선 중종때 김안로에 의해서도 시도되었다. 하지만 이러한 시도는 실패로 돌아갔고 3남지역에서 올라오는 조운선들은 그대로 손돌목을 지나 서울로 올라올 수밖에 없었다. 또한 반대로 서울에서 나가는 배들도 대부분 이곳 손돌목을 지나 남쪽으로 내려가야 했다.

이러한 손돌목의 존재는 곧 자연스럽게 염하 주변 포구에 항해의 안전을 기원하는 종교시설이 만들어지는 원인을 제공했었을 것이다. 즉 각 지역에서 모은 조세를 서울로 운반하는데 있어 손돌목은 매우 위험한 장애물이었고 당시로서는 이를 해결할 만한 기술이 존재하지 않았기 때문에 자연스럽게 종교 혹은 민간신앙에 의지했을 가능성이 있다. 그런데 갑곶은 지리적으로 한강 및 조강을 지나 염하로 들어오는 입구에 있기 때문에 자연스럽게 많은 배들의 중간 기착지 역할을 수행했을 가능성이 있다. 이러한 점은 갑곶에 종교시설이 만들어지는 중요한 요인으로 작용했을 것으로 보인다.

이렇듯 갑곶은 지리적으로 수상 교통로와 육상 교통로가 교차하는 지점에 위치하고 있으며 난파사고가 많은 손돌목의 북쪽에 자리하고 있다. 이 때문에 자연적으로 장시(場市)를 형성하고 많은 사람들이 몰려 들 수 있는 여건을 가지고 있었다. 또한 뱃길로 한강과 조강을 지나 염하로 들어오는 입구에 해당하기 때문에 이 지역을 지나는 배들은 이 곳을 기착지로 이용할 수 있었고 아울러 남쪽으로 내려가 손돌목을 지나야 하는 부담을 이곳에 존재하는 종교시설을 통해 해소하고자 했던 것으로 생각된다.

(2) 종교적 배경

> **상귀(尙鬼)**
>
> 귀신을 집집마다 높이 받들고 곳곳마다 기도하며 망당(望堂)[26]에서 음사(淫祀)를 지내니 전도(顚倒)되고 어지럽다. 대략 그 내력을 생각해 보면, 고려 천도 때에 초제를 지내고 불공을 드리면서 밤낮없이 귀와 눈이 더럽히면서 숭상하는 습속이 생긴 것이다.[27]
>
> –『江都志(1694~1696)』, 「風俗」

위의 기록을 보면 조선 숙종 당시 강화도에는 음사(淫祀)로 분류되는 무속신앙이 만연했음을 알 수 있다. 특히나 이형상이 그 원인을 고려왕조가 이곳으로 천도하면서 이곳에서 궁중에서 행하던 도교의식과 불교의식을 행한 것에 두고 있다. 이러한 모습은 강화도에 비성리학적 혹은 비유교적 전통이 매우 오래되었음을 보여주는 것이다.

---

26) 다른 지역에서 조상의 무덤이 있는 곳을 향하여 지내는 제사인 망제(望祭)를 지내는 사당을 말한다.

27) **尙鬼**[家家崇奉、處處祈禱、淫祀、顚倒繽紜。蓋想其來歷、則麗朝遷都之時、醮星飯僧、靡日靡夜、耳目所染、習尙有自。]

이러한 비유교적 전통은 『강도지』, 「고적」을 통해서도 알 수 있다. 여기에 나오는 총 38개의 고적 중 종교 관련 고적이 12개인데 이중 참성단을 제외한 11개가 사찰이다. 그런데 이들 사찰 역시 모두 고려 때 만들어진 것으로 기록하고 있다. 이것은 강화도의 불교가 매우 오랜 역사를 가지고 있음을 보여주는 것이며 비록 대부분 없어졌다고는 하지만 민간에서는 그 영향이 그대로 남아있을 가능성이 있을 수 있다. 또한 참성단은 이른바 단군이 하늘에 제사지냈다는 제단이지만 분명하지 않고 고려시대부터 도교식 초제(醮祭)를 해왔다는 점에서 비유교적이라고 할 수 있다.[28] 이렇듯 『강도지』에 나오는 종교와 관련된 고적들이 모두 불교 혹은 도교라는 점은 이 지역의 종교적 전통이 어떠한 것인지 잘 드러내 준다고 볼 수 있다.

더군다나 이 지역사람들은 농사를 짓기도 했지만 무엇보다 배를 타고 물건을 나르거나 고기잡이를 해서 생계를 꾸려오고 있었다. 이러한 뱃사람들에게 있어 이른바 신앙이라는 것은 매우 큰 영향을 끼친다. 왜냐하면 과거에는 지금처럼 미리 날씨를 예측할 수 없는 시스템이 갖추어져있지 않아 바다에 풍랑이 언제 생길지 알 수 없기 때문이다. 따라서 이들 뱃사람들은 용왕이든 다른 신이든 바다에 나가기 전에 반드시 항해의 안전을 빌고 기원할 수 밖에 없다.[29] 이러한 점은 아무리 정부에서 막으려 해도 막을 수 없는 것으로 이 때문에 갑곶의 성황당에 "거친 물결을 오고가는 뱃사람들이 공손히 음식을 바친다."[30]거나 "왕래하는

28) 서영대, 「강화도의 참성단에 대하여」, 『한국사론』 41·42, 서울대학교 국사학과, 1999, 228쪽.

29) 심청전과 거타지 설화도 이러한 뱃사람들의 미신과 관련되어 있다.

30) 『江都志』, 「風俗」 甲串城隍.

뱃사람들이 분주히 기도를 올린다."[31] 거나 하는 것이다.

이상에서 보는 것과 같이 강화도는 전통적으로 비유교적 전통을 간직하고 있었다. 또한 섬이라는 지형적 특성은 농경뿐만 아니라 배를 이용한 운송 및 고기잡이의 중요성을 증대시켰다. 따라서 이러한 요소들이 강화도의 종교적 배경을 형성하였고 특히 주요 민간종교시설이라고 할 수 있는 성황사 혹은 성황당이 갑곶에 위치하고 있다는 것은 갑곶이 종교적으로도 중요한 곳임을 보여주는 것이다.

3) 신앙의 성격

일반적으로 읍치에 위치하는 성황사와는 달리 강화도의 성황사는 갑곶이라는 포구 부근에 위치하고 있는 특징이 있다. 그리고 이형상의 『강도지』에 의하면 갑곶의 성황사에는 뱃사람들이 기도하는 곳이라고 하여 항해와 관련이 있는 장소였다는 것을 추정할 수 있다. 특히 이러한 갑곶성황사의 성격을 규정할 수 있는 것은 당시 강화 특히 갑곶나루 일대 사람들에게 있어 가장 중요했던 것으로 보이는 조운(漕運)에 있었던 것으로 보인다. 이와 관련하여 아래의 기록을 주목할 필요가 있다.

> 전 정언 민창혁(閔昌爀)이 상소하기를,
> "강화도의 조운(漕運)을 영조(嶺漕)로 바꾼 것은 경진년(1760 영조 36년) 일이 있을 때에 시작한 것이었으니, …… 강화도 백성의 생활은 경작이나 시장에 도움을 받지 못하기 때문에 조운을 업으로 삼아 생활을 윤택하게 한 것입니다. …… 종전에 1만여 석의 선박 대금을 모두 강화도의 백성들이 강상(江上)으로 가지고 와서 도성 백성의 식량으로 나누어 주었기 때문에

---

31) 『江都志』, 「祠壇」 甲串神祠.

그 여파로 비록 흉년이 들어도 시가(市價)가 뛸 걱정이 없었습니다.[32]

–『정조실록』 7년(1783) 4월 28일

위의 기록은 전 정언 민창혁(閔昌爀)이 조운선 운행을 강화도 사람들에게서 영남 사람들로 바꾼 이후 나타나는 폐단을 지적하고 이를 다시 강화도 사람들에게 맡기게 하자는 상소문의 일부이다. 이 기록을 통해 강화도의 경제활동에서 조운선을 운행하는 대가로 받는 선가(船價) 즉 선박 대금의 비중이 컸음을 알 수 있다. 이러한 조운선 운행 주체의 변화가 영조 36년에 있었다는 것은 이전부터 염하를 통한 조운선 운행이 강화도 사람들을 통해 이루어졌다는 것을 알 수 있다. 특히나 "종전에 1만여 석의 선박 대금을 모두 강화도의 백성들이 강상(江上)으로 가지고 와서 도성 백성의 식량으로 나누어 주었기 때문에 그 여파로 비록 흉년이 들어도 시가(市價)가 뛸 걱정이 없었습니다."라는 말에서 선박대금이 상당했음을 알 수 있다. 이러한 점은 조운선 운행에 따른 선박대금이 강화도를 재정적으로 지탱하는 중요한 요인임을 보여준다. 또한 이것은 갑곶에서 벌어지는 대규모 축제의 재정적 기반이 조운선 운행에 따른 선박대금 이었을 가능성을 보여준다. 즉 갑곶의 성황사에서 뱃사람들은 풍어나 단순한 안전한 항해를 기원한 것이 아니라 주로 조운선의 안전한 운행을 기원했던 것이다.

그런데 갑곶과 같이 조운로에 위치한 포구들에는 일반적으로 조선시

32) ○ 前正言閔昌爀上疏曰: 江邑漕運之易以嶺漕, 粤自庚辰當事之始, …… 江民之生, 無賴耕作與貢市, 故許令業船漕運, 以厚其生 …… 旣未阜財而裕民, 反令耗財而失民。已是非計之得, 而又何必捨置不耕不役之江民, 濫調遐外有用之民, 作無益而害有益乎? 從前萬餘石船價, 盡爲江民帶歸江上, 分作都民之食, 故餘波所及, 雖當歉歲, 市價不憂其踊貴.

대 음사(淫祀)에 해당하는 신당(神堂)들이 다수 존재하고 있었다. 예를 들면 충청남도 내포 지역에 위치한 '면천 남창성황당', '면천 북창성황당', '홍주 북창성황당', '당진 북창 당', '명천 해창 산제당', '예산 창말 호두포 해창당', '아산 창지의 당', '보령 해창 산제당', '영풍창 산제당'과 단오제가 벌어지는 조선시대 조창(漕倉)의 하나인 법성창이 있던 법성포의 신당(神堂) 등이 있다. 이들은 주로 전라남도에서 충청남도에 분포하고 있는데 이 지역은 서울로 향햐는 서해안 조운로상에 위치한 지역이었다. 따라서 이 지역에서 벌어지는 대규모 마을제의는 대부분 풍어나 풍농이 목적이 아니라 일반적으로 항해의 안전을 기원하는 목적으로 행해지고 있었다.[33] 이러한 점은 갑곶역시 마찬가지였을 것으로 보인다. 왜냐하면 갑곶 또한 조운로상에 위치하고 있어 조운선 운행의 중간기착지로서의 역할을 했던 것으로 보이기 때문이다.

4) 갑곶성황제

이러한 갑곶의 성황사에서는 민간이 주도로 하는 성황제가 있었던 것으로 보인다. 그런데 이러한 갑곶의 성황제는 『신증동국여지승람』, 『여지도서』, 『조선왕조실록』, 『승정원일기』 등의 관찬기록과 기타 다른 사람들의 기록에서는 보이지 않는다. 다만 조선 숙종 때 이형상이 쓴 『강도지』에서만 다음과 같이 기록하고 있을 뿐이다.

---

33) 이인화, 「충남 내포지역 조운로(漕運路)상의 해변마을제당에 관한 연구」, 『도서문화』 30, 목포대학교 도서문화연구원, 2007, 200쪽. "내포지역에서 파악된 조창지의 당들은 제의 목적 자체가 풍어나 풍농을 기원하는 당이 아니었기에 일반 어촌포구나 산간마을의 당과는 달리 항로의 안전과 순풍이 불어 서울 마포창까지 세곡을 무사히 싣고 갈 수 있기를 기원했던 당으로 파악된다."

> **갑곶성황(甲串城隍)**
> 영험하여 경내를 깨끗이 한다고 한다. 거친 물결을 오고 가는 뱃사람 또한 공손히 음식을 바친다. 이것만으로도 매우 해괴한데 매년 12월에는 마땅히 순행해야 한다고 말하면서 무뢰배들이 계를 맺어서 관에 알리고 무리를 거느리고 온다. 그리고는 큰 깃발과 창검을 앞뒤로 호위하고서 마을을 돌아다니며 재주를 보이고 먹을 것을 요구하며 재물을 뜯다가 정월 보름날에 비로소 성황당으로 돌아온다. 지극히 허망한데도 관가에서 그것을 허락하였다. 관의 뜻을 빙자하여 거짓말하는 일이 헤아릴 수 없으니 애석하다.[34]

이 기록을 분석해보면 크게 "每年臘月, 謂當巡行, 無賴結契, 告官率來"의 준비단계와 "旗纛槍劍, 前擁後衛, 逐村效伎, 討食徵財, 正月望日, 始爲還堂。의 마을돌기[35]로 구성되어 있음을 알 수 있다. 그런데 위에서 보는 바와 같이 『강도지』의 기록에서는 마을돌기 다음에 벌어지는 성황당에서의 제의가 기록되어 있지 않은데 이는 이형상 자신이 이러한 음사(淫祀)에 대해 매우 비판적인데다가 이후에 벌어지는 의식들이 당시 일반적인 무속의식과 크게 다르지 않았기 때문으로 생각된다.

이러한 과정에는 몇 가지 특징이 있다. 첫째로는 관의 허락을 받고 무뢰(無賴)라고 하는 사람들에 의해 성황제가 이루어지고 있고, 두 번째로 행렬이 일반깃발과 군대에서 쓰이는 둑기, 그리고 창과 검을 든 사람들이 앞뒤로 호위하는 모습을 한다는 점이다. 본 장에서는 이러한 특징

---

34) **甲串城隍**[稱以著靈掃境. 奔波, 往來船人, 亦謹薦食. 已足可駭, 而每年臘月, 謂當巡行, 無賴結契, 告官率來, 旗纛槍劍, 前擁後衛, 逐村效伎, 討食徵財, 正月望日, 始爲還堂. 極涉虛妄而, 官家又從而許之. 憑依官旨, 惑誣不貲, 惜哉.]

35) 마을돌기는 마을 사람들이 풍물을 앞세우고 마을을 한 바퀴 또는 수차례 순회함으로써 마을의 온갖 잡귀와 액을 몰아내는 의례로서 지역에 따라 돌돌이, 세경돌기, 유가행렬 등으로 불린다. 기록상으로는 이러한 마을돌기를 갑곶성황에서는 어떠한 용어로 표현했는지 알 수 없다. 따라서 여기서는 '마을돌기'라는 일반명사를 사용한다.

들에 대해 하나씩 살펴보고자 한다.

① 갑곶성황제에 있어서 '관(官)'의 성격

조선 초기 중앙정부는 지방의 향리 층을 중심으로 주도되던 성황신앙을 재편하여 국가제사인 정사(正祀)의 범주 안으로 끌어들이고자 노력했다. 구체적으로는 신상을 폐지하고 위패를 설치했으며 성황신의 봉호를 폐지하고 성황신의 가족신의 존재를 인정하지 않았으며, 관치 성황사를 각 군현에 두어 성황신앙을 국가의 통제 아래에 두려했다. 하지만 본래 음사적(淫祀的) 성격을 가지고 있던 성황신앙은 쉽게 국가의 통제하에 들어가지 못했다. 조선시대 중앙정부가 정한 성황신에 대한 규정은 지방에서는 거의 지켜지지 못했고 성황제도 지방관에 의해 이루어져야 했음에도 불구하고 호장(戶長)을 비롯한 지방의 향리들에 의해 주도하거나 무당들이 거행하기도 했다.[36]

하지만 그렇다고 성황제가 지방관을 무시한 채 향리들이 멋대로 성황제를 치루었다고는 생각되지 않는다. 앞서 언급한 순흥부의 『성황사이건기』의 "일전 금년 정월 모일에 부사(府使) 조공(趙公)이 부인(府人) 김창회(金昌會)와 김치윤(金致胤)에게 명하여 깨끗한 곳에 이건하고 화려하게 집을 지었다."[37]라는 기록을 통해 성황사 이건(移建)에 지방관이 관여한 사례가 있음을 확인할 수 있다. 여기서 말하는 순흥의 성황사는 현재 경상북도 영주시 순흥면 비봉산에 위치한 성황사를 말한다. 이러한 순흥의 성황사가 언제 생겼는지는 정확히 알 수 없지만 이영재에 의하면 고려시대부터 만들어진 성황사라고 보고 있다.[38] 이영재에 의하면 이러

---

36) 이 문단은 서영대 외, 『시흥군자봉성황제』, 시흥문화원, 2005, 76~91쪽 참조.

37) 頃於是年正月日, 府使趙公, 乃命府人金昌會金致胤, 移溝淨地。

한 순흥의 성황사는 읍치성황사로 만들어졌다가 나중에 단종복위사건과 연루되어 순흥부가 혁파되면서 위패대신에 신상을 모신 것으로 보고 있다.[39] 그러나 일반적으로 조선시대에는 기존에 존재하던 민간성황사를 읍치성황사로 바꾸고자 하였다.[40] 그리고 『성황사이건기』에 "기도하면서 神像을 받들어서 제사를 드리니 나무로 만든 塑像이 어젓하게 앉아 마치 기뻐하고 즐거워하는 듯 했다."[41]라는 기록이 있는데[42] 이는 조선 태종 13년(1413) 예조에서 올린 글에 "전조(前朝)에 경내(境內)의 산천에 대하여 각기 봉작(封爵)을 가하고, 혹은 처첩(妻妾)·자녀(子女)·생질(甥姪)의 상(像)을 설치하여 모두 제사에 참여했으니 진실로 미편(未便)하였습니다."라고 하고 있다. 여기서 전조(前朝)라는 것은 고려시대를 말하므로 순흥 비봉산에 존재하는 성황사의 목상은 적어도 고려시대부터 있었던 성황사라고 생각된다. 이런 점들을 보면 순흥의 성황사도 처음부터 위패를 모시는 유교식 성황사가 아니라 목상을 만들어 모시던 민간신앙의 성황사였다는 것을 보여준다. 따라서 이러한 성황사의 이건에 지방관이 관여했다는 것은 비록 음사적 성격을 지닌 성황당 혹은 성황사라고 할지라도 지방관이 어느 정도는 용인하고 있다는 것을 보여주는 것이다. 또한 『성호사설(星湖僿說)』 제4권 「만물문(萬物門)」 성황묘(城隍廟)에도

---

38) 이영재, 「순흥 읍치성황제의 형성과 변화」, 『민속학연구』 23, 국립민속박물관, 2008, 12쪽.

39) 이영재, 위의 논문, 37쪽.

40) 서영대, 「한국과 중국의 성황신앙(城隍神仰) 비교」, 『중국학연구』 12, 중국사학회, 2001, 202쪽.

41) 祈奉神像, 以供祀事, 木塑儼坐, 如賀如怡.

42) 『태종실록』 태종 13년(1413) 6월 8일(을묘) "前朝於境內山川, 各加封爵, 或設妻妾子女甥姪之像, 皆與於祭, 誠爲未便."

> 우리나라 풍속은 귀신 섬기기를 좋아하여 혹은 꽃장대에 종이로 만든 돈을 어지럽게 걸고 마을마다 무당이 돌아다니면서 성황신이라고 한다. 백성을 속이고 재물을 빼앗아내는 계획을 하는데, 어리석은 백성은 이것이 두려워서 앞을 다투어 갖다 바친다. 그런데 관청에서는 금하지 않으니 참으로 괴이하다.[43]

라고 하여 강화뿐만 아니라 다른 지역에서도 민간에서 벌이는 성황제에 대해 관아에서 통제하려 하지 않았음을 알 수 있다. 이는 단순히 성황제를 향리층이 주도한 것이 아니라 적어도 어느 정도는 지방관의 허락 혹은 묵인을 받아 진행되었음을 보여준다고 할 수 있다.

더군다나 조선은 후기까지 지방관에 의한 중앙의 지방통제가 잘 이루어지는 국가였기 때문에 지방관의 힘이 지방 향리층보다 못하다고 할 수 없다. 그렇기에 지역에서 벌어지는 음사적 민간 성황제라고 할지라도 지방관의 허락 혹은 묵인 없이는 힘들었을 것으로 생각된다. 다만 실제로 그것을 준비하고 주도적으로 움직인 계층은 한 지역에 오랫동안 살았던 지역 향리층이었을 것으로 보인다.[44] 이러한 사항을 고려한다면 『강도지』, 「풍속」에서 갑곶성황제를 허락한 '관(官)'은 결국 중앙에서 보낸 지방관 및 지역 향리계층을 함께 아우르는 표현이라고 생각된다.

---

43) 國俗喜事鬼, 或作花竿亂掛紙錢, 村村武恒謂之城隍神。以爲惑民賭財之計, 愚氓慴畏, 競輸之。官無禁合可異也。

44) 물론 현재로서는 왜 지방관들이 이러한 음사적 성격의 성황제를 허락했는지는 명확히 알 수 없다. 다만 추측하자면 『묵재일기』에 보이는 것처럼 조선시대 양반들도 상황에 따라서는 무당을 불러 굿을 하거나 점을 쳤기 때문에 모든 양반들이 음사(淫祀)에 대해 적대적이지는 않았을 것으로 보이며, 그렇기에 어느 정도는 이러한 마을 규모의 민간제의를 허락했을 것으로 보인다.

② 성황제를 진행하는 '무뢰'의 정체

'무뢰(無賴)'는 일정한 직업을 갖지 못하고 반실업상태에 있으면서 폭력을 휘두르고 사람들의 재물을 빼앗는 사람들이다. 그런데 기록에는 이러한 무뢰 뿐만 아니라 4월 초파일이나 단오 같은 중요한 명절 때 행사를 직접 집행하는 사람들을 무뢰로 부르는 사례가 있어 갑곶성황제의 무뢰도 유사한 것으로 생각된다.

○ 5월에 우가 석전(石戰) 놀이를 구경하려 하니, 지신사(知申事) 이존성(李存性)이 간하기를, "이것은 주상께서 보실 것이 아닙니다." 하였다. 우가 싫어하여 어린 놈들을 시켜서 존성을 구타하였는데, 존성이 빨리 나가니, 우가 탄환을 가지고 쏘았다. 나라 풍속에, 단오 때가 되면 시정의 무뢰배들이 큰 거리에서 떼를 지어 왼편 오른편으로 나누어 기왓장과 돌을 들고 서로 치거나, 뒤섞여 짧은 몽둥이를 가지고 승부를 결정하기도 했는데, 그것을 석전이라 한다.[45)]

–『고려사절요』 제31권 신우 2(辛禑二) 경신신우 6년(1380), 대명 홍무 13년

기축. 맑음. 양구(楊口) 토사(土事)로 편지를 써서 허창손(許昌孫)을 방산(芳山) 변주헌이 머물러 있는 곳으로 특별히 보냈다. 무뢰배들이 8일에 논다고 하며 악단(樂團)을 거느리고 시끄럽게 소란을 피웠다. 이런 흉년에 사람으로 하여금 탄식이 나오게 한다.[46)]

–『하재일기』 무술년(1898) 4월 7일

---

45) ○五月, 禑欲觀石戰戲, 知申事李存性, 諫曰, 此非上所當觀, 禑不悅, 使小豎毆存性, 存性趨出, 禑取彈丸射之, 國俗於端午時, 市井無賴之徒, 群聚通衢, 分左右隊, 手瓦礫相擊, 或雜以短梃以決勝負, 謂之石戰.

46) 己丑 晴 楊口土事修書 使許昌孫專送於芳山卞柱憲留處 無賴輩稱以八日遊戲 率樂作鬧 當此歉荒 令人可歎.

위의 기록 중 첫 번째는 고려후기의 기록이고 두 번째는 19세기말의 기록인데 둘 다 행사를 집행 혹은 참가하는 사람을 모두 무뢰배라고 표기한 것을 볼 수 있다. 이것은 물론 필자의 주관적 인식에 따라 '무뢰' 라는 표현했던 것으로 보인다. 즉, 행사를 진행하거나 주도적으로 참가했던 사람들을 무뢰로 불렀을 가능성이 있는 것이다. 만약 이러한 행사가 당시 마을 주민들에 의해 치루어진 것이라면 마을 주민들을 '무뢰'라고 부르지는 않았을 것이다. 이와 관련하여 주목할 것은 조선후기 정조 때 실학자였던 다산 정약용이 쓴 목민심서에 나오는 다음의 기록이다.

> 장차 조창을 열려 할 때에는 창촌(倉村)에 방문을 붙여 잡류(雜流)를 엄금할 것이다.
>
> 창촌에서 금해야 할 것은 첫째는 우파(優婆: 방언에는 舍堂이라 한다)요 둘째는 창기(娼妓, 늙은 退妓)도 금할 것요 세째는 주파(酒婆: 소주나 약주를 앉아서 파는 자)요 네째는 화랑(花郎, 즉 무당의 지아비인데 방언에는 광대라 한다)이요 다섯째는 악공(樂工: 거문고 타고 피리 불고 노래하는 사람이다)이요 여섯째는 뇌자(檑子: 방언에 초라니라 한다)요 일곱째는 마조(馬弔: 곧 투전이다)요 여덟째는 도사(屠肆: 소 잡고 돼지 잡는 일 따위)이다. 무릇 이들 잡류는 노래와 여색과 술과 고기로써 만가지로 유혹하는 것이니 창리(倉吏)가 빠지고 뱃사람이 빠진다. 그 소비가 이미 넘치고 탐욕이 깊어지면 횡포하게 거두어들여 그 축난 것을 채우니 이는 마땅히 반드시 엄금할 것이다.[47]
>
> -『牧民心書』, 「戶典」 稅法 下

47) 將開倉。榜諭倉村。嚴禁雜流。倉村該禁者。
一優婆[方言日舍堂]。二娼妓[老妓退者亦禁之]。三酒婆[燒酒藥酒坐賣者]。四花郎[卽巫夫方言日廣大]。五樂工[琴笛歌客等]。六檑子[方言焦蘭伊]。七馬弔[卽頭錢]。八屠肆[殺牛殺豬等]。凡此雜種。以聲色酒肉。誘惑萬端。倉吏溺焉。船人溺焉。厥費旣濫。貪慾轉深。虐斂橫收。以塡其欠。此必宜嚴禁者也。

위의 기록을 보면 창촌 즉 조창이 있는 마을에는 사당패, 창기, 술파는 사람, 광대, 악공 등이 모여들었음을 알 수 있다. 이러한 모습은『강도지』선창(船娼) 조(條)의 기록과 매우 유사한데 아마도 이들 광대 및 사당패, 악공 등도 보는 사람에 따라 '무뢰(無賴)'라고 불리웠던 것으로 보인다. 이러한 잡류들은 사람이 많이 모이는 포구에 모여서 자신들의 기예를 보여주고 돈이나 재물을 받았던 것으로 보인다. 따라서 비록 갑곶이 조창이 있던 지역은 아니지만 조운선이 지나가는 길목에 위치하고 있으며 동시에 육지에서 강화로 들어오는 관문의 역할을 하는 지역이기에 이곳에 많은 사람들이 몰려들었으며 이들을 상대로 기예 장사를 하는 사람들이 있었다고 할 수 있다. 이러한 점은 "逐村效伎", 즉 마을을 돌아다니며 기예를 보여주는 것에서 잘 드러난다고 할 수 있다. 즉 갑곶에서는 향리들을 중심으로 하는 지역주민들이 이러한 광대 및 사당패 등을 고용하여 행렬을 이루어 돌아다니게 했던 것이며 기록에서 무뢰들이 계(契)를 만들었다는 것은 그들이 자발적으로 계(契)를 만들었다는 것이 아니라 고용주들에 의해 성황제를 준비하기 위한 모임을 만들게 된 것으로 볼 수 있다.

③ **행렬의 모습과 범위**

『강도지』에서는 갑곶성황제 행렬의 모습을 "旗纛槍劍, 前擁後衛" 즉 대열의 앞과 뒤를 깃발과 창검으로 호위한다고 말하고 있다. 그런데 여기서 '둑(纛)'은 대가(大駕) 앞이나 군대의 대장 앞에 세우는 군기로서 아악에서는 춤추는 사람을 인도하는 깃발로 쓰이기도 한다. 또한 이러한 둑(纛)은 조선시대에 군령권을 상징하기 때문에 제사를 올리기도 하는 등 신앙의 대상이 되기도 한다.[48]

그런데 이러한 둑(纛)은 행렬에 나오는 창검, 깃발과 달리 무구(巫具) 즉 굿판에서 자주 볼 수 있는 물건은 아니다. 더군다나 둑(纛)은 군사에 쓰는 물건이기 때문에 민간에서 함부로 가질 수 있는 물건도 아니다. 이러한 점은 갑곶성황제가 비록 국가에서 인정한 제의는 아닐지라도 관아의 허락없이 하기 힘들다는 것을 보여준다.

하지만 현재 남아있는 자료로는 둑(纛)이 왜 성황제 행렬에 들어가는지 정확히 알 수는 없다.[49] 또한 창검이나 깃발과 달리 둑(纛)이 성황제에서 어떠한 의미를 가지는지도 알 수 없다. 한가지 추정하자면 앞서 말한 것처럼 둑(纛)은 대장 앞에 세우는 군기이며 군령권을 상징하기 때문에 행렬에서도 비교적 중요한 의미를 가졌을 것으로 보인다. 또한 이러한 둑(纛)의 존재는 무구(巫具)로 이해될 수 있는 창검과 깃발과는 달리 갑곶성황제의 배경전설이나 성황신이 군사적인 성격을 가지고 있을 가능성을 보여준다고 생각된다. 이는 기록에 이들 깃발과 창검을 든 사람들이 앞뒤로 호위하고 있다고 하는 점에서도 알 수 있다고 생각된다. 이러한 행렬은 앞에서 보는 바와 같이 매우 크고 오랜 기간에

48) 필자가 찾아본 바에 의하면 이러한 군기와 무기를 들고 행렬을 이루는 것은 다른 지역의 성황제나 동제에서는 볼 수 없었다. 따라서 이러한 행렬은 갑곶성황제만의 특징이라고 생각된다.

49) 이러한 행렬을 언급한 성황단의 기록에 나오는 한나라 때 형양에서 한고조를 대신해 죽은 장군 기신(紀信)과 연결시킬 수도 있다. 하지만 "以先儒所論視之、祀漢紀信以爲城隍、而今無知者甚可惜也"라는 기록은 본래 갑곶의 성황신이 기신(紀信)이어서가 아니라 선유(先儒) 즉 선배 유학자들이 성황신을 기신(紀信)이라고 해서 이형상 자신도 성황신은 무조건 기신(紀信)이라고 알고 있는데 이곳 사람들이 그것을 알지 못한다는 말로 해석할 수 있다. 왜냐하면 송나라 이후 중국에서는 기신(紀信)을 성황신으로 모셨기 때문이며 이것이 성리학을 통해 한국의 유학자들에게도 알려졌기 때문이다. 더군다나 이형상은 제주도에서 제주목사로 있으면서 음사를 지내던 사당을 모조리 철폐했을 정도로 철저한 유학자였다. 따라서 이러한 행렬과 紀信과는 아무런 상관이 없는 것으로 보인다.

걸쳐 행해졌다. 특히나 성황제의 기간이 음력 12월~정월 대보름이라는 것은 행렬이 길면 1달 반 동안 갑곶을 중심으로 많은 마을들을 돌아다닌다는 것을 보여준다. 이러한 점은 시흥군자봉성황제와 유사하다. 시흥군자봉성황제는 매년 2차례 거행되는데 한 번은 2~3월의 기간에 이루어지며 이때 군자봉 정상에 있는 성황사에서 성황신을 모시고 마을로 내려와 제를 지낸 후 유가(遊街)를 돌다가 3월 삼짇날 다시 군자봉으로 돌아온다. 이때 유가의 범위는 군자봉 아래 구준물 마을은 물론 현재의 시흥, 안산, 수원일대에 걸쳤다.[50)]

물론 이 때문에 갑곶성황제도 반드시 시흥군자봉성황제처럼 행렬이 광범위한 지역을 돌아다녔으리라고 볼 수는 없을 것이다. 이는 갑곶성황신앙이 미치는 범위와도 상관이 있기 때문에 현재로서는 섣불리 판단하기는 어려울 것 같다. 하지만 『강도지』 기록에 나오는 것처럼 '갑곶신사'는 뱃사람들에게 영험하다고 소문이 나서 제당이 항상 깨끗하고 뱃사람들이 제물을 바치는 것을 보면 적어도 갑곶을 중심으로 하는 주변 포구 및 마을에는 이들 행렬이 미쳤을 것으로 생각되며 멀리나간다면 치소가 있는 現 강화읍내까지 미쳤을 것으로 생각된다.

5) 요약 정리

이상의 내용을 간단하게 요약 정리하면 다음과 같다. 강화도 갑곶에는 예부터 성황사가 있었다. 성황사가 위치한 갑곶은 강화도에서 교통의 요지에 해당하는 곳으로 육로상으로 서울로 통하는 주요한 길이며 남쪽에서 올라오는 조운선이 지나는 길이었다. 특히 갑곶 남쪽에 물길

50) 서영대 외, 『시흥군자봉성황제』, 시흥문화원, 2005, 17쪽.

이 험하기로 소문난 손돌목이 존재하고 있어 갑곶성황사는 항해의 안전을 위해 뱃사람들이 제물을 바치고 기도하는 곳이었다고 한다. 이러한 점은 서해안의 조운로에 있는 다수의 신당도 비슷하다.

또한 갑곶성황사에서는 성황제가 있었던 것으로 보이는데 자세한 내용은 조선 숙종 때 이형상이 쓴 『강도지』에 나와 있다. 이에 따르면 갑곶성황제는 지방관 및 향리 계층이 무뢰라고 불리는 광대 및 사당패들을 모아서 진행한 것으로 보인다. 기록을 보면 성황제의 기간은 대략 1달~1달 반 정도이고 광대나 사당패들이 관(官)의 묵인하에 갑곶을 중심으로 주변 마을들을 돌아다니며 온갖 재주를 보여주며 그 댓가로 음식이나 재물을 받았던 것으로 보인다. 그리고 돌아다닌 후 갑곶 당고개에 있는 성황당으로 와서 성황제를 드렸던 것으로 보인다.

3. 백령도의 성황신앙

1) 백령도 성황당의 형성

1928년 8월 29일 『동아일보』 도서순례 백령도방면(10)을 보면 다음과 같이 백령도의 성황당에 대해 언급하고 있다.

> 대청이나 소청보다 역사가 오래된 만큼 신화 같은 설화도 적지 않습니다. 진촌 북쪽바닷가를 당개[堂浦(당포)]라고 부르는데 그 부근은 암초가 여기저기 기복하고 수 십 척의 충암괴석이 바닷속에 돌출하여 하안파도가 부서지며 수면을 날리는 것이 삼복에 몸이 떨릴지경이외다. 이 절벽 위에는 로수가 참천하고 왜수가 무성하여 삼엄한 기분이 가득한데 이 속

에 있기가 시커멓게 만든 기와 덮힌 성황당이 있습니다. 이 집 주인인 성황님은 연대모를 어느 녯 날에 돌연히 바다가 고요하여 사납던 당개에도 잔물결이 찰삭거릴 뿐인데 멀리 해상에 선약(仙藥)이 일어나며 방울소리 달랑달랑하기에 섬사람이 괴이하게 여겨 나가 보았더니 왕대통[왕죽통(王竹筒)] 하나가 풍악을 잡히며 둥실둥실 떠오더랍니다. 이것을 사람들이 이상히 여겨 모셔다가 당개 바위 위에 성황당을 짓고 성황님이 왕대통으로 변신하였다하여 여기다가 모시고 제사하게 되었다고 합니다.[51)]

–『동아일보』 도서순례 백령도방면(10)

위의 기록을 보면 백령도 당개 해변에는 성황당이 있으며 여기에 왕대통을 성황신으로 모시고 있다는 것을 알 수 있다. 이러한 왕대통 설화가 언제부터 시작되었는지는 정확히 할 수 없지만 성황당이 만들어진 시기와 관련이 있다는 것을 알 수 있다. 이러한 백령도 성황당이 만들어진 시기에 대해 광해군 2년(1610) 백령도에 유배된 이대기가 지은 『백령도지』에 다음과 같이 언급하고 있다.

또 본 섬의 풍속(風俗)이 오직 귀신(鬼神)만을 숭상하여 음란한 일을 일삼으니, 비록 일곱 자식을 둔 아녀자도 안심하고 집에 있을수 없다. 그리고 인가(人家)에서는 기도와 제사가 끊이질 않고 북을 치는 푸닥거리가 겨울도 없고 여름도 없으니, 요즈음 이 곳의 풍습을 말할 것 같으면 침을 뱉어도 특별한 일이 아니다. 백성들도 그럴진데 진(鎭)의 장수들까지 화극[畵戟; 색칠하거나 그림을 그려 넣은 의식용 창의 하나]을 들고 신을 맞이하며 공당에 설회(設會)하고도 부끄러움을 모른다. 이러한 풍습은 창립 초에 성황당(城隍堂)을 세운데에서 유폐(流弊)가 나온 것이니 참으로

51) 원문을 현대어로 고쳤으며 이하 인용된 『동아일보』 기사의 경우도 마찬가지임을 밝혀 둔다.

쓴웃음이 나온다.[52)]

-『백령도지』

이 기록을 보면 본래 백령도 당개 해변의 성황당은 백령진(白翎鎭)이 만들어질 때 함께 세워진 관치 성황사였지만 이후 민간 성황사로 바뀌고 음사(淫祀)가 행해졌다고 볼 수 있다. 그런데 백령도의 역사를 보면 고려시대에 처음으로 진(鎭)을 두고 고려 현종 때 진장(鎭長)을 두었지만 공민왕 6년(1357)에 왜구의 침입으로 방어 기능을 상실하게 되자, 백령진은 황해도 문화현(文化縣)으로 옮겼다. 이러한 공도정책은 백령도에만 행해진 것이 아니라 대청도, 소청도 등 인근 섬들 역시 적용되어 백령도, 대청소, 소청도는 한동안 사람이 살지 않는 빈 섬이었다. 그래서 한 동안 이들 섬은 해적 소굴이 되었다가 조선시대에 이르러 공도정책이 수정되어 다시 진(鎭)이 설치되어 사람이 살기 시작했다. 그리고 조선 세종 9년(1427) 백령진(白翎鎭)과 영강진(永康鎭)을 합하여 강령진(康翎鎭)을 설치하였으며 이후 진(鎭)을 관할하는 첨절제사(僉節制使) 대신에 도장(島長)을 두어 관할하였고 이어 세종 13년(1431) 목장을 설치하여 운영이 활발해졌지만 이후 어느 사이에 다시 진이 사라지게 된다. 그리고 광해군 1년(1609) 이항복의 건의로 백령진을 재설치하면서 새로 들어온 백성들에게 개간을 허용하였으며 고종 32년(1895) 지방 행정관제 개혁 때 장연군 백령면으로 편제되어 도장행정(島長行政)이 실시되었다.[53)]

이러한 백령도의 역사를 보면 백령진은 세웠다가 없어졌다가를 반복

---

52) 且本島風俗, 惟鬼神是尙, 淫亂是事, 雖七子之母, 猶不能安其室, 而人家祈禳不絕, 坎坎擊鼓, 無冬無夏, 此間風習言之, 可唾不特。豈氓爲然, 至於鎭帥, 亦畵戟迎神, 設會公堂, 而猶不知其非。蓋此俗出於, 創立之初爲城隍作祠, 而流弊之此。誠可哂也。

53) 『옹진군지』 상권, 옹진군지편찬위원회, 2010, 40쪽.

한 것으로 보인다. 따라서 위에서 말하는 "창립 초에 성황당(城隍堂)을 세운데에서 유폐(流弊)가 나온 것이니"라는 말은 정확히 어떤 시기를 가리키는지 알 수 없다. 더군다나 우리나라에서 성황신앙이 수용된 시기는 일반적으로 신라말로 보기 때문에 "창립 초"라는 말은 고려 전기 백령진이 처음 세워진 시기를 말한 것일 수도 있다. 그러나 『백령도지』에서 이대기가 말하는 백령진은 내용상 고려시대 및 조선전기에 만들어진 백령진을 말하는 것으로는 보이지 않으며 그가 유배가기 1년 전인 광해군 1년(1609)에 만들어진 백령진을 가리키는 것으로 생각된다.

이런 점을 보면 당개 성황당은 백령진을 만들 때 같이 세운 성황사를 가리킨다고도 볼 수 있다. 그러나 일반적으로 성황사는 관에서 새로 만드는 것이 아니라 기존 신당 중 하나를 관에서 성황으로 인정하는 경우가 많다. 그래서 위에서 말하는 백령진을 만들던 초기에 성황당을 세웠다는 말은 새로 성황사를 만들었다는 것이 아니라 기존 신당 중 하나를 관에서 성황당으로 인정했다는 말이라고 생각된다.

2) 감목관과 성황신

이러한 당개 성황당에 모셔진 신은 왕대통이라고 하는데 이와 관련하여 다음과 같은 이야기가 전해오고 있다.

> 옛날 목장이 이 섬속에 있어서 오백여두의 말을 길렀는데 목장을 감독하는 감목관(監牧官)이 승진하여 서울로 돌아가려 할 때 연일 풍랑이 심하여 십여일을 두고 배가 떠나지 못하다가 무당에게 연유를 물어보았더니 큰 창옷 위의 장대를 성황님이 가지고 십허 길을 막는 것이라고 하였답니다. 감목관이 앞 길이 바쁜지라 그 말대로 성황님께 풀어바쳤더니 대번

에 바람이 잦아들어 닻을 감으려 할 때 이 감목관 영감도 욕심으로는 성황님보다 더하면 더했지 못하지는 않은지라 바람이 잦아든바에야 때를 빼앗길게 무엇이냐고 상노를 보내어 바쳤던 돌을 빼서 가지고 돛을 달었답니다. 신령한 성황님이 어찌 감목관에게 지고 말겠습니까. 배가 제일 깊은 용틀안[용기리(龍機里)] 앞바다라는 곳에 다다랐을 때 갑자기 풍랑을 일으키어 파선을 시켜 심술궂게 원수를 갚아버리었답니다. 감목관으로 말하면 기와장 아끼다 석까래 썩힌 셈이지만 그 후부터는 사람들이 왕대통 성황님을 더욱 무섭게 생각하여 섬의 수호신으로 숭배의 유일한 대상으로 알게 되어 춘추마다 지성껏 제사를 지내고 해마다 옷을 해 입히고 갓을 씌워서 남은 갓이 당안에 가득히 걸렸답니다.

–『동아일보』 도서순례 백령도방면(10)

위에서 보는 것처럼 왕대통 성황은 감목관이 자신에게 바친 물건을 빼앗아가자 풍랑으로 복수하였고 이후 사람들은 매년 봄과 가을마다 왕대통에게 제사를 지내는 것을 볼 수 있다. 그런데 이러한 감목관의 존재는 조선시대 백령도에 있던 말목장의 존재와 밀접한 관련을 가지고 있다.

이러한 백령도의 말목장에 대해 살펴보면, 백령도에는 세종 13년(1431)에 황해도에 속해있는 백령도를 비롯한 일부 섬에 목장을 설치하고 제주도의 말 5백필을 옮겨 사육하려는 기사가 있어[54] 이미 조선 초기부터 목장이 있었다고 생각된다. 이러한 백령도의 말목장은 1908년에 쓰여진

54) 『세종실록』 13년 3월 2일. "사복시 제조(司僕寺提調)가 아뢰기를, '황해도의 초도(椒島)·백령도(白翎島)·기린도(麒麟島) 등을 이미 목장(牧場)으로 정하였으니, 제주(濟州)의 국둔마필(國屯馬匹) 속에서 3세 이상 6세 이하의 새끼 없는 암놈 5백 필을, 이번에 가는 경차관(敬差官)으로 하여금 안무사(安撫使)·감목관(監牧官)과 함께 색출하게 하여 전라도 각 고을에 분산해 기르게 하였다가, 농한기에 위의 각 도서(島嶼)에 놓아 기르게 하소서.'하니, 그대로 따랐다."(司僕寺提調啓: "黃海道 椒島·白翎島·麒麟島, 已定爲牧場。請濟州國屯馬匹內, 三歲以上六歲以下無兒雌馬五百匹, 令今去敬差官同按撫使監牧官刷出, 分養于全羅道各官, 待農隙放于上項各島。" 從之。)

『증보문헌비고』에도 보이고 있는 것을 보면 조선 후기 다른 섬지역의 말목장들이 없어지고 경작지로 바뀜에도 불구하고 조선후기까지 남아 있었던 것으로 보인다. 그러므로 왕대통 설화에서도 이러한 말목장과 이를 감독하는 감목관의 존재가 반영된 것으로 보인다.

3) 백령도의 성황신앙과 풍랑

이러한 백령도의 성황신앙은 백령도의 자연환경과 밀접한 관련을 가지는 것으로 보인다. 특히 풍랑이라고 하는 자연환경이 백령도 성황신앙과 밀접한 관련을 가지고 있는 것으로 추정된다. 이는 왕대통 설화의 내용에서 풍랑에 관한 내용이 두드러지게 나타나고 있다는 점을 통해 알 수 있다.

그런데 성황신은 풍랑과 같은 어떤 특정한 분야에 한정된 신은 아니다. 본래 성황신은 중국에서는 성벽 도시의 수호신으로 시작하지만 나중에는 사후세계의 심판자이며 죽은 사람들을 관리하는 신으로 변모하였다. 그리고 한국에서는 고려시대 전쟁의 승패를 좌우하거나 기후를 조절하고 미래를 예언하는 능력을 가진 존재로 인식되었다. 이처럼 성황신은 성벽도시의 수호신으로 출발하여 지역의 모든 문제를 관할하는 신으로 변모하였고 이는 백령도 당개 성황당의 왕죽통도 마찬가지였다고 생각된다.[55)]

그럼에도 불구하고 왕대통 설화에서 풍랑이 강조되는 것은 백령도의 환경이 영향을 끼쳤을 것으로 생각된다. 이와 관련하여 다음 『백령도지』

---

55) 서영대, 「한국 중국의 성황신앙사와 순창의 〈성황대신사적〉」, 『성황당과 성황제』, 민속원 1998, 398쪽, 409~410쪽.

의 기록이 주목된다.

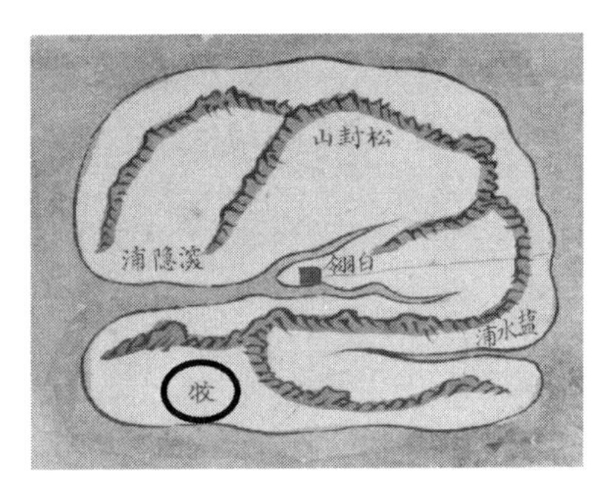

[그림 2] 백령도(『대동방여전도』)

만일 왕래하는 수로(水路)의 경계를 말하자면, 반드시 바람을 기다리다가 도달해야 하는 곳이 있으니 대개 장연(長淵)의 장산곶(長山串) 줄기이다. 북쪽으로 가로질러 끊어진 곳이니, 본 섬의 두모진(頭毛津) 언덕과 남쪽으로 서로 응대하고, 그 사이의 거리는 불과 10여 식(息) 밖에 되지 않으며, 양 쪽 해안이 하나의 골짜기로 끼어있다. 이 때문에 북해(北海)의 조수(潮水)가 북으로부터 기울고, 서양(西洋)의 조수는 서쪽으로부터 흐르니, 양수(兩水)가 서로 부딪쳐 모이고 교차하고, 또 조석(潮汐)이 진퇴하여 서로 부딪쳐 파랑(波浪)에 놀라고, 천성(天成)이 엷고 험한(險悍)이 모인 것을 말로써 표현하기 불가하다. 이 때문에 육지로부터 들어오고, 섬으로부터 나가는 것은 모두 바람을 기다려야 하는데, 들어오는 데에는 동·서·북 삼풍이 모두 들어와야 하나 북풍은 곧고, 동서풍은 가로진다. 나가는 데에는 남풍은 순풍이나 동·서·북풍은 역풍이니, 오직 들어오는 때에는 가로질러야만 들어오나 단지 빠르지는 못하다. 만일 배를 타고 건너려면 별서강(別西江)으로부터 왕래하는 자가 중도에 풍세가 불순함을 만나면 반드시 이 섬에 배를 대고 진퇴를 기다린다.[56)]

–『백령도지』

56) 至若往來水路之際, 必候風而渡者, 蓋長淵之長山串一支, 横截於北, 本島之頭毛津一岸, 相對於南, 而其間相距, 不過十餘息, 兩岸挾而爲一壑。故北海之水, 自北而傾, 西洋之水, 自西而注, 兩水相衝, 匯而交, 又潮汐進退, 與之相激, 則驚波駭浪, 薄天成綜險悍, 不可形而言也。是故自陸而入, 自島而出者, 俱待風, 入者, 東西北三風皆渡, 而北直而東西横, 出者, 南風順而東西北逆, 惟入者, 横亦可渡而但行不速。若登舟之渡, 自別西江往來者, 中路遭風勢不順, 則必依泊此島而進退。

위의 기록을 보면 백령도 지역에는 북해의 조수와 서쪽 바다의 조수가 서로 부딪치고 모이고 교차하고, 조석간만의 차로 인해 풍랑이 생기며 바람의 흐름도 불순하는 등 항해하기 힘든 자연환경을 가지고 있다는 것을 알 수 있다.

그런데 이렇게 백령도와 풍랑이 연결되는 설화는 『삼국유사』에서 거타지 설화에서도 언급되는 것을 보면 그 기원이 오래된 것으로 생각된다.

> 이 왕(진성여왕)의 시대에 아찬 양원(良員, 양패(良貝)라는 설도 있다.)은 왕의 막내아들이었다. 그가 당나라에 사신으로 가는데, 후백제의 해적들이 진도(津島)에서 길을 막고 있다는 소식을 듣고 활 쏘는 군사 50명을 뽑아서 데리고 갔다. 배가 곡도(鵠島)[우리말로 골대도(骨大島)라고 한다.]에 닿자, 풍랑이 크게 일어나 열흘이 넘도록 묶여 있었다. 공이 이를 걱정하여 점을 치게 하고 말하기를 "이 섬에 신령스러운 연못이 있는데 제사를 지내는 것이 좋겠습니다."라고 하였다. 그래서 제물을 갖추어서 연못가에서 제사를 지냈다. 그러자 연못의 물이 한 길 이상 용솟음쳤다. 그날 밤 꿈에 어떤 노인이 나타나 공에게 말하기를 "활 쏘는 사람 하나를 이 섬에 남겨 놓으면 순풍을 얻을 것이오."라고 하였다. 그래서 공이 잠에서 깨어나 이 일을 사람들에게 이야기하고 나서 묻기를 "누구를 남겨 놓는 것이 좋겠는가?"라고 말하자 사람들이 말하기를, "당연히 나무 조각 50개에 우리들 이름을 써서, 물에 가라앉는 것으로 제비를 뽑는 것이 좋겠습니다."라고 하였다. 그래서 공이 이 말에 따라 제비를 뽑았는데, 군사 중에 거타지(居陀知)라는 자의 이름이 물 속에 가라앉아 그를 남겨두기로 하였다. 그러자 곧 순풍이 일어나서 배가 막힘없이 나아갈 수 있었다.[57]
>
> –『삼국유사』 기이 진성여대왕과 거타지

57) 此王代 阿飡良員 王之季子也 奉使於唐 聞百濟海賊梗於津島 選弓士五十人隨之 舡

여기서 말하는 곡도(鵠島)는 『신증동국여지승람』 제24권 황해도 강령현에 의하면 "백령도(白翎島)는 원래, 고구려의 곡도(鵠島)였는데,"[58]라고 하여 백령도라는 것을 알 수 있다. 이것은 이미 통일신라시대부터 백령도 지역의 풍랑이 유명했다는 것을 보여 준다. 또한 본고에서는 다루지 않지만 백령도에서 고소설 『심청전』이 「심청전설」로 변화하게 된 이유도 이러한 자연환경이 영향을 준 것으로 생각된다. 이것은 왕대통 설화와 신앙이 백령도의 지리적 위치와 관련이 있다는 것을 보여준다. 즉 이 지역을 왕래하던 선박들이 중간에 선박을 만나면 백령도로 피신할 수밖에 없는 백령도와 풍랑과의 관계가 반영된 것이라고 할 수 있다. 그리고 백령도의 성황신앙은 물론 기본적으로 백령도 사람들의 농사와 어업의 풍요를 기원하는 것을 목적으로 하고 있지만 아울러 백령도 주변 풍랑에서 벗어나고자 하는 목적도 있었을 것으로 추정된다.

4. 문학산의 성황과 안관당

1) 안관당 이전의 문학산 신앙

문학산에서 신앙의 흔적이 발견되는 것은 통일신라시대부터이다. 이는 기록으로는 남아있지 않지만 2012년 10월 6일에 발견된 문학산 제사유적을 통해 알 수 있다.[59] 2018년에 발간된 문학산 제사유적의 발굴보

次鵠島[鄕云骨大島]風濤大作 信宿浹旬 公患之 使人卜之 日 島有神池 祭之可矣 於是具奠於池上 池水湧高丈餘 夜夢有老人 謂公日 善射一人 留此島中 可得便風 公覺而以事諮於左右日 留誰可矣 衆人日 宜以木簡五十片書我輩名 沈水而鬮之 公從之 軍士有居陀知者 名沈水中 乃留其人 便風忽起 舡進無滯

58) 白翎島本高句麗鵠島

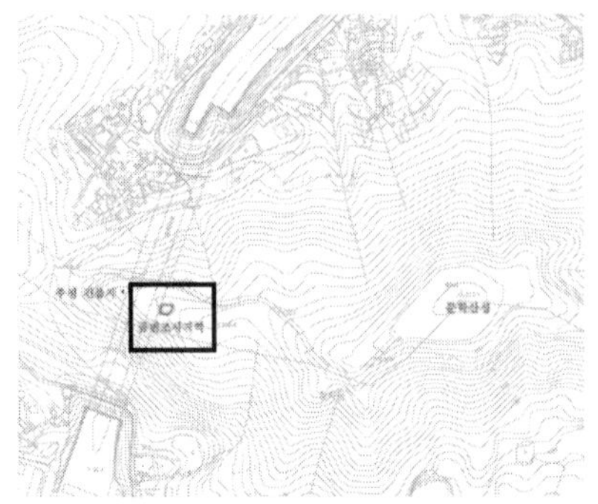

[그림 3] 문학산 제사유적의 위치

[그림 4] 문학산 제사유적

고서에 의하면 시굴조사에서 “건물지 1기와 건물지 주변에서 다수의 통일신라시대 토기 호 구연부와 경질완, 연질완을 비롯하여 격자문(格子紋)과 선문(線紋)이 주를 이루는 기와편이 출토되었다.”고 하여[60] 제사유적으로 추정되는 건물은 통일신라시대 만들어졌던 것으로 볼 수 있다.

위의 [그림 3]과 [그림 4]에서 알 수 있듯이 문학산 정상부에서 삼오지 고개로 가는 길쪽에 제사유적이 발견되었다. 그런데 이러한 제사유적과는 별개로 통일 신라 시대부터 문학산에서 제사를 지냈다는 기록은 찾아보기 힘들다. 『삼국사기』 기록에 따르면 신라 시대에는 “3산·5악 이하의 명산과 대천을 나누어 대·중·소사로 삼았다.”[61]라고 하였고 이를 기준으로 분류하고 있는데 이를 지도로 표시하면 다음과 같다.[62]

59) 문학산 제사유적의 위치는 현재 문학산성에서 삼오지 고개가 있는 능선 부근이다. 일반적인 제사유적이 정상부에 있는 산성 안에 위치하고 있고 출토유물의 양상도 다른 제사유적과는 차이가 있기는 하지만 본 논문에서는 조사보고서를 존중하여 제사유적으로 파악하고자 한다.

60) 『인천 문학산 제사유적』, (재)한국고고인류연구소·인천광역시 남구, 2018, 22쪽.

61) 『三國史記』 祭祀志. “三山·五岳已下名山·大川, 分爲大·中·小祀.”

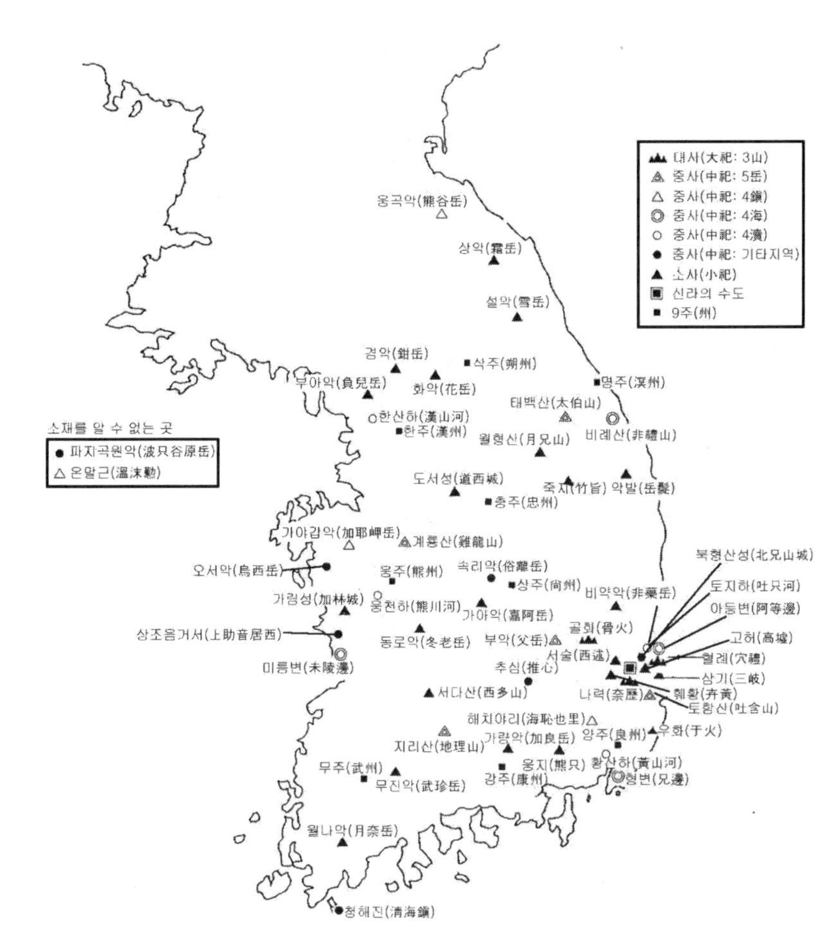

[그림 5] 『삼국사기』 제사지 명산대천 분포도
(출처: 하마다 코사쿠, 『신라국사의 연구』, 요시카와고분관, 2002, 80쪽.)

62) 濱田耕策, 『新羅國史の硏究』, 吉川弘文館, 2002, 80쪽.

위 그림에서 보는 바와 같이 인천 지역은 대사·중사·소사에도 없을 뿐더러 제사지 어디에도 찾아볼 수 없다. 이것은 인천의 문학산이 대사·중사·소사 어디에도 속하지 않는다는 것을 보여준다. 이렇게 인천 지역이 대사·중사·소사 어디에도 속하지 않은 이유는 정확히 알 수 없다. 다만 몇 가지 가능성을 가지고 추측할 수 있을 뿐이다. 먼저 정의도는 『삼국사기』 제사지의 대사·중사·소사의 분류를 살펴보면 대사(大祀)는 경주를 중심으로 하는 사로국 및 신라의 핵심이었던 지역의 지신(地神)이자 호국신이며, 중사(中祀)는 통일신라의 중요한 국방거점에 위치한 지신으로 구성되었다고 하며, 소사(小祀)에 해당되는 산들은 거의 모두 각 지역의 진산(鎭山)에 해당되기 때문에 지역방어를 목적으로 배치한 것으로 볼 수 있다고 한다.[63] 이러한 점을 감안해본다면 인천 지역이 신라시대 대사·중사·소사에 없는 것은 수도인 경주의 방어에 있어서 중요성이 떨어졌기 때문으로 볼 수도 있다.

그런데 이들 대사·중사·소사는 일정한 씨족 혹은 세력의 연고지와도 관련되어 있었다.[64] 여기서 대사(大祀)는 경주를 중심으로 한 세력을 편제한 것이며, 중사(中祀)의 경우 오악은 소백산 일대의 세력을, 4鎭·4海·4瀆은 신라 국경지대의 세력을 편제한 것이고, 소사(小祀)는 나머지 세력을 편제한 것이라고 보고 있다.[65] 그리고 이러한 대사·중사·소사에 포함된 제사들은 상황에 따라 혁파 또는 강등되기도 하였다.[66] 이런 점

63) 濱田耕策, 『新羅國史の研究』, 吉川弘文館, 2002, 80쪽.

64) 신종원, 『신라초기불교사연구』, 민족사, 1992, 95쪽.

65) 채미하, 「신라 명산대천의 사전 편제 이유와 특징」, 『민속학연구』 30, 국립민속박물관, 2007, 11쪽.

66) 예를 들면, 청해진의 경우는 문성왕 13년(851) 이후에 혁파되었으며, 선도산은 통일 이후에 소사에 편제되고 있다.

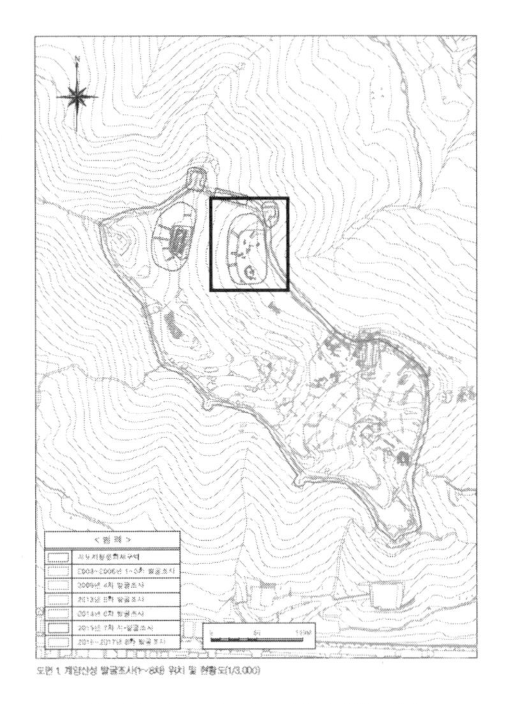

[그림 6] 계양산성 제사유적의 위치

들을 보면 인천 지역이 이러한 대사·중사·소사에 포함되지 않은 것은 경주 지역의 방어에 있어서 중요성이 떨어졌기보다는 지역세력의 부재와 관련이 있을 것으로 생각된다. 실제 신라시대 인천은 율진군의 영현이었고 고려시대에는 지금의 부평인 수주(樹州)의 속현이었다. 그러다가 인주 이씨 집안에서 왕실과 혼인관계를 맺으면서 인주(仁州) 및 경원부(慶源府)로 읍격이 급상승하게 된다. 따라서 인천 지역이 신라의 대사·중사·소사에 포함되지 않았던 것은 신라시대 문학산 일대를 중심으로 하는 인천 지역에는 이곳을 대표할 만한 지방세력이 없었기 때문이라고 볼 수 있다.

또한 [그림 5]를 보면 북형산성 및 가림성 등 신라시대에는 대사·중사·소사의 제사 대상으로 산성을 포함시킨 것을 알 수 있다. 또한 삼년산성과 칠중성이 있는 겸악 지역도 제사대상에 포함되어 있다는 것을 보여준다. 이뿐만 아니라 신라시대에는 경주 남산에 있는 신성 남문에서 매년 정기적으로 제사를 드리고 있었다. 이러한 양상은 문헌기록뿐만 아니라 고고학 자료에서도 나타나고 있다. 예를 들면 이성산성, 설봉산성, 반월산성, 부소산성, 공산성, 계족산성, 화왕산성, 함안산성에서는 제사를 지낸 흔적들이 다수 발견되고 있고[67] 2019년 7월 달에는 아차산성에서도 신라시대 제사 흔적이 발견되고도 했다.[68] 이런 점들은 신라시대 산성을 제장으로 삼거나 산성을 제사 대상으로 삼은 것이 일반적이라는 것을 보여준다. 그리고 이러한 산성 안에 있는 제사 장소는 신라시대 산신에 대한 제사 장소였던 것으로 보인다.[69]

이후 신라시대 산에서 벌어진 산성에 대한 제사는 신라말 성황신앙이 중국으로부터 전해지면서 한국의 성황신앙과 연결되는 양상을 보인다. 성황(城隍)은 본래 성벽과 해자를 가리키는 말이며 성황신은 후대에 전쟁의 신, 저승의 신으로 변화하기는 하지만 원래는 성벽을 수호하는 신이었다. 이러한 성황에 대한 신앙은 대체로 신라말 고려 초에 중국으로부터 전래되어 고려시대부터 잡사(雜祀)의 하나로 성황신에 대한 제사가 이루어지고 있었다.[70] 그런데 고려시대 성황사는 해당 지역의 산악에 주로 설치된 것으로 보인다.[71] 그리고 성황사가 산에 만들어지면

67) 정의도, 위의 논문.
68) 2018년 7월 12일 서울시 광진구 문화체육과 보도자료.
69) 채미하, 「신라 城제사와 그 의미」, 『역사민속학』 30, 한국역사민속학회, 2009, 23쪽
70) 『고려사』 제사지 잡사.
71) 박호원, 『한국 마을신앙의 탄생』, 민속원, 2013, 272쪽.

서 기존의 성황신앙은 산신신앙과 결합되어 간 것으로 보여진다.[72] 이러한 과정에서 본래 신라시대에 있던 산성에 대한 제사가 성황신앙을 받아들이는데 배경 역할을 했을 것으로 짐작된다.[73]

이러한 점은 문학산 역시 마찬가지였을 것으로 생각된다. 문학산에는 적어도 통일 신라 시대부터 정상부에 제장이 있었을 것으로 생각된다. 즉 현재 능선 부분에만 제사유적이 남아있는데 이것은 문학산 제사유적의 일부일 것으로 보이며 정상부인 산성 안에도 제장이 있을 가능성이 높다고 생각된다.[74] 이렇게 산성 안에 제장이 있을 가능성은 계양산성의 제사 유구의 존재를 생각해보면 가능성은 충분하다고 생각된다. [그림 6]에서 검은색 사각형으로 표시한 곳이 계양산성 8차 발굴조사를 통해 밝혀진 제사 유구로서 계양산성 안에 위치하고 있다는 것을 알 수 있다.[75] 이뿐만 아니라 인천 외 여러 지역의 산성 안에서 제사유적이 발견되고 있다.[76] 이러한 점들을 보면 문학 산성의 경우도 성 내부에 제사유적이 있었을 가능성이 있다고 생각된다. 그러나 후대에 이곳에 안관당이 만들어지고, 군부대가 들어오면서 사라진 것으로 추정된다.[77]

---

72) 박호원, 위의 책, 272쪽.

73) 채미하, 위의 논문, 『역사민속학』 30, 한국역사민속학회, 2009, 34쪽.

74) 이용범, 「원인천 지역 지방제사의 전통과 계승」, 『박물관지』 15, 인하대학교 박물관, 2012, 12쪽.

75) 『계양산성Ⅴ-인천 계양산성 8차 발굴조사 보고서』, (재)겨레문화유산연구원, 2019, 29쪽.

76) 정의도, 「제장으로서의 산성 연구」, 『문물연구』 12, 동아시아문물연구학술재단, 2007.

77) 문학산성은 1959년 미군기지가 건설되면서 산성의 동문과 서문 및 주변 성벽이 멸실되기 시작하였고 산성 내부는 부대 건물지 조성을 위해 삭토되었다고 한다. (『문학산성 정밀 지표조사 보고서』, 인천광역시립박물관, 2017, 38쪽.)

2) 성황사와 안관당의 위치

문학산에는 늦어도 통일 신라 시대부터 신당이 존재했으며 이는 고려시대로 이어져 성황사로 발전했을 가능성이 있다. 그런데 이러한 성황사 외에 문학산에는 안관당이라는 건물이 있었다. 1949년 발간된 이경성의 『인천고적조사보고서』에서 안관당에 대해 설명하기를 “문학산 봉수 동쪽 조금 밑에 지금도 석축의 건물 유구가 남아있다.”라고 하였는데[78] 문학산 봉수는 문학산 정상부에 위치하고 있었으므로 안관당은 곧 성안에 존재한 사당이라는 것을 알 수 있다. 이는 1997년 발간된 『문학산성 지표조사 보고서』의 ‘문학산 현황 배치도’(그림 7)를 통해서

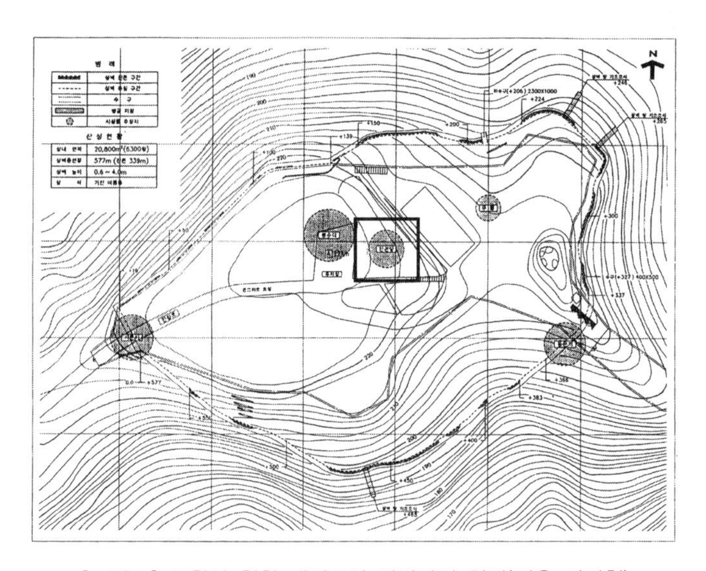

[그림 7] 문학산 현황 배치도와 안관당의 위치(검은 사각형)

78) 이경성 지음, 배성수 엮음, 『인천고적조사보고서』, 인천문화재단, 2012, 48쪽.

도 알 수 있다.[79]

그런데 이러한 안관당이 곧 인천도호부의 성황사일 가능성이 있다. 왜냐하면 조선시대에는 관(官)에서 설치한 성황사(혹은 성황당)가 많았다. 이러한 성황사들은 대부분 읍치(邑治) 혹은 읍치와 가까운 진산(鎭山)에 해당되는 곳에 있었다.[80] 그러나 조선시대 인천의 진산은 소래산이었지만 앞서 본 것처럼 문학산은 읍치인 인천도호부와 가까운 산이었기 때문에 이곳에 성황사가 있었을 것으로 볼 수 있다.[81] 또한 안관당 역시 문학산성 안에 있기 때문에 둘은 일치할 가능성이 높다. 따라서 안관당의 위치를 알기 위해서는 먼저 인천의 성황사의 위치에 대해 알아볼 필요가 있다.

> 성황사【부 남쪽 1리 되는 곳에 있다.】(『신증동국여지승람』 인천도호부 사묘)
> 성황사【도호부 남쪽 1리길에 있다】(『동국여지지』 사묘(祀廟))
> 성황사【부에서 남쪽으로 1리에 있다】(『인천부읍지(1842년)』 사묘(祠廟))
> 성황사【부에서 남쪽으로 1리에 있다】(『인천부읍지(1899년)』 사묘(祠廟))

위에서 보는 바와 같이 예부터 인천의 성황사는 모두 부 또는 도호부 남쪽 1리길에 있다고 하는 것을 볼 수 있다. 여기서 부 또는 도호부는 모두 도호부청사를 말하는 것으로 이를 지도상에서 살펴보면 다음과

79) 『문학산성 지표조사 보고서』, 인천광역시, 1997, 40쪽.
80) 서영대, 「한국과 중국의 성황신앙(城隍信仰) 비교」, 『중국학연구』 12, 중국사학회, 2001, 205쪽.
81) 『신증동국여지승람』 경기 인천도호부 산천. “소래산(蘇來山) [부 동쪽 24리 되는 곳에 있으며 진산(鎭山)이다. 남산(南山) 부에서 2리 되는 곳에 있다.]”

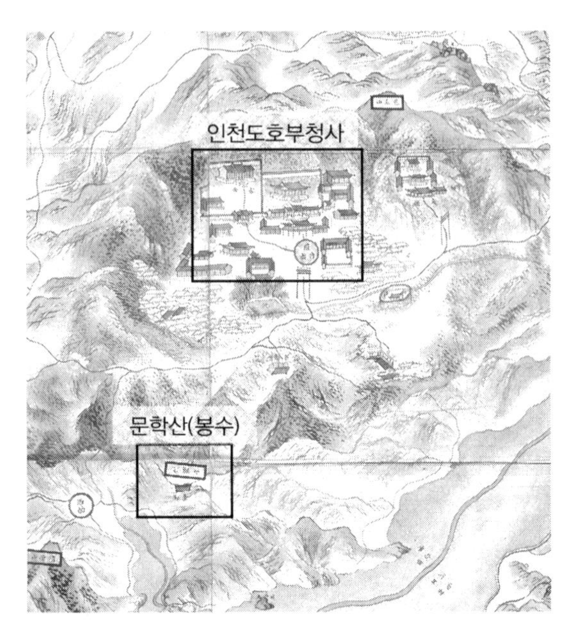

[그림 8] 『화도진도』의 인천도호부청사와 문학산(봉수)

같다.

[그림 8]에서 보는 바와 같이 인천도호부청사 남쪽에 문학산이 있는 것을 볼 수 있으며 문학산 정상부에 봉수대가 있다는 것도 알 수 있다. 둘 사이의 거리를 정확히 알 수 없지만 도호부청사에서 남쪽에 위치하고 있는 문학산에 성황사가 위치하고 있다고 생각된다.[82)]

82) 여러 지리지 및 『인천부읍지』에는 문학산 봉수의 위치가 읍치에서 남쪽으로 2리 떨어진 곳에 있다고 하고 성황사가 읍치에서 1리 떨어진 곳에 있다고 하는 것을 보면 성황사와 봉수의 위치가 가까운 것은 아닌 것으로 보인다. 그리고 이런 점을 보면 성황사는 문학산 정상부가 아닌 아래쪽에 있었을 수 있다. 그러나 고려시대까지 읍의 치소가 산성 안에 위치했고 성황사도 그 읍치 안에 있었으며, 신당(神堂) 산성 안이 아닌 곳에 있었다는 흔적이나 기록이 발견된 적이 없다. 그래서 비록 봉수대와 성황사의 거리가 있기는 하지만 현재로서는 조선시대 성황사는 문학산성 안에 있었던 것으로 추정된다.

[그림 9] 문학산 안관당 터로 추정되는 곳

그런데 조선시대의 읍치성황사는 처음부터 관에서 설치한 성황사는 아니었다. 조선왕조는 건국 이후 무속적 성격을 가진 성황신앙을 유교식으로 바꾸고자 노력했다. 즉 기존의 성황사의 운영을 무속적인 것에서 유교적인 것으로 변화시켰는데, 예를 들면, 신상을 폐지하고 위패를 놓고 제사를 지냈으며 무당이 관리하던 성황제를 지방관이 주도하는 제사로 바꾸었다.[83] 이렇게 조선왕조는 기존에 있었던 성황사의 운영을 유교식으로 바꾸고자 했던 것이다. 이렇게 본다면 문학산의 성황사도 처음부터 읍치성황사는 아니며 예전부터 존재했던 문학산신을 모시는 성황사였을 가능성이 있다.

이러한 문학산의 성황사는 앞서 말한 것처럼 주로 산 정상부에 위치하

83) 서영대, 위의 논문, 202쪽.

고 있었는데 안관당 또한 산 정상부와 가까운 곳인 봉수대 아래에 위치하고 있었다고 한다. 이런 점들을 보면 사실상 안관당은 조선시대 성황사가 있던 곳에 만들어진 곳으로 추측된다. 특히 앞서 말한 것처럼 조선왕조는 기존의 성황신앙을 국가차원에서 흡수하려 노력했다. 하지만 이러한 성황신앙에 대한 조선왕조의 정책은 잘 지켜지지 않았다.[84] 특히 예를 들면 조선왕조의 1군현 1성황정책도 잘 지켜지지 않았으며,[85] 신상을 없애고 위패를 놓고 제사한다는 규정도 잘 지켜지지 않았고 성황의 가족의 존재(처와 첩)를 부정하는 논리도 관철되지 않았다.[86] 또한 성황제를 지방관이 주체가 되는 원칙도 잘 지켜지지 않아 지방향리가 성황제를 주도하거나 무당들이 성황제를 거행하는 일도 있었다.[87] 이러한 성황신앙의 비유교적 성향은 완전히 사라지지 못하고 오히려 조선 중기 및 후기로 갈수록 심해진다. 예를 들면, 지방관의 묵인하에 향리들이 주도하는 성황제가 벌어지거나[88] 지방관이 나서서 성황사를 옮기면서 목상을 만드는 것을 도와주기도 했다.[89] 이러한 점은 문학산의 성황사도 마찬가지였을 것으

84) 서영대, 위의 논문, 203~205쪽.

85) 서영대, 위의 논문, 209쪽.

86) 서영대, 위의 논문, 210쪽.

87) 서영대, 위의 논문, 211~212쪽.

88) 조선 숙종 때 이형상이 쓴 『강도지』에 의하면 "이것만으로도 매우 해괴한데 매년 12월에는 마땅히 순행해야 한다고 말하면서 무뢰배들이 계를 맺어서 관에 알리고 무리를 거느리고 온다. 그리고는 큰 깃발과 창검을 앞뒤로 호위하고서 마을을 돌아다니며 재주를 보이고 먹을 것을 요구하며 재물을 뜯다가 정월 보름날에 비로소 성황당으로 돌아온다. 지극히 허망한데도 관가에서 그것을 허락하였다. 관의 뜻을 빙자하여 거짓말하는 일이 헤아릴 수 없으니 애석하다."(『강도지』 풍속 갑곶성황)라고 하여 관(官)의 허락하에 향리들이 주도하는 성황제가 벌어지고 있다는 것을 알 수 있다.

89) 1754년 4월에 기록된 순흥부의 『성황사이건기』에 "일전 금년 정월 모일에 부사(府使) 조공(趙公)이 부인(府人) 김창회(金昌會)와 김치윤(金致胤)에게 명하여 깨끗한 곳에 이건하고 화려하게 집을 지었다."라고 하였지만 같은 글에 "기도하면서 神像을 받들어

로 보인다. 그리고 그러한 성황사에 나중에 인천부사 김민선이 모셔졌고 사람들은 이를 '안관당'이라고 불렀을 것으로 추정된다.

다만 현재로서는 안관당에 모셔진 김민선 이전의 문학산신이 누구인지에 대해서는 알 수 없다. 그래서 여기서는 몇 가지 가능성이 있는 후보들을 언급하고 끝내고자 한다. 첫째로는 고대에는 가야산신이었던 정견모주, 선도산의 산신인 성모(聖母) 등 여신이 산신으로 모셔지는 것을 볼 수 있어 문학산에서도 여신이 산신으로 모셔졌을 가능성이 있다. 둘째로 문학산 일대에 자리잡았던 비류도 김민선 이전에 모셔졌던 문학산신일 가능성이 있다. 특히나 비류의 경우 『삼국사기』에 의하면 자리를 잘못 잡아 백성들을 힘들게 하다 결국 동생인 온조가 있는 서울 지역으로 가서 부끄러움에 자살했다고 한다.[90] 이러한 점은 비록 억울한 죽음 아닐지라도 한을 품고 죽었다는 점에서 무속신앙에서 모셔지는 신에서 보이는 일반적 특징을 가지고 있다고 볼 수 있다. 그렇기 때문에 비류 또한 김민선 이전의 문학산신이었을 가능성을 보여준다.

3) 안관당과 김민선

다음으로 안관당과 김민선에 대해 살펴보도록 하겠다. 1949년 이경성 선생이 7차례에 걸쳐 조사한 결과물을 정리하여 출간한 『인천고적조사보

서 제사를 드리니 나무로 만든 塑像이 어젓하게 앉아 마치 기뻐하고 즐거워하는 듯했다."라고 하여 성황사에 유교식 위패가 아니라 민간신앙에서 사용하던 나무로 만든 신상이 모셔졌다는 것을 알 수 있다.

90) 『삼국사기』 백제본기 온조왕. "비류는 미추홀의 땅이 습하고 물이 짜서 편안히 살 수 없어서 위례(慰禮)에 돌아와 보니 도읍은 안정되고 백성들도 평안하므로 마침내 부끄러워하고 후회하다가 죽으니, 그의 신하와 백성들은 모두 위례에 귀부(歸附)하였다."

고서』[91]에는 안관당의 위치와 다음과 같이 유래에 대해 설명하고 있다.

> 옛적에 인천부사에 김모라는 이가 있었다. 이 사람이 죽은 후 가끔 김모의 영적(靈蹟)이 내리는 고로 동네 사람들이 이분을 이곳 안관당에 모시었다 한다. 이것은 마치 임경업 장군 사당과도 같은 범주에 속한다. 그런데 김장군에 관하여 또 재미있는 이야기가 있다. 즉 이곳에 병란과 같은 변고가 있을 적에는 김장군이 목마를 타고 창과 칼을 들고 산을 돌아다닌다고 한다. 또 이 사당이 보이는 산 아래를 승마한 채 지나가면 말굽이 붙어서 움직이지 않았다 한다.[92]

이 기록을 보면 안관당에 모셔진 인물은 인천부사 김모라는 인물이라는 것을 알 수 있다. 여기서 말하는 인천부사 김모라는 인물은 이름이 정확히 알려지지 않아 알 수가 없다. 그런데 1999년에 발간된 『문학산일대 문화유적 지표조사 보고서』를 보면 다음과 같은 증언이 기록되어 있다.

> '안관당'이라고 있었습니다. '안관'이라는 게 뭐냐 하면 평안할 안 자 벼슬 관 자입니다 김민선이라는 인천부사가 있었는데 그 양반의 공적을 기려서 지어 놓은 사당이라는 겁니다. …(생략)… (제보자 이홍식 남 72세 문학동 1999)[93]

위의 제보 내용을 보면 안관당에 모셔진 인천부사 김모는 인천부사

---

91) 이경성 지음, 배성수 엮음, 『인천고적조사보고서』, 인천문화재단, 2012.

92) 이경성 지음, 배성수 엮음, 앞의 책, 48~49쪽.

93) 『문학산일대 문화유적 지표조사 보고서』, 인하대학교 박물관·인천광역시, 1999, 166쪽.

김민선이라는 것을 알 수 있다. 이렇게 김민선이 안관당에 모셔진 것은 임진왜란 때의 활약 때문으로 생각된다.

> 문학산 위에는 자못 넓고 평평한 곳이 있는데, 미추왕의 옛 도읍이다. 석성을 쌓은 터가 남아 있다. 그에 대한 사적은 이미 여지승람에 자세히 나와 있다. 임진년 왜변 때 부사 김선민이 옛 성을 고쳐서 고을 백성을 이끌고 성을 지켜서 여러 번 적의 예봉을 꺾었으나 계사년에 병으로 죽었다. (이후) 김찬선이 (김선민의) 뒤를 이어 마침내 고성을 지켰다. 지금 동문 밖 100여보쯤에는 우뚝 솟은 봉우리가 있고 그 위에는 왜성의 옛터가 남아 있는데 대개 (왜병이) 성을 공격할 때 머물렀던 곳이다.[94)]
>
> –『여지도서』 경기도 인천 고적

위의 밑줄 친 부분에 보이는 임진왜란 때 인천부사 김민선이 문학산에서 왜군을 무찔렀다는 기록은『여지도서』 이전 기록에서는 찾을 수 없다. 하지만『인천부읍지(1899년)』의 선생안을 보면 "통훈대부 김민선. 임진년 12월 서울 의병장으로 있다 와서, 계사년(1593) 6월에 사망함." 이라고 하여 본래 임진왜란 때 의병장으로 활약하다가 인천부사에 임명된 것을 알 수 있다. 아마도 위의 문학산에서 벌어진 전투는 매우 작은 규모의 전투였기 때문에 잘 알려지지 않은 것으로 보인다. 하지만 당시 인천지역에서는 이를 기억하는 사람들이 많았기 때문에 김민선이 죽은 이후 안관당이라는 사당을 만들어 제사를 지낸 것으로 추측된다.

그런데『문학산일대 문화유적 지표조사 보고서』(1999)를 보면 "이 사

94) 文鶴山上頗寬平, 乃彌鄒王古都也。有石城基趾焉。其事蹟已詳於勝覽中。壬辰倭變, 府使金善敏增修古城, 率土民以守, 累挫賊鋒, 癸巳七月病卒。金纘先繼之, 終能全城云。今東門外百餘步, 有峯突起, 其上有倭城遺址, 蓋攻城時留屯。

람이 죽은 후 가끔 김모의 영적(靈蹟)이 내리는 고로 동네 사람들이 이분을 이곳 안관당에 모시었다 한다. 이것은 마치 임경업 장군 사당과도 같은 범주에 속한다."라고 하며 안관당을 임경업 장군 사당과 비교하는 것을 볼 수 있다. 이에 대해 이영수는 임진왜란 때 왜군과 대치한 상황에서 병사한 것을 억울한 죽음으로 여겼기 때문이라고 보았다.[95] 그러나 김민선은 임경업 장군이 병자호란에서 청나라 군대를 막지 못한 것과는 달리 왜군의 공격을 여러 번 좌절시켰고 임경업 장군이 억울하게 청나라로 끌려갈 뻔한 것과는 달리 병사(病死)를 했기 때문에 그의 죽음을 억울하다고 볼 여지는 없다고 생각된다.[96] 오히려 이 구절은 김민선 장군신이 임경업 장군신만큼 영험한 신이라는 의미로 파악된다. 왜냐하면 내용에 '김모의 영적(靈蹟)이 내리는 고로 이곳 안관당에 모시었다 한다.'라는 말이 있는데 여기서 '영적(靈蹟)'이라는 말을 보면 김민선 장군은 죽어서 문학산 일대에 신령스러운 흔적을 남기곤 했던 것으로 보인다. 이것은 임경업 장군이 죽어서 조기잡이를 돕는 신이 되어 백성들을 이롭게 한 것과 유사하다고 보인다. 그렇기 때문에 인천부사 김민선을 안관당에 모신 것을 임경업 장군 사당의 범주에 들어간다고 한 것으로 보인다.

실제 김민선 장군은 문학산신으로 여겨진다. 이는 다음의 기록을 통해서 알 수 있다.

> 맑음. 숙부께서 재계하시고 문학산신(文鶴山神)께 치제하셨다. 취침 후에 군교 한 명이 와서 고하기를 "꿈에 노인이 와서 이르기를 '당연히 양적(洋賊)을 대파할 것이다'라고 했습니다."라고 하여 군중에 널리 알렸다.[97]
>
> -『소성진중일지』 고종 8년(1871) 4월 20일

---

95) 이영수, 「인천 문학산 설화 연구」, 『인천학연구』 20, 인천학연구원, 2014, 209쪽.

위의 기록은 신미양요가 벌어지기 전에 미군이 인천 앞바다에서 조선 조정과 교섭을 벌이던 시기에 인천부사 구완식이 미군과 싸울지 모르는 상황에서 벌어진 일이다. 비록 인천에서 교전이 벌어진 것은 아니지만 『소성진중일지』에 의하면 당시에 인천에서 먼저 전투가 벌어질 수도 있는 상황에서 문학산신에게 제사를 드리며 전투에서 승리를 기원했던 것을 알 수 있다. 이렇게 전투를 앞두고 성황신에게 제사를 드리는 경우는 고려 최씨 무인정권 시절에 관군 총사령관 정언진이 경주 지역의 반란을 진압하기 위해 직접 서악의 성황사에 반군의 진압을 기원한 적이 있어 예부터 있던 것으로 보인다.[98] 그리고 이 기록에서 보이는 문학산신이 누구인지는 알 수 없지만 여러 가지 정황상 치제의 장소는 안관당일 가능성이 있고 그 대상은 인천부사 김민선일 가능성이 높다.[99]

이렇게 김민선이 안관당에 모셔진 이유는 비록 억울한 죽음을 당한 것은 아니지만 왜군을 완전히 물리치지 못한 한(恨)이 남았기 때문으로 생각된다. 예를 들면, 시흥군자봉성황제에서 모셔지는 경순왕 김부의 경우도 비록 왕건에게 항복하여 잘 살다가 죽었지만 망국의 왕이라는 한이 있었다고 볼 수 있다. 그렇기 때문에 인천부사 김민선이 문학산신

---

96) 김민선은 자신이 왜군을 끝까지 막지 못하고 죽은 것이 한스러울 수는 있다.

97) 『소성진중일지』 고종 8년(1871) 4월 20일. "二十日 晴。叔父齋戒致祭於文鶴山神。就寢後、有一校來告曰、夢有老人來謂曰、當大破洋賊、遂布諭軍中。"

98) 『고려사』 열전 정언진. "정언진은 도착하여 환난을 없애는 기도를 한다며 성황사(城隍祠)로 가서 무당에게 은밀히 적을 잡을 방법을 알려주었다."; 『동국이상국집』 38 동경(東京)의 서악(西岳)에 올리는 제문. "내가 과거에 동도(東都)에 부임하여 대왕을 섬겼는데, 효심(孝心)의 무리를 잡을 때에도 일찍이 대왕의 도움을 받았으며, … 동도에 들어서자마자 몸소 사당(祠堂)에 나아가서 은밀한 도움이 있기를 기원했더니, 과연 힘껏 구원해 주심을 입어 이 원흉을 잡게 된 것입니다.…"

99) 『문학산일대 문화유적 지표조사 보고서』, 인하대학교 박물관·인천광역시, 1999, 90쪽; 이영수, 위의 논문, 211쪽.

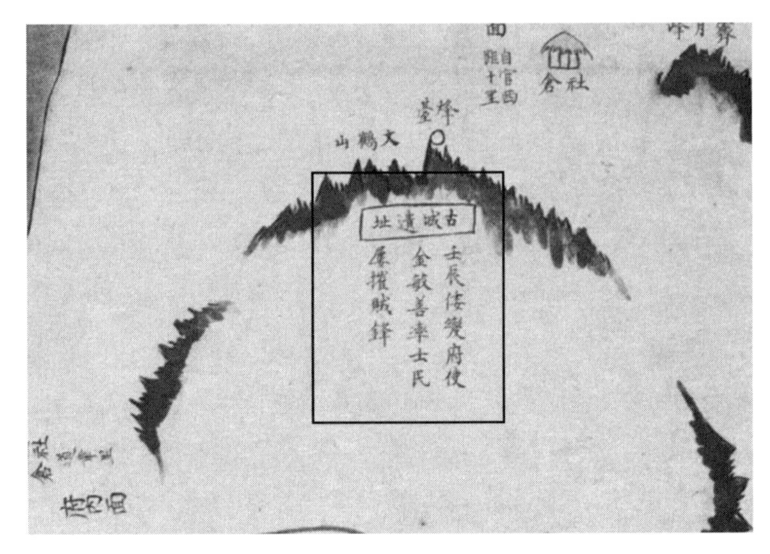

[그림 10] 1872년 인천부 지도에 보이는 김민선에 대한 기록

으로 모셔질 수 있는 것은 억울한 죽음이 아니라 임진왜란 왜군을 완전히 물리치지 못한 채 죽었다는 한(恨)이 남았을 가능성이 있는 것이다.

그리고 이경영의 『인천고적조사보고서』(1949)에 "사당에는 목조로 만든 남녀의 상을 만들어 그것에다 의복을 입혀 곁에는 크고 작은 목마·창·검이 놓여 있었다 한다."라고 하고 있는 것으로 보아 안관당에는 김민선만 모신 것은 아닌 것 같다. 시흥군자봉성황당에 모셔진 신체(神體)가 경순왕 김부 뿐만 아니라 부인인 안씨 및 장모 홍씨를 모신 점을 생각해보면,[100] 안관당에 모셔진 남녀의 상(像) 중에서 남자는 김민선으로 볼 수 있으며 여자의 경우는 그의 부인일 가능성이 있다.

이러한 안관당이 언제 만들어졌는지는 알 수 없다. 『조선왕조실록』

---

100) 서영대 외, 『시흥군자봉성황제』, 시흥문화원, 2005, 17쪽.

및 다른 기록에서는 보이지 않는 임진왜란 때 인천부사 김민선이 왜군을 막았다는 기록은 조선 영조 때인 1757~1765년에 만들어진 『여지도서』에 이미 나오고 있어 적어도 이전부터 김민선이 인천에서 왜군을 막았다는 이야기가 전해진다는 것을 알 수 있다. 그러나 이러한 기록이나 지도(그림 11) 이외에서는 김민선의 존재를 찾을 수 없다. 그리고 이렇게 김민선에 대한 이야기가 전해지면서도 사람들이 안관당에 김민선을 모셔서 제사지냈다는 내용이 읍지 및 지리지 등 기록에 보이지 않아 안관당이 언제 만들어졌는지는 명확하지 않다.

그런데 『신증동국여지승람』 경기 풍덕군의 사묘조에 의하면 기존의 성황사가 불타고 이후 삼성당사(三聖堂祠)라는 제당이 만들어진 경우가 보이고 있는데[101] 이러한 사례를 보면 안관당의 경우도 성황사가 기존의 성황사가 불타거나 혹은 버려진 이후 새로 만들어졌을 가능성이 있다고 볼 수도 있다. 그러나 기록을 보면 충숙왕 때 성황신사를 불태우고 난 후에 삼성당사가 만들어진 것으로 보이지만 삼성신앙은 본래 충렬왕이 원나라 세조의 딸 제국대장공주와 결혼하면서 원나라에 요청해서 들어온 외래신(外來神)이다. 그런데 충숙왕 때 비로소 삼성을 모시는 신당이 등장한다는 것은 시기적으로 맞지 않는다. 그래서 서영대는 삼성당은 원래 덕수현의 성황신사였는데 삼성신앙을 수용한 후에 삼성을 모시게 되었으며 삼성을 모신 후에도 성황신사로도 불리게 되었을 가능성이 있다고 보고 있다.[102]

---

101) 『신증동국여지승람』 경기 풍덕군 사묘. "삼성당사(三聖堂祠)[고려 충숙왕(忠肅王) 6년에 덕수현에서 사냥하다가 해동청(海東靑)과 내구(內廏)의 말이 죽으니, 성황신사를 불사르도록 명한 것이 바로 이곳이다.]"

102) 서영대, 「고려 말, 조선 초의 三聖信仰 연구」, 『한국학연구』 46, 인하대학교 한국학연구소, 2017, 253쪽.

또한 성황사를 원래의 자리에 새로 만들면서 김민선을 성황신으로 모셔놓고 나중에 성황사를 안관당이라고 불렀을 가능성도 있다. 『여지도서』에 의하면 청풍지역에서는 성황단이 원래는 부 서쪽 1리에 있었다가 중간에 부 남쪽 2리로 옮겼는데 백성들의 요구로 다시 옛 위치에 설치했다고 한다.[103] 이외에도 성황사가 옛 자리에 다시 설치된 사례들이 다수 보인다고 한다.[104] 하지만 조선시대 기록에는 문학산의 성황사를 다른 곳으로 옮기거나 옛 위치에 다시 설치했다는 기록은 보이지 않는다. 그래서 기록만 본다면 문학산의 성황사는 『신증동국여지승람』과 『인천부읍지』의 위치에 그대로 있었을 것으로 볼 수 있다.

이와 같은 점들 보면 안관당이 언제 어떻게 만들어졌는지는 알 수 없지만 안관당이 문학산에 있던 성황사의 다른 이름일 가능성이 있다고 생각된다. 앞서 삼성당의 예에서 알 수 있듯이 성황사를 다른 이름으로 부른 경우가 있기 때문에 문학산에 있었던 성황사의 다른 이름이 안관당일 가능성이 높다고 생각된다. 다만 처음부터 안관당이었을지는 알 수 없다. 왜냐하면 안관당에 모셔진 김민선은 임진왜란 때 인천부사로 있었던 인물이기 때문이다. 그래서 문학산 성황사도 처음에는 다른 이름으로 불리다가 임진왜란 이후 김민선으로 성황신이 바뀌면서 안관당으로 불리게 되거나 처음부터 안관당이 성황사의 다른 이름이었을 것으로 생각된다.[105]

103) 『輿地圖書』 忠淸道 淸風 壇廟. "城隍壇[在府西一里許, 中間移設于府治南二里許。後因民願, 還于舊所。

104) 신혜원, 「조선시대 성황 제소(祭所)의 혼란한 양상에 관한 연구」, 『아시아문화연구』 44, 가천대학교 아시아문화연구소, 2017, 139~141쪽.

105) 성황신이 김민선으로 바로 바뀐 것은 아니라고 생각된다. 왜냐하면 많은 사람들이 믿는 신격이 쉽게 바뀔 수 없기 때문이다. 아마도 중간에 화재 혹은 다른 이유로 문학산

4) 안관제

이러한 안관당에서는 안관제라는 제사가 벌어졌던 것으로 보인다. 이러한 안관제의 양상에 대해서 앞서 안관당에 모셔진 인물이 김민선이라는 것을 제보한 이홍식 옹의 구술내용을 보면 다음과 같다.

> 대개 유교식이니까 술 석 잔 붓는 거지요. 제관은 깨끗한 사람을 골라서 했던 거죠. 음식은 한 사람을 지정해 놓고 거기서 만들었습니다. 여러 사람이 와서 했지요. 물론 지정된 사람도 목욕재계하고 음식을 만들었죠. 화주는 매 해 바뀝니다. 그런데 주관하는 양반은 될 수 있는 대로 잘 안 바뀝니다. 우리 할아버지가 4년간을 하셨으니까요. 만약 바뀌게 되면 여러 노인들이 모여 추대를 하지요. 아무개가 알아 하는 게 어떠냐 하는 식으로요. …(중략)… 처음에는 그렇게 내려오다가 나중에는 일종의 무속으로 변하고 말았습니다. 왜냐하면 이 동네에 무당이 하나 있어 그 양반을 관여시킨 거지요. …(생략)…[106)]

위의 내용을 보면 안관당에서 벌어지는 안관제는 원래는 유교식 제사였다가 나중에 무당이 주관하는 무속행사로 바뀌었다고 하고 있다. 그러나 앞서 본 것처럼 1949년에는 무당에 의해 안관당이 관리되고 있었고 신상이 있었다는 것을 알 수 있다. 이런 점들을 보면 이홍식 옹이 본 안관당제는 오히려 후대에 만들어진 유교식 제사일 가능성이 있다.

특히나 조선시대 성황사 운영의 변화 과정을 생각해보면 조선시대

에 성황사가 버려졌던 시기가 있었을 것으로 추정된다. 그리고 이후 이를 중건하는 과정에서 김민선이 모셔진 것으로 생각된다.

106) 『문학산일대 문화유적 지표조사 보고서』, 인하대학교 박물관·인천광역시, 1999, 167쪽.

안관당제는 처음에 무속적인 행사였으나 정부에 의해 유교적인 행사로 치루어졌다가 후대에 다시 무속적인 것으로 돌아갔을 가능성이 있다. 그리고 무속적 행사가 되면서 인천도호부사의 묵인 또는 후원이 있었을 것으로 추정된다.[107] 이러한 점은 아래의 조선후기 이익이 쓴『성호사설』만물문 성황묘의 기록을 통해서도 알 수 있다.

> 우리나라 풍속은 귀신 섬기기를 좋아하여 혹은 꽃장대에 종이로 만든 돈을 어지럽게 걸고 마을마다 무당이 돌아다니면서 성황신이라고 한다. 백성을 속이고 재물을 빼앗아내는 계획을 하는데, 어리석은 백성은 이것이 두려워서 앞을 다투어 갖다 바친다. 그런데 관청에서는 금하지 않으니 참으로 괴이하다.[108]
>
> –『성호사설』만물문 성황묘

위의 기록을 통해서 알 수 있듯이 조선 후기 무속신앙으로 변해버린 성황신앙에 대해 관청에서는 금하지 않고 있는데 이것은 관아에서 민간의 성황신앙을 교화하지 않고 묵인하고 있다는 것을 보여준다. 더욱이 앞서 각주에서 언급한 갑곶성황의 경우를 보더라도 민간 주도로 벌어지는 성황제를 관아에서 허락하는 것을 볼 수 있다. 그러므로 안관당에서 벌어진 안관제 역시 관아의 묵인하에 인천부 사람들이 중심이 된 무속행사로 벌어졌을 것으로 보인다.

---

107) 조선후기의 기록들을 보면 지방관이 이러한 음사(淫祀)에 해당되는 무속적인 제사의식에 직접 참여하는 사례는 보이지 않지만 묵인 또는 도움을 주는 사례는 빈번하게 발견된다.

108)『성호사설』만물문 성황묘. "國俗喜事鬼, 或作花竿亂掛紙錢, 村村武恒謂之城隍神。以爲惑民賭財之計, 愚氓懾畏, 競輸之。官無禁合可異也。

Ⅱ

인물신앙

1. 개요

인물신앙은 특정 인물을 신으로 숭배를 하는 것을 말한다. 죽은 인물을 신으로 모시는 경향은 한국 및 중국의 전통신앙에서 흔히 나타나는 현상이다. 예를 들면, 중국의 경우는 관우, 기신 등이 대표적이고 한국은 최영, 임경엽, 남이 장군, 경순왕 김부, 김유신 등이 대표적이다. 이러한 경향은 일본에도 보이고 있어 적어도 동아시아에서는 보편적인 현상이라고 할 수 있다. 또한 1장에 보이는 성황신들의 경우 산신, 동물신, 주물(呪物) 등 다양한 신격이 존재하지만 죽은 후 신격화된 각 지역의 주요 인물들도 성황신에 포함된다.[1)]

인천에도 이렇게 인물들을 모시는 신앙이 존재한다. 대표적으로 안관당은 김민선을 모시는 신당이고 본 장에서 설명할 임경업 역시 서해안의 대표적인 어업의 신이다. 또한 인천에는 서울과 마찬가지로 관우

---

1) 서영대, 「고려 말, 조선 초의 三聖信仰 연구」, 『한국학연구』 46, 인하대학교 한국학연구소, 2017, 253쪽.

를 모시는 관우신앙이 존재한다. 특이한 점이라면 기황후의 남편이면서 원나라의 마지막 황제로서 명나라의 태조 주원장에 의해 몽골초원으로 쫓겨간 원순제를 모시는 사당이 그가 유배를 왔던 대청도에 있었다.[2] 그렇기 때문에 본 장에서 언급하는 관우, 원순제, 임경업 외에도 문학산 안관당에 모셔진 김민선에 대한 신앙 역시 인물신앙에 속한다고 볼 수 있다. 또한 후술하게 될 부근당에 모셔진 인물도 연산군이라는 인물이기 때문에 인물신앙이라는 범주는 매우 넓다.

하지만 여기서는 앞서 성황신앙에서 언급된 인물 외에 별도의 인물들에 대한 신앙을 다루고자 한다. 그래서 여기서는 성황 및 부근당과는 관련이 없는 특정 인물에 대한 신앙을 대상을 묶어서 '인물신앙'이라는 이름으로 분류하였다. 이러한 분류에 포함되는 신들로는 강화도의 관우, 대청도의 원 순제, 연평도의 임경업 등이다. 본 장에서 이러한 신격을 중심으로 인천의 인물신앙에 대해 알아보고자 한다.

2. 강화도의 관우신앙

1) 관우신앙의 전래

강화도의 관제묘로는 동관제묘(東關帝廟), 북관운묘(北關雲廟), 남관운묘(南關雲廟)가 있다. 이러한 강화도에 관우신앙이 언제 어떻게 전래되었는지는 정확히 알 수 없다. 후술하겠지만 조선 고종 때 강화도에 관제묘를 건립한 사실이 있는 것은 사실이다. 그러나 이것만 가지고 관우신앙

---

2) 후술하겠지만 지금은 군부대에 의해 철거되어 존재하지 않는다.

이 관제묘의 건립과 함께 전래되었다고 보기도 무리가 있다. 그래서 먼저 관우신앙의 역사와 조선시대 전래되는 과정을 살펴보고자 한다.[3)]

일반적으로 원말명초의 사람인 나관중의 소설인 『삼국지연의』를 통해 잘 알려진 관우가 민간신앙의 대상이 되는 계기는 형주공방전에서 오나라 손권의 배신으로 인한 죽음 때문이다. 이미 그전부터 관우는 조조 밑에 있다가 유비의 소식을 듣고 유비를 찾아가는 등 충의의 상징이었다. 이러한 관우의 안타까운 죽음은 곧 많은 전설들을 만들어내게 된다. 그리고 당나라 중기가 되면 관우는 민간신앙의 숭배 대상이 되기 시작한다. 그러나 이때는 주로 관우가 통치하고 사망했던 옛 형주지역 및 관우의 고향지역에서만 제한적으로 숭배될 뿐이었다. 하지만 송나라 때가 되면 관우숭배는 중국 전체로 확대되기 시작한다. 특히 송나라 때부터 청나라 건륭제 때까지 해주의 염지(鹽池)에 이상현상에 발생했고 사람들은 이를 치우(蚩尤)의 장난으로 여겼는데 관우가 이러한 재앙으로부터 염지를 지켜준다고 믿었다고 한다.[4)]

이와는 별개로 관우는 조조 때부터 조정에서 봉호 및 시호를 받기 시작하여 당나라와 송나라 때까지 이어지게 된다. 특히 송나라 휘종은 거란족과 여진족의 위협으로부터 나라를 지키기 위해 관우의 음조(陰助)를 바라며 여러 가지 시호를 내리게 된다. 이를 국가적 위기 상황에서 민중들의 심리를 이용하고 그들의 지지를 얻기 위해 호국신(護國神)으로 내세워 국가의 안녕을 도모한 것으로 보기도 한다.[5)] 이후 원나라

3) 관우 신앙의 전래에 대해서는 김탁, 『한국의 관제신앙』, 선학사, 2004를 참고했음을 밝혀둔다.

4) 이는 관우의 고향이 해현 즉 해주인 것과 관련이 있는 것으로 보인다.

5) 김탁, 『한국의 관제신앙』, 선학사, 2004, 17쪽.

의 경우도 궁중에 불사(佛事)를 할 때 신단(神壇)에 관우상을 모셨다고 하며, 명나라 때 역시 태조 홍무제가 관우의 도움으로 전쟁에서 이겼다는 전설이 있어서 국가적 숭배의 대상이었다. 이러한 관우 신앙은 청나라 때도 이어지게 된다.

이러한 관우신앙이 한국에 전래된 것은 『증보문헌비고』에 의하면 정유재란 때 원군으로 왔던 명나라 장수 진인(陳寅)이 선조 31년(1598)에 남대문 밖에 남묘(南廟)를 세웠던 것에서 유래한다.[6] 그러나 이러한 관우신앙이 처음부터 환영받았던 것은 아니다. 이는 통치를 담당했던 위정자층에서 특히 그러했다. 예를 들면, 명나라 장수 양경리가 선조 32년(1599)에 관왕묘에서 불교의례인 수륙제를 하려고 하자 사관(史官)이 "운장(雲長)은 부처가 아닌데, 중국인이 관왕묘에 도량(道場)을 설치하니 그 황탄하고 망령됨이 이와 같다."[7]라고 하는 것에서도 알 수 있다. 이러한 경향은 지방에서도 마찬가지였다. 대표적으로 안동의 경우를 보면 선조 41년(1608)에 편찬된 경상도 안동부(지금의 안동시) 읍지인 『영가지(永嘉誌)』에 "본래 성 서쪽 서문 안에 있었는데 북쪽 기슭이 지견(止堅) 영내(營內)에 있는 것을 향인(鄕人)이 문묘(文廟)와 대치되어 있음을 꺼려서 조정에 동의하여 서악(西嶽)의 동대(東臺)로 옮겼다."라는 기록이 있다.[8] 이는 안동 사람들이 문묘 앞에 관왕묘가 있을 수 없다고 반대하여 결국 관왕묘의 위치를 서악 동대로 옮겼다는 것을 보여준다. 이렇게 지방에서도

6) 『增補文獻備考』, 「禮考」 十一. "宣祖三十一年, 刱建關王廟于崇禮門外。初壬辰丁酉之亂, 關王屢顯其靈, 以神兵助戰。

7) 『선조실록』 117권, 선조 32년 9월 17일. "史臣曰, 雲長非佛也, 而華人設道場於關廟, 其荒誕謬妄, 如是夫。

8) 『永嘉誌』, 「壇廟」 關王廟. "本在城西門內, 北麓止堅營內, 鄕人嫌其與文廟對峙, 啓稟于朝, 移建于西嶽東臺。

관제묘 혹은 관왕묘를 모시는 것에 대해 매우 부정적으로 보았다. 하지만 광해군이 스스로 관제에 제사를 올린 것을 시작으로 관제묘에 대한 의례는 점차 국가의례화가 되어 갔으며 왕이 관왕묘에 참배하는 관행이 생기기도 하였다. 그리고 정부가 주도하던 관우신앙은 점차 민간신앙으로 변모하여 현재에까지 이르게 된다.

이렇게 한국의 관우신앙은 그것이 유교의례가 아님을 알고도 명나라에 의해 어쩔 수 없이 강요된 형태로 시작했었다. 그렇기 때문에 초반에는 지배층과 피지배층 모두 강한 거부감을 가지고 있을 수 밖에 없었다. 그러나 결국 관우신앙은 조선 후기에 국가제사로 자리잡았으며[9] 나중에는 민간신앙으로 변모하여 지금은 대표적 무속신앙으로 변해왔던 것이다. 그리고 관왕묘도 처음에는 수도인 한양 즉 지금의 서울에 생기다가 나중에는 점차 지방으로 확대되기 시작하였다. 그리고 비로소 조선 고종 때가 되면 강화도에도 관제묘 혹은 관운묘라는 이름의 관우를 모시는 사당이 생기게 된다.

9) 정조 12년(1788)에 당시 부총관이었던 유의양(柳義養)이 왕명을 받아 『춘관지(春官志)』·『국조오례통편(國朝五禮通編)』 등을 바탕으로 예조(禮曹)가 관장하는 모든 예제와 예무를 길(吉)·가(嘉)·빈(賓)·군(軍)·흉(凶)의 오례로 정리하여 편찬한 『춘관통고(春官通考)』라는 책이 있다. 이 『춘관통고(春官通考)』 권44 길례 부분에 관왕묘(關王廟) 항목이 있다. 여기에 관왕묘가 하나는 숭례문 즉 지금의 남대문 밖에 있고 다른 하나는 흥인문 즉 지금의 동대문 밖에 있는데 조선국왕이 신하를 보내어 의식을 거행한다는 내용이 있다. 그런데 『춘관통고』에서는 의주를 표기할 때 성종 5년(1474)에 만들어진 『국조오례의』의 것을 '原儀', 영조 20년(1744)에 만들어진 『국조속오례의』의 것을 '續儀', 정조 때 통행되는 것을 '今儀'라고 표기하였다. 그런데 관왕묘에서 제사지내는 것에 대해서는 '續儀'라고 되어 있으므로 관우에 대한 제사는 적어도 영조 때 국가제사에 편입된 것으로 생각된다. (송지원, 「정조대 의례 정비와 『春官通考』 편찬」, 『규장각』 38, 규장각한국학연구소, 2011, 110쪽 참조.)

2) 강화도 관제묘의 설립과 중건

강화도 관제묘의 설립에 대해서는 『속수증보강도지』에는 다음과 같이 기록되어 있다.

관성제군묘(關聖帝君廟)

동쪽과 남쪽 북쪽 3군데 있다. 남묘(南廟)는 고종 21년 갑신년(1882)에 판서 오상준이 창건하고 선전관 서난경이 사당의 내외 액자와 주련을 썼다. 그 문장은 다음과 같다. "여기서 듣고 보는 것은 무엇인가. 천하 사방에서 오는 자는 마치 이른 아침에 무지개와 같구나. 예전에는 없었지만 지금에 와서 설치하였으니 마치 바람이 불면 풀이 눕는 것처럼 백세의 스승으로 본받아야 한다." 또 이르기를, "가을 날 마른 연못은 역대 왕조의 충성스러운 마음과 의로운 용기를 비추고 멀리 있는 하늘의 맑은 우레 소리는 세상을 놀라게 하는 완골치성이다."이라 하였다. 매년 지내는 제사 비용으로 관청에서 300전과 견사 300필을 공급하였으며 건물 및 전토(田土)는 강화 향교의 토지 소속 토지인데 관으로부터 부과되는 세금을 면제받았다. 현재는 없어진지 오래되었다. 동묘(東廟)는 고종 22년 을유년(1883)에 개성군 독지가인 마씨(馬氏) 여사가 창건하였다. 그 건물 안에 있는 편액의 제호는 그 마씨 여사가 후원하는 진사 하경호가 쓴 것이다. 매년 소용되는 제향비는 관에서 제공하는 쌀 2석과 200전, 견사 200필로 충당하고, 사인(士人) 김윤창이 그 근처 땅 5두락을 기부하였다. 북묘(北廟)는 고종 29년 임진년(1892) 수문장 윤희선이 창건하였으며 그 외 삼문(三門)은 광무 10년 병오년(1906) 4월에 처음 세웠다고 한다.[10)]

–『속수증보강도지』 제7장 제2절 2. 사우(祠宇) 부(附) 유애비(遺愛碑) 기적비(紀蹟碑)

10) 원문은 국한문이 혼용된 근대문이나 여기서는 현대문으로 풀어 기록하였다.

위의 기록에서 알 수 있듯이 강화도의 관제묘는 모두 조선 고종 21년 및 29년에 만들어진 것을 알 수 있다. 이렇게 강화도의 관제묘가 조선 고종 때 만들어진 것은 당시 시대 상황과 관련이 있다. 고종은 고종 17년(1880)에 중국의 관우 신앙관련 경전인 『삼성훈경(三聖訓經)』과 『과화존신(過化存神)』을 한글로 번역했고, 명성황후 민씨는 1883년 북묘를 건립하여 경영하였고, 고종의 후궁인 엄비는 1902년 서묘을 건립하여 경영하였다. 이렇게 조선 후기가 되면 왕실에서 관우 신앙을 후원하는 모습을 보이게 된다. 특히 고종의 경우에서 알 수 있듯이 고종이 각별히 관심을 보였다. 이렇게 고종이 관우신앙에 대해 각별하게 관심을 보인 것은 관우가 가지는 충의라는 이미지를 이용하여 국왕에 대한 충의로 수렴하려는 이데올로기적 의도가 있었기 때문이다.[11] 즉 민간에 퍼져 있는 관우 신앙을 음사(淫祀)라고 배척하는 것이 아니라 이를 정치적 이데올로기로 수렴하여 이를 국왕에게 집중시키려 했던 것이다. 따라서 강화도의 관제묘가 조선 고종 21년 및 29년에 생기게 된 것도 당시 고종의 관우신앙에 대한 관심과 후원이 지방에 미치면서 생겨난 것으로 추정할 수 있는 것이다.

관제묘가 강화도에 생기게 된 것에는 이러한 역사적 배경 외에도 조선시대 강화도인들의 기질 및 풍습하고도 관련이 있다고 생각된다. 조선 숙종 때 이형상이 쓴 강화도에 관한 가장 오래된 읍지인 『강도지』에는 강화도에 대해 다음과 같이 기록하고 있다.

11) 손숙경, 「19세기 후반 식민지기 관우 숭배의 확산과 쇠퇴」, 『석당논총』 65, 동아대학교 석당학술원, 2016, 236~237쪽.

다무소문(多武少文)

출세하는 것도 무(武)에 있고 역을 면하는 것도 무(武)에 있었는데 이것이 되풀이 되어 풍속을 이루어 시문(詩文)을 짓거나 서화(書畵)를 그리는 경우가 매우 드물다.[12)]

–『강도지』 풍속

상귀(尙鬼)

귀신을 집집마다 높이 받들고 곳곳마다 기도하며 망당(望堂)[13)]에서 음사(淫祀)를 지내니 전도(顚倒)되어 매우 어지럽다. 대개 그 내력을 생각해 보면 고려 천도 때에 초성(醮星)[14)]과 반승(飯僧)[15)]을 하여 밤낮없이 귀와 눈에 습관이 들었다. 귀신을 숭상하는 일이 이때부터 있었다.[16)]

–『강도지』 풍속

위에서 보는 바와 같이 조선시대 강화도 사람들은 주로 문(文)보다는 무(武)를 숭상하고 귀신을 숭상한다고 하는 것을 볼 수 있다. 여기서 귀신을 숭상한다는 것은 이 지역에 조선 조정에서 음사(淫祀)로 규정한 무속신앙이 주류 신앙이라는 것이다. 또한 『강도지』 풍속에 보이는 갑곶성황에 보이는 성황제에 대한 기록을 보면 “큰 깃발과 창검을 앞뒤로 호위하고서 마을을 돌아다니며 재주를 보이고 먹을 것을 요구하며 재

12) **多武少文**[拔身在武, 免役在武, 展轉成俗, 文墨甚罕.]

13) 타향에서 조상의 무덤이 있는 곳을 향하여 지내는 제사 인 망제(望祭)를 지내는 당을 말한다.

14) 소격서에서 성수(星宿)에 수복(壽福)과 강녕(康寧)을 비는 제의로 초제(醮祭)를 말한다. 초제(醮祭)는 재초(齋醮)라고도 한다.

15) 승려를 공경하는 뜻에서 재식(齋食)을 베푸는 행사를 가리킨다.

16) **尙鬼**[家家崇奉, 處處祈禱, 淫祀望堂, 顚倒繽紜. 蓋想其來歷, 則麗朝遷都之時, 醮星飯僧, 靡日靡夜, 耳目所染習. 尙有自.]

물을 뜬다가 정월 보름날에 비로소 성황당으로 돌아온다."라고 하여 강화도의 성황제에서도 군사적인 면이 보인다. 이러한 환경적 요인은 관제묘가 강화도에 설립되는 배경이 되었을 것으로 생각된다.

더욱이 강화도에는 이러한 관제묘가 만들어지기 이전에 이미 이총병사당이라고 하여 임진왜란 때 조선에 구원병으로 왔던 이여송의 동생 이여매와 그 아버지 이성량의 위패를 모신 사당이 있었다.

> 이총병사당
>
> [신증한 부분이다.] 갑곶진 위쪽에 있다. 중국의 총병 이여매와 그 아버지 영원백 이성량의 위패를 함께 모신 사당이다. …(중략)… 그리고 총병 이여매의 자손이 우리나라에 머물러 살았는데, 그의 5세손인 이면이 강화부 장령면 만수산 남쪽 기슭의 갑진을 굽어보고 있는 작은 골짜기 안에서 살고 있었다. …(이하 생략)…[17]
>
> –『여지도서』, 「강도부지」

생략된 부분을 보면 위의 사당은 민간사당은 아니고 국가가 관리한 사당이었다. 그렇지만 이러한 중국의 장수였던 이여매와 이성량을 모신 사당이 존재했다는 점, 그것도 무장을 모시는 사당이 강화도에 일찍부터 있었다는 것도 강화도에 관제묘가 만들어지는데 있어 별다른 거부감을 주지 않았을 가능성이 있다. 또한 강화도는 조선 후기에 병인양요, 신미양요, 운요호 사건 등 외세와의 군사적 충돌이 자주 벌어진 장소이기도 하다. 이러한 역사적 상황도 관제묘가 고종 때 만들어지는데

17) **李摠兵祠新增** 在甲串津上。天朝摠兵李如梅及其父寧遠伯成樑同配之祠也。…(중략)… 而摠兵子孫留在我國, 五世孫葂居於本府長嶺面萬壽山南麓小谷中俯臨甲津。…(이하 생략)…

영향을 미친 것으로 생각된다.

이러한 강화도 관제묘는 1902년 중건되었던 것으로 보인다. 이는 서울시 성북구 정릉동에 있는 샤머니즘박물관에 있는 『강화부 관제묘중수원모록(江華府 關帝廟重修願募錄)』라는 책을 통해서 알 수 있다.[18] 이 책은 광무 6년(1902) 강화 관제묘 중건 자금 모집을 위한 취지문으로 한문과 19세기 한글로 되어 있으며 그 내용은 다음과 같다.

[표 1]『江華府 關帝廟重修願募錄』 내용

한문	한글
江華府」關帝廟重修願募錄 伏惟精忠大義與日月同光 過化存神[19]通古今共尊 聖靈孔昭 遺像尙儼窃伏念 江華府南山洞 關帝廟舊奉 影幀供香多年 閭巷士民有願禱而輒應 聖朝慶會兆先發而黙贊椅歟盛 哉粤壬午(1882)留守李載完莅任時 現 聖于夢寐 啓稟于 大內 而適已現夢于 明聖皇后日時相符 聖意以 君 臣之間同夜 現夢大以爲異遂 下 特教修改 殿宇奉安 塑像寔遵 現夢時 靈音教 告也水剌米自砲糧廳 進供袞龍 袍每式年製上一依 南廟例 擧行而新構草刱儀節未備 方講益修制度旋値甲午而修 葺尙矣勿論幷與供奉而廢止今焉 殿宇多頹丹艧已渝墻堊半存 苔蘿交纏甓瓦飛墮風而不 蔽 廟模之蕭索香火之闕供 勢所難免以若莫重莫嚴之	(1) 강화부」관데묘즁건원모록 졋ᄉᆞ오ᄃᆡ 졍츙대의ᄂᆞᆫ 일월과 갓치 빗나 고 과화죤신은 고금의 ᄒᆞᆫ가지 놉핀지라 셩령이 심이 발그시ᄆᆡ 뉴상이 상금 엄연 ᄒᆞ신지라 강화부 남산동에 관뎨묘ᄂᆞᆫ 원ᄅᆡ 영졍을 뫼셔숩드니 임오 년(1882)분의 뉴슈 리ᄌᆡ완 ᄉᆞᆷ의 현셩ᄒᆞ사 ᄃᆡᄂᆡ의 계품ᄒᆞ온즉 임위 명셩황후게 현몽ᄒᆞᄋᆞᆸ신일시가갓튼지 (2) 라 군신간에 갓치 현몽ᄒᆞ시미 니상ᄒᆞ다 ᄒᆞᄋᆞᆸ셔 특교로 뎐우를 슈긔ᄒᆞᄋᆞᆸ시고 쇼상을 봉안ᄒᆞ시니 이ᄂᆞᆫ 현몽시 영음를 쥰힝ᄒᆞ오시미라 슈라미ᄂᆞᆫ 포량쳥으로 진 공ᄒᆞᄋᆞᆸ고 곤룡포ᄂᆞᆫ ᄆᆡ식년에 ᄉᆡ로 올여 황셩남묘니례와 갓치 거힝ᄒᆞ여숩ᄂᆞᆫᄃᆡ 졔 도가 쵸창ᄒᆞ와 의례가 미진ᄒᆞᄋᆞᆸ기로 방쟝더 즁슈ᄒᆞ여 마련ᄒᆞ려ᄒᆞ와숩더니 갑오년(1894)을 당ᄒᆞ와 슈리ᄂᆞᆫ 고ᄉᆞᄒᆞ고 공봉ᄒᆞᄂᆞᆫ 슈라거지 (3) 폐지ᄒᆞ와 지금에 뎐우가 퇴락ᄒᆞ야 단쳥 이 투석ᄒᆞᄋᆞᆸ고 장원이 기우러져 등나가 교 결ᄒᆞᄋᆞᆸ고 벽와가 ᄯᅥ러져셔 풍우를 불폐 ᄒᆞ오니 묘모의 소석홈과 향화를 구궐ᄒᆞ 옴은 사셰의 고연ᄒᆞ올지라 이약막즁막엄 ᄒᆞᄋᆞᆸ신

18) 자료 출처: 서영대, 「샤머니즘박물관 소장 江華關帝廟 자료」, 발표요지.

원문	번역
聖廟殆與荒林叢祠無異遊客之 過覽者但云嗟訝居民之誠供 者共爲駭歎以等閑觀瞻擧皆 有未安之心況平昔虔奉詎敢忽惶 蹙之私欲爲改建財力不逮欲叫 天陛九重深嚴因循未果泯默于 今幸際 邦運回泰百廢俱新 無徵不燭之會敢陳實狀伏願 特軫古今尊奉之誼追念 先后體行之制亟發 弘猷 特賜方等 俾得重修 殿閣奉安 塑像以遂至切之願 公私幸甚 吳白齊 光武六年(1902)九月　日 侍奉小人 吳相俊 妻召史 謹上	셩묘가 거위 황임춍사와 다름이 업ᄉᆞ온즉 뉴ᄀᆡᆨ들은 아혹ᄒᆞᆫ 일이라 ᄒᆞᄋᆞᆸ고 거민들은 ᄒᆡ 탄이 여기오니 등한ᄒᆞ온 관쳠으로도 오히려 (4) 다 미안ᄒᆞ온 마음이 잇ᄉᆞ거든 하물며 평셕의 건봉ᄒᆞᄋᆞᆸ든 하졍에 읏지 황츅지 아니ᄒᆞ오 리잇가 ᄀᆡ건ᄒᆞ고자ᄒᆞ온즉 사력이 블쳬ᄒᆞ ᄋᆞᆸ고 쳔폐에 알외고자 ᄒᆞ오나 구즁이 심엄ᄒᆞ와 지금거지 겨를치 못ᄒᆞ와ᄉᆞᆸ더니 다ᄒᆡᆼ이 방운이 회태ᄒᆞ와 ᄇᆡᆨ폐구신지회를 당 ᄒᆞ와 실상을 알외오니 특별이 고금의 죤봉ᄒᆞᄋᆞᆸ시ᄂᆞᆫ 의를 진렴ᄒᆞᄋᆞᆸ시고 (5) 션황후 쳬ᄒᆡᆼᄒᆞᄋᆞᆸ시던 졔도를 츄렴ᄒᆞᄋᆞᆸ 셔 즁수ᄒᆞ올 방칙을 ᄂᆡ리ᄋᆞᆸ셔 뎐각 을 슈리ᄒᆞᄋᆞᆸ고 쇼상을 봉안ᄒᆞᄋᆞᆸ셔 젼일 시봉지졀 복구거ᄒᆡᆼ케ᄒᆞᄋᆞᆸ심을 쳔만복 츅ᄒᆞᄋᆞᆸ나이다 광뮤뉵년구월　일 시봉소인 오샹쥰 쳐오소ᄉᆞ근ᄇᆡᆨ

위 [표 1]에 보이는 내용을 정리하면 "강화부 남산동(南山洞)에는 일찍부터 관제묘(關帝廟)가 있어 영정을 모시고 제사를 받들었는데 영험이 많았다. 그러다가 고종 19년(1882) 강화유수 이재완(李載完)[20]이 관제(關帝) 꿈을 꾸고 대궐에 아뢰었는데, 명성왕후(明聖王后)의 꿈에 관제가 나타난 날과 같았다. 상감께서는 이상한 일이라 하여 특별히 교지를 내려

19) 過化存神; 성인이 이르는 곳에는 인민들이 모두 감화를 입어 영원히 그 정신적 영향을 받는다는 의미.
『孟子』, 「盡心上」, "夫君子所過者化 所存者神 上下與天地同流"
『論語』, 「學而」, "夫子之求之也 其諸異乎人之求之與" – 朱熹注: "聖人過化存神之妙未易窺測."

20) 李載完(1855~1922): 德興大院君의 6대손이며, 弘遵의 3남. 남연군의 차남이자 흥선대원군의 仲兄인 흥완군 李晸應의 아들로 입양되었다. 고종의 從弟. 자작 李載崑의 친형이다. 친일파.

관제묘를 개수하게 하고 꿈에서의 지시에 따라 소상(塑像)을 봉안하게 했으며, 제미(祭米)와 신의(神衣)는 서울 남묘의 예를 따르도록 했다. 그러나 제도의 정비가 완벽하지 못하여 개수할 때가 된 갑오년(1894)에 수리는 고사하고 공봉(供奉)마저 할 수 없게 되어, 전각은 퇴락하고 제사마저 끊어질 지경에 이르렀다. 그래서 관제에게 미안한데, 황제의 도움을 받을 수 없고 사재(私財)도 부족하니 지원 요청한다."는 내용이다. 이런 점을 보면 강화도의 관제묘들은 1894년에 이르러 재정이 부족하여 수리가 불가능했던 것으로 보인다. 그리고 1902년에 이르러서는 국가의 재정도 부족해지고 관제묘 자체의 재원도 부족해져 강화부민들에게 도움을 요청해야 상황에 이른 것으로 보인다.

그런데 1894년은 갑오개혁이 있던 해이고 조선은 갑오개혁을 통해 조세를 금납화하고 국가재정을 중앙집권화 시키는 방향으로 개혁하려 하였다.[21] 그러나 대한제국시기 정부의 세입은 중간 횡령과 연체, 지방관이 지세·호세로 거둔 화폐를 중앙정부(탁지부)로 직접 상납하지 않고 상인 등을 통해 간접적으로 보내는 외획(外劃)의 보편화라는 구조적 원인으로 인해 만성적인 부족상태에 있었다.[22] 이러한 조세 수입의 부족 현상으로 인하여 관제묘를 관리해야할 비용이 줄어들게 되어 사실상 1902년부터는 강화의 관제묘들은 제대로 된 관리가 이루어지지 못한 것으로 생각된다.

---

21) 손병규, 「갑오시기 재정개혁의 의미: 조선왕조 재정시스템의 관점에서」, 『한국사학보』 21, 고려사학회, 2005.

22) 『신편 한국사 42 대한제국』, 국사편찬위원회, 1999, 135~139쪽.

3) 강화도 관제묘의 양상

앞서 잠시 언급한 바와 같이 사료를 통해 확인되는 강화도의 관제묘에는 크게 3가지가 있다. 여기에 서관제묘(東關帝廟)도 있다고 하는 경우가 있지만[23] 서관제묘는 사료로 확인되지 않기 때문에 있었다고 보기 힘들다.[24] 이러한 강화 관제묘의 위치를 지도로 보면 다음과 같다.

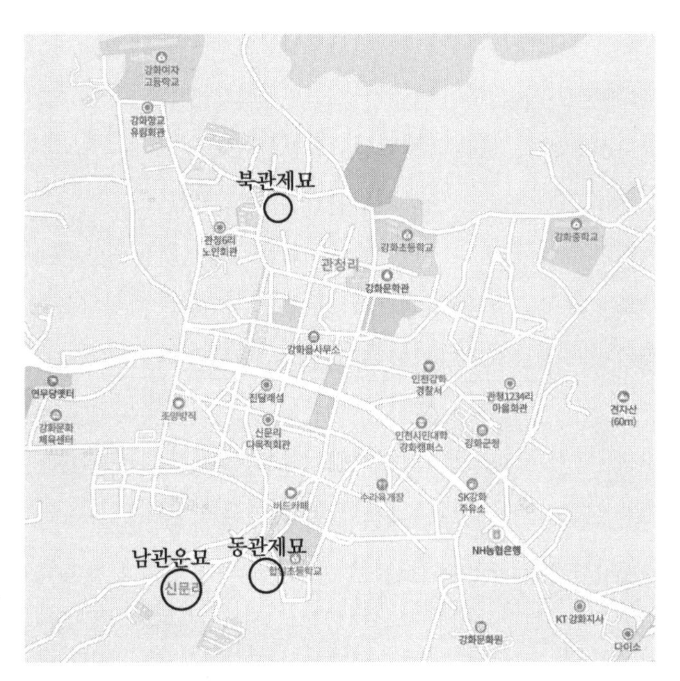

[그림 11] 강화도 관제묘의 위치[지도 출처: 네이버]

---

23) 민관동·배우정, 「國內 關羽廟의 現況과 受容에 대한 硏究」, 『중국소설논총』 45, 한국중국소설학회, 2015, 92~94쪽.

24) 민관동·배우정, 앞의 논문(2015), 92쪽에도 강화도의 서관제묘에 대해서 건립시기가 고종이라는 것은 추정이고, 관왕묘의 특징에 대해서는 기록이 없다고 하고, 건립자와 종교 색채에 대해서는 미상(未詳)이라고 적고 있다. 이런 점들을 봐도 강화도에 서관제묘가 있었는지는 불분명하다.

위에서 보는 바와 같이 강화도의 관제묘들은 현 강화읍 안에 있으며 여기서는 보이지 않지만 모두 강화 산성 안에 위치하고 있다. 또한 남관제묘와 동관제묘가 가까운 곳에 있다는 것을 볼 수 있다.

이러한 관제묘의 양상에 대해서는 1973년 출간된 『토향지』라는 책에 기록되어 있으며,[25] 이후 양종승이 조사한 자료가 있다. 여기서는 이 두 가지를 가지고 강화도 관제묘에 대해 살펴보고자 한다.

① 남관운묘(南關雲廟)

- 건조제작연대: 조선 고종(高宗) 21년(1884)
- 소재지: 경기도 강화군 강화읍 신문리 532
- 연혁·유래·고사: 조선 고종 21년(1884)에 판관 오상준(吳上俊)이 주주포(柱主包)를 사용 8작(作)지붕으로 건축하였으며 삼국시대의 명장 유비, 관우, 장비의 화상을 봉안하였음.

앞선 『속수증보강도지』 기록에 나오는 남묘(南廟)이다. 양종승에 의하면 "남관운묘는 강화 남산 줄기 밑 남쪽에 세워졌는데 거리 상 동관제묘와 아주 가깝게 자리하고 있다. 남관운묘와 동관제묘가 들어서 있는 이 곳 남산골은 과거 한 때 부촌이었으며 이는 북관운묘가 있는 북산골이 빈촌이었던 것에 비교되는 지역이다. 남관운묘에는 한 때 많은 신도들이 드나들었지만 지금은 그 자취를 감춘 지 오래다. 건축물은 허물어지고 보수를 하지 않아 상당히 많은 부분이 훼손된 상태이며, 현재는 미륵대도 금화종(彌勒大道 金華宗) 단군미륵 강화선원(檀君彌勒 江華宣院)

25) 『토향지』의 원문은 표 형태로 되어있지만 이 책에서는 편의를 위해 풀어 기록하였다.

[그림 12] 남관운묘(南關雲廟)

이라는 단체가 들어와 있다."고 한다.[26] 그리고 "남관운묘에서는 성제님을 모시는 행사를 전혀 하지 않으며, 다만 미륵대도에 관한 행사만 한다."고 한다.[27]

② 북관운묘(北關雲廟)

- 건조제작연대: 조선 고종(高宗) 29년(1892)
- 소재지: 경기도 강화군 강화읍 관청리 706
- 연혁·유래·고사: 조선 고종 29년(1892) 강화산성 수문장 윤의보(尹義普)가 사당을 건립하고 외삼문은 서기 1906년에 증축한 것인데 유비, 관우, 장비의 화상을 봉안하였음.

26) 양종승, 『강화관우묘조사』, 발표요지, 3쪽.
27) 양종승, 앞의 글, 3쪽.

[그림 13] 북관운묘(北關雲廟)

앞선 『속수증보강도지』 기록에 나오는 북묘(北廟)이다. 양종승에 의하면 "북관묘는 북산 아래 '궁끌' 동네에 위치해 있다. 행정구역상 인천광역시 강화군 강화읍 관청리 705-1번지이며 토지면적은 강화군청 토지대장상 58평으로 되어 있다. 현재의 관리자는 올해 77세(호적상 1927년 9월 28일생) 된 김윤화 무녀이다. 북관운묘 주의에는 건축물을 훼손 시킬 정도의 무성한 나무와 숲이 우거져 주위를 덮고 있다."라고 한다.[28] 그리고 양종승이 조사하러 갈 당시 관리자가 문을 열어주지 않아 내부를 자세히 조사할 기회가 없었다고 한다.[29]

28) 양종승, 앞의 글, 4쪽.
29) 양종승, 앞의 글, 4쪽.

③ 동관제묘(東關帝廟)

- 건조제작연대: 조선 고종
- 소재지: 경기도 강화군 강화읍 신문리
- 연혁·유래·고사: 조선 고종 22년 마녀사(馬女史)가 창건하였으며 현판(懸板)은 하도활(河度活)의 작(作)으로 관운장외이현(關雲將外二賢)을 봉안(奉安)하고 제사(祭祀)를 지내고 있음.

앞선『속수증보강도지』기록에 나오는 북묘(北廟)이다. 양종승에 의하면 "동관제묘는 강화 남산 줄기를 차고 동쪽에 세워졌는데 남쪽의 남관운묘와 거리상 아주 가깝게 위치해 있다. 현재의 건축물은 총 5개동으로 되어 있으며 그것들은 본채(전래), 칠성각, 요사채(1) 요사채(2) 정문 등이다. 과거 건축물들은 관리가 제대로 되지 않아 흉하게 되어 있었다는데, 정정애 무녀가 들어와 많은 돈을 들여 현재처럼 되었다고 한다.

[그림 14] 동관제묘(東關帝廟)

수도도 없어 마을의 공동우물에서 물을 길어다 먹었다. 전 관리인 정방옥씨가 여러 차례 애를 썼지만 물이 나오지 않았다. 그런데 정정애씨가 들어온 해에 물길이 뚫렸다고 한다. 그동안 지하수를 사용하다가 1995년 7월 17일 수도가 설치된 후 지하수와 함께 사용하고 있다."고 한다.[30)]

그런데 양종승에 따르면 이들 강화도의 관제묘는 형제지간이라고 한다. 즉 남관운묘가 큰집, 동관제묘가 둘째집 그리고 북관운묘가 막내집이라고 하였다.[31)] 이러한 서열의식은 관제묘가 설립되는 시기에 따른 것이라고 볼 수 있다.

4) 강화도 관우신앙의 성격

이러한 강화도의 관제묘들을 보면 설립시기에는 국가적 후원이 있었던 것으로 보인다. 『속수증보강도지』에는 남묘(南廟)의 경우는 "매년 지내는 제사 비용으로 관청에서 300전과 견사 300필을 공급하였으며 건물 및 전토(田土)는 강화 향교의 토지 소속 토지인데 관으로부터 부과되는 세금을 면제받았다."고 하였으며, 동묘(東廟)의 경우는 "매년 소용되는 제향비는 관에서 제공하는 쌀 2석과 200전, 견사 200필로 충당하고,"라고 하였다. 북묘(北廟)의 경우는 기록에 없지만 남묘와 동묘의 경우를 보면 어떤 식으로든 조선 정부의 후원 혹은 지원이 있었던 것으로 보인다. 심지어 동묘의 경우는 국가가 세운 것이 아님에도 불구하고 재정적 지원을 해주는 것을 볼 수 있다. 이러한 점들은 강화도의 관제묘들이 마치 조선시대 정부가 지정하였던 성황사인 '읍치성황사'와 유사

30) 양종승, 앞의 글, 7쪽.
31) 양종승, 앞의 글, 14쪽.

한 성격의 사당들이었다는 것을 보여준다.

그러나 이러한 강화도의 관제묘는 일제강점기가 되면서 자연스럽게 국가적 지원이 끊기게 되면서 서서히 몰락했을 것으로 추정된다. 더군다나 일제는 신사를 지원해주면서 한국의 동제와 같은 전통신앙에 대한 행사는 기부금의 액수를 제한하는 방법으로 탄압을 해왔다. 그래서 한국의 동제와 성황제 등 다양한 민간신앙의 행사는 명맥이 끊기게 되는데 이는 강화도의 관제묘들도 마찬가지로 생각된다. 이런 점을 보면 강화도의 관제묘는 국가가 실질적으로 관리한 것은 아니지만 조선 고종 때 국가와 밀접한 관계를 가지며 국가 지원을 받던 사당이었다고 볼 수 있다.

2. 대청도의 원순제 신앙

1) 원나라 말기의 상황과 원순제

지금은 전해지지 않지만 『동아일보』 1928년 8월 25~26일자 신문에 실린 '도서순례 백령도방면(7)'에는 대청도에 다음과 같이 원순제 신앙이 있었다는 것을 보여준다.

> 내동 뒷산 밑에 늙은 느티나무와 잡목과 솔나무가 울창한 가운데 조그마한 초가집 신황당(神隍堂)이 있습니다. 어두컴컴한 나무숲속에 범이 나올 듯 한 잡초를 간신히 헤치고 들어가보니 백목상(白木像) 위에 목촉대(木燭臺)가 좌우로 놓이고 그 중간에 '순종황제신위(順宗皇帝神位)'라는 기울어진 위패가 외로히 서있습니다. 이곳이 옛날 순제가 집을 짓고 살든

곳이라 하야 그 집터에 신황당을 지었는데 지금도 도민들이 오히려 순제를 봄과 가을에 제사하는 까닭이 무엇이겠습니까? 여기에 재미있는 설화가 있는 것입니다.

–『동아일보』 도서순례 백령도방면(7)

위의 기록은 1928년 8월 25일 기사의 마지막 부분으로 이를 통해 대청도에 원순제에게 제사지내는 신황당이 있으며 이를 통해 당시 대청도에 원순제가 민간신앙의 대상이 되었다는 것을 알 수 있다. 그리고 이러한 신황당의 기원을 설명해주는 설화가 있다는 것을 알 수 있다.

이렇게 대청도에 원순제에 대한 사당이 있었던 것은 원순제와 대청도가 서로 관련이 있기 때문이다. 이를 알기 위해서는 원순제의 일생에 대해 간략하게 살펴볼 필요가 있다.

[그림 15]의 계보에서 알 수 있듯이 원나라 순제는 원나라 황제 계보상 원나라의 마지막 황제이다.[32] 『원사(元史)』에 따르면 원순제는 명종의 아들이며 이름은 타환첩목이(妥懽貼睦爾)라고 하는데 이는 몽골어 토곤 테무르를 한자로 음차한 것이다. 이러한 원순제가 황제의 자리에 오르기까지는 순탄하지 않았는데 이는 원나라 말기 상황과 관련이 있다. 위의 계보에서 1대인 세조 쿠빌라이칸과 2대인 성종으로 이어지는 과정은 큰 무리가 없었지만 그 이후의 황제들이 즉위하는 과정은 치열한 권력투쟁의 결과물이었다. 특히 후대에는 이러한 권력투쟁을 통해

---

32) 원나라가 나중에 명나라에 밀려 몽골로 물러나게 되기 때문에 엄밀히 말하면 원나라가 명나라에 의해 멸망한 것은 아니다. 그런데 역사적으로 기존의 명나라가 원나라를 몰아내고 지금의 중국대륙을 차지한 것을 왕조교체로 보고 몽골초원으로 물러난 원나라를 북원으로 부른다. 그래서 순제는 공식적으로는 원나라의 마지막 황제이면서 북원의 초대 황제로 여겨진다.

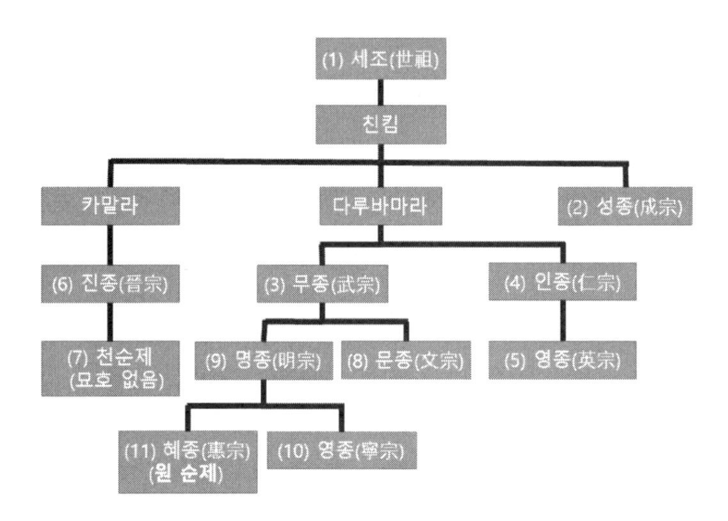

[그림 15] 원나라 황제 계보

황제가 즉위 할 때 태사(太師) 혹은 승상과 같은 직위에 있는 권신들이 자신들이 지지하는 사람을 옹립하는 일이 비일비재하게 벌어지게 된다. 이 과정에서 강한 권력을 가진 권신들은 황제를 허수아비로 만들고 제위계승에 개입하여 자신들이 원하는 사람을 황제로 세우게 된다.

원순제 역시 이러한 권력투쟁에 희생자 중 한 명이었다. 원순제의 아버지 명종은 권신 엘테무르[燕鐵木兒]에게 죽임을 당했고, 엘테무르에 의해 제위에 오른 문종은 유언으로 토곤 테무르를 다음 황제로 세우라고 했지만 엘테무르는 이를 무시하고 어린 그의 동생을 원나라 황제로 세우게 된다. 그러나 황제의 자리에 오른 동생이 2달 만에 사망하고 권신 엘테무르가 죽으면서 비로소 원나라 황제의 자리에 오르게 된다.[33]

33) 오타기 마쓰오 지음, 윤은숙·임대희 옮김, 『【중국의 역사】 대원제국』, 혜안, 2013, 249~252쪽.

[그림 16] 원순제

비록 원순제가 황제에 자리에 올랐지만 바로 실권을 가진 것이 아니고 당시 바얀[伯顔]이라는 인물이 정권을 쥐고 있었다. 그러나 원순제는 제위기간 동안 죽은 엘테무르의 아들과 딸을 죽였으며, 바얀 역시 그의 조카 톡토 테무르를 이용하여 쫓아내는 등 황제의 권력을 강화하고자 하였다. 그러나 권신들 간의 권력투쟁은 그치지 않았고 하남성에서 홍건군의 대반란이 일어나게 된다. 그리고 이러한 상황 속에서 양자강 남쪽의 통제권을 점차 상실하게 된다. 그래서 양자강 남쪽에서는 주원장, 진우량, 장사성 등의 반란세력들끼리의 세력다툼이 발생하게 되었고 최종 승자인 주원장이 명나라를 건국하고 북벌을 하면서 원순제는 어쩔 수 없이 조상들의 고향인 몽골초원으로 물러나게 된다. 이후 몽골초원에서 죽게 되며 이후 북원에서 혜종이라는 묘호와 선인보효황제(宣仁普孝皇帝)라는 시호를 올린다. 하지만 명나라에서는 이와는 별도로 순황제(順皇帝)라는 시호를 추증하였다.[34]

앞서 본 것처럼 원순제는 황제에 오르기까지의 과정이 순탄하지 않았다. 특히 황제에 오르기전에는 당시 고려의 대청도에 유배를 갔다가 다시 중국 남부 지역에 유배를 가게 된다. 그래서 원순제는 유배기간에

34) 원래는 황제의 명칭을 시호 혹은 묘호로 통일시켜서 기술해야 한다. 그리고 후술하겠지만 원순제를 제외하면 대부분 황제의 명칭을 묘호로 표기하기 때문에 원순제 역시 혜종이라고 표기를 해야 하는 것이 맞다고 볼 수 있다. 하지만 일반적으로 원 순제를 혜종이라고 쓰는 경우는 거의 없기 때문에 원 순제는 묘호가 아닌 일반적으로 알려진 시호로 쓰고자 한다. 그리고 천순제의 경우는 폐위가 되어서 묘호를 받지 못하였다. 그래서 부득이하게 천순제와 원순제의 경우는 묘호가 아닌 시호로 부르고자 한다.

지금의 대청도에서 잠시 살게 되었고 이것이 원순제 신앙의 시초가 되었던 것으로 보인다.

2) 원순제 설화와 신황당

원순제 설화와 관련하여 앞서 언급한 『동아일보』 기사의 다음날인 1928년 8월 26일 기사에 다음과 같이 기록되어 있다.

명종의 어머니가 죽은 뒤에 그 아버지 문종은 후실을 얻었더니 성품이 간악하여 명종을 미워하다가 문종의 총애가 제 한몸에 모인 때를 타서 명종에게 무실한 죄를 입혀 대청도로 귀양을 보내니 때는 지금부터 599년 전인 고려 충숙왕 17년 7월입니다. ㅁㅁㅁㅁ신 몇 명을 데리고 대ㅁㅁㅁㅁ도착하여 집을 짓고 뽕나무, 자규나무, 옻나무를 심으시고 농사를 지어 먹으며 금불(金佛)한 쌍을 봉안하고 매일 아침 밭으로 나갈 때마다 속히 귀국해야지 하고 정성껏 기도를 했답니다. 만승제국의 천자로 태어난 귀한 몸으로 창해만리 건너와서 절해고도에 눈물을 뿌리던 태자의 가긍한 신세가 과연 어떻겠습니까?

울공도 영험이 없던지 후모(後母)의 패악은 날로 심해서 명종의 등극을 아주 막아버리노라고 사람을 명종에게 보내어 방금 부황의 환후가 위중하여 약석이 무효한데 오직 마지막 명약이라고는 태자의 두 눈을 약으로 써야 하니 속히 빼서 보내라고 기별을 하였답니다. 앞못보고 차라리 죽는 편이 낫겠지만 천품이 유순한 명종은 조금도 서슴치 않고 눈알을 뽑아 부황께 보냈답니다. 쓸쓸이 우는 가을 저녁과 꾀꼬리 노래하는 봄날 아침에 태자의 애끓는 심회가 얼마나 비장했겠습니까마는 누구를 원망하지도 않고 세상을 저주하지도 않고 일심울란으로 한갓 울공만들이었답니다.

지성이면 감천이라고 그 이듬해 즉 고려 충혜왕 원년에 죄가 풀리어 본국으로 소환되었답니다. 빼갔던 눈알은 부처님의 영험으로 썩지 않고 남았던지 다시 찾아 맞추고 그 후 2년만인 고려 충숙왕 후원(後元) 2년(서력 1333년)에 등극하여 대원순제(大元順帝)가 되었답니다. 순제는 무사히 귀국하여 제위에 오른 것은 오직 부처의 영험과 또한 일년 남짓 자기를 먹여준 고려 땅의 은혜를 갚겠다고 귀국 12년만인 고려 충혜왕 후원 2년(서력 1342년)에 황해도에서도 가장 풍ㅁㅁ 절승한 해주(海州)에다가 원찰을 지으니 이것이 지금껏 남아있는 해주 숭산신광사(崇山神光寺)이다.

신광사는 중년에 여러차례의 불로 인하여 고쳐 지은 곳이나 주조돌과 대석(臺石)쌓은 모양이 조선식이 아니라는 것이 해주사람의 이야기입니다. 처음에 순제가 신광사를 지을 때 태감 송골아(宋骨兒)로 하여금 대목 37인을 거느리게 하고 재목과 주조석까지 전부 원나라에서 실어다가 고려 시중 김석수(金石堅), 밀직부사 이수산(李守山)등과 협력 감독하여 이을 때 어떻게 오래 걸리었든지 도편수 이하 대목들이 역(役)을 마치기전에 말끔 죽어 지금 절 뒤에 대목혼령을 제사하는 집이 따로이 있습니다. 세상에 전하는 말에 40년 만에 준공하였다고 하니 그 당우(堂宇)가 얼마나 굉장하였던가를 가히 짐작할 수 있지 않습니까? 조선 중종 때 의령의 정남곤의 시에 "지정 연간 황실에서 난리 있을 때에, 신광사 절간이 찬란히 세워졌네. 지금 사는 중들 천 명이나 되는데, 모두들 송골아가 이 절을 지었다고 말하네."라고 하였습니다.

순제의 흘린 눈물은 보습 끝에 일어나는 기왓장에 맺혔을 뿐이나 그가 심어둔 뽕나무, 옻나무같은 수목은 해마다 무성하여 삼사십년까지만 하더라도 하늘을 어루만지었답니다. 그러나 원세개 세도 당시 청인들이 제멋대로 나무를 찍어가서 지금은 겨우 치수(稚樹)가 남았을 뿐입니다. 순제가 심은 뽕도 어떻게 종자가 좋은 것이든지 태황제당시에 황후가 환후침중하여 이 섬의 상실(桑實)이 영약이 되었다고 이 섬의 공이 두텁다고 하여 장연에서 떼어다가 경기도 수원군에 소속하고 토주관(土主官)을 두어 다스리게 하였답니다.

–『동아일보』 도서순례 백령도방면(7)

위의 내용을 보면 원순제가 자신의 눈을 약으로 빼서 부황에게 바칠 정도로 효자였다는 것이 강조되어 있으며 나중에 부처님의 도움으로 눈을 찾아 다시 넣게 되어 시력을 되찾았다는 것이 강조되어 있다. 그리고 부처님과 고려의 도움을 받은 은혜를 갚고자 황해도 해주에 신광사를 세웠다고 하였다. 이렇게 보면 이 설화는 대청도를 배경으로 하는 것이 아니라 해주 신광사의 연기설화라고 볼 수 있다. 그러나 마지막 단락에 "순제의 흘린 눈물"~"하였답니다."라는 내용을 보면 대청도에 원순제가 심은 뽕나무의 열매가 영약이라고 하고 있어 대청도를 배경으로 하는 원순제 설화는 이야기 말미에 있는 것으로 볼 수 있다. 이것을 보면 대청도 원순제 설화는 황해도 해주 신광사의 연기설화 즉 신광사의 기원 설화와 섞여있으며 대청도에 대한 이야기는 말미에 잠깐 나온다는 것을 알 수 있다.

이런 점들을 보면 위의 대청도 원순제 설화는 사실상 황해도 해주 신광사의 연기설화라고 생각된다. 대청도와 황해도 해주는 거리가 있지만 전자는 원순제의 유배지이고 후자는 후술하겠지만 원순제가 중수한 곳이라는 점에서 공통점이 있다. 다만 대청도에 유배온 원순제가 황해도 해주 신광사와 어떤 인연이 있었는지는 분명하지 않다. 추정하자면 대청도는 비교적 고려의 수도 개경과 가까웠기 때문에 고려의 왕은 이 지역에 유배온 귀족들을 대접하는 경우가 있었다.[35] 이를 통해

---

35) 『고려사』 제89권 열전 제2 후비2 제국대장공주. "충렬왕 6년에 원나라 황제가 황자(皇子) 애아적(愛兒赤)을 대청도(大青島)로 귀양 보내었는데 공주가 성 밖에 마중 나갔으며 드디어 객관에서 연회를 베풀고 음악을 연주하였더니 수행원이 말하기를 "황자는 황제의 명령으로 유배소로 가는 길인데 어찌 연회와 음악을 즐기고 있겠습니까?" 라고 제지하였으므로 드디어 파연하였다.(六年 帝流皇子愛牙赤于大青島公主迎于城外遂張樂宴于館從者止之曰 皇子以帝命之貶所豈可耽樂 遂罷)"

비록 원순제가 대청도로 유배를 왔더라도 움직임이 자유로웠을 것으로 추정되며 해주 신광사로 불공을 드리러 갔었을 가능성이 있다. 이 때문에 대청도 주민들도 해주 신광사에 대해 알고 있었던 것으로 추정된다.

그러나 이렇게 1928년 8월 26일 도서순례에 보이는 내용이 황해도 해주 신광사의 연기설화라고 하면 이 기록은 대청도 설화라고 할 수 없다. 하지만 신광사에 해당하는 부분만 제외하고 보면 원순제가 대청도에 쫓겨와서 집을 짓고 뽕나무, 자규나무, 옻나무를 심고 농사를 지으며 금불(金佛)한 쌍을 봉안하고 매일 아침 밭으로 나갈 때마다 정성껏 기도를 했으며 그 때 심은 뽕나무의 열매가 영약으로 여겨졌다는 것이 된다. 그러므로 이러한 내용이 해주 신광사 연기설화와는 다른 대청도의 원순제 설화라고 볼 수 있다.

또한 해주 신광사에 대한 이야기는 조선시대 초기 기록에도 보이고 있다.

> 신광사(神光寺)
>
> 북숭산(北嵩山)에 있다. 지정(至正) 2년에 원(元) 나라 황제가 원찰(願刹)이라 칭하고, 태감 송골아(宋骨兒)를 보내어 목공과 장인 37명을 거느리고 와서 고려 시중 김석견(金石堅)·밀직부사 이수산(李守山) 등과 함께 감독하여 설계 건축하였다. 지금도 전당(殿堂)과 불상의 금은 단청을 한 것이 완연하여 엊그제 한 것 같다. …[36]
>
> –『신증동국여지승람』 제43권 황해도(黃海道) 해주목(海州牧) 불우(佛宇)

36) 神光寺[在北嵩山. 至正二年, 元帝稱爲願刹, 遣太監宋骨兒, 率工匠三十七人, 與高麗侍中金石堅密直副使李守山等, 監督營建. 至今殘堂像, 設金銀丹雘, 宛然如昨.]

여기서 지정(至正)은 원순제 때의 연호이므로 위의 기록만 보면 원순제가 황해도 해주에 신광사라는 절을 새로 만든 것으로 볼 수도 있다. 그러나 『고려사절요』 제3권 현종 원문대왕(顯宗元文大王) 병인 17년(1026)에 "갑자일에 해주(海州) 신광사(神光寺)에 행차하였다."[37]라는 기록이 있는 것을 보면 신광사는 원순제가 창건한 것은 아니며 본래 있었던 사찰을 중수한 것으로 보인다. 그리고 이러한 중수한 사실이 후대에 원순제가 창건했다는 이야기로 바뀐 것으로 보인다. 그리고 이러한 이야기가 대청도에 원순제가 유배왔던 사실과 합쳐져 하나의 이야기처럼 만들어진 것으로 생각된다.

그리고 「도서순례」를 통해 대청도의 원순제 신앙을 소개한 신문기자 김동진은 원순제를 모시는 신당을 현지인들이 '신황당(神隍堂)'이라고 부르고 있다고 하고 있다. 신황당(神隍堂)이라는 이름은 좀처럼 볼 수 없는 이름으로 왜 이렇게 부르는지는 알려진 바가 없다. 따라서 이 점에 대해 단정을 내릴 수는 없고 여기서는 가능성을 제시하도록 하겠다.

보통은 '성황당' 또는 '서낭당'이라는 표기가 일반적임에도 불구하고 원순제를 모시는 신당을 '신황당(神隍堂)'이라고 표기한 것은 당시 사람들이 원순제를 모시는 신당을 특별하게 생각했던 것으로 보여진다. 그런데 이 표기에서 특이한 점은 '神皇'이 아니라 '神隍'이라는 점이다. 그러나 현재로서는 '신황당(神隍堂)'이라고 썼는지는 알 수 있는 자료가 없다. 다만 이러한 신황당이라는 표현이 성황당 혹은 서낭당에 대한 대청도 사투리일 가능성이 있다. 『인천의 지명유래』의 옹진군 대청면 편을 보면 신향당에 대해 다음과 같이 설명하고 있다.

---

37) 甲子, 幸海州神光寺.

> 양지말 북쪽에 있는 마을로, 전하는 말에 의하면 옛날에 신향이가 계모의 학대를 피하여 이곳에 와서 섬을 개척하여 대청도를 발전시켰으므로 그를 추모하는 뜻으로 이곳에 사당을 짓고 그를 위했다고 한다. 그러므로 이곳을 '신향당골'이라 하게 되었다고 한다.[38]

이에 대해 『옹진군향리지』에서는

> 양지동 뒷산 골짜기를 신향당골이라고 칭하고 있으며 이곳에는 아직도 신향이가 살던 집자리와 우물이 그대로 있고 이곳을 파면 이제도 기와장들이 나온다고 전하고 있다. 이 전설은 원순제의 대청도로 유배된 사실을 전설화한 것으로 원순제에 대한 동정의 전설인 것이다.[39]

라고 하여 이러한 신향당에 대한 전설이 원순제의 대청도 유배와 관련하여 나온 것으로 보고 있다. 이러한 '신향이'라는 말은 '신황'이라는 발음과 매우 유사하며 전설에서도 신향이가 살던 곳에 사당을 세워 신향당골이라고 하는 점을 보면 분명 신향당은 신황당을 가리키는 말임을 알 수 있다.

그런데 우리나라의 한자식 지명중에는 현지어를 한자로 옮기면서 생겨난 것이 적지 않다. 이를 테면 인천시 남구 용현동의 경우도 옛 명칭은 '비령리'였는데 여기서 '비령'은 비탈길을 뜻하였다. 그런데 이것을 후세에 '飛龍'으로 쓰면서 나중에는 '龍現'이라는 이름으로 바뀌었고 충청남도 公州 역시 옛 지명은 熊州였는데 이것이 현지어로 '곰주'라고 부르는 것을 한자로 옮기는 과정에서 '公州'로 바뀐 것으로 보인다. 이

---

38) 『인천의 지명유래』(옹진군 대청면), 1998, 886쪽.
39) 『옹진군향리지』, 옹진군, 1996, 481쪽.

와 같이 신황당은 본래 현지인들이 '신향당'으로 부르던 것을 한자로 옮기는 과정에서 신황당이 된 것일 수 도 있다. 그리고 이 '신향당'은 '성황당' 혹은 '서낭당'을 뜻하는 말이었을 것으로 추정된다.

3) 원순제 신앙의 형성배경

앞서 본 것처럼 대청도에는 원순제를 모시는 사당이 있었다. 이는 원순제와 대청도와의 밀접한 관계가 있기 때문이다. 그런데 앞선 기록에서 알 수 있듯이 정작 원순제 사당의 위패에는 "순종황제신위(順宗皇帝神位)"라고 적혀 있다. 그런데 원순제의 묘호는 순종이 아니라 혜종이다. 이것은 '順帝'라는 시호를 위패를 세운 사람과 원순제 설화를 구술한 사람이 '順宗'으로 혼동을 일으킨 것으로 생각된다. 이외에도 『동아일보』 8월 26일에 기록된 설화에는 원나라 명종이 유배를 온 것처럼 나와 있다. 이것을 보면 원순제의 묘호가 '순종' 또는 '명종'이라고 착각할 수 있다.

실제로 원순종은 원나라 황제 무종의 아버지이며 원 세조의 손자로 황제가 되지 못하고 죽고 나중에 순종이라는 묘호를 받았다. 그리고 그에 대해서 『원사』에 다음과 같은 일화가 나오고 있다.

> 28년 비로소 조서를 받고 회주(懷州)로 출진하여 시위도지휘사(侍衛都指揮使) 사도(梭都)와 상서(尙書) 왕기(王倚)가 따라갔다. 조주(趙州)에 이르러 따르던 병졸들 중에 민가의 뽕나무와 대추나무를 베는 자가 있어 백성들이 길을 막고 하소연하니 답랄마팔랄(答剌麻八剌)이 분노하여 몽둥이로 때려서 무리를 징계하고 왕기(王倚)를 보내 아뢰니 세조가 크게 기뻐했다. 그러나 조주에 이르기 전에 병 때문에 소환되었다. 다음해 봄 세

[그림 17] 대청도 신황당 외부

[그림 18] 대청도 신황당 내부

조가 북쪽으로 행차하면서 수도에 머물러 치료하게 하였는데 두 달을 넘기고 죽으니 나이가 29세였다.[40)]

–『원사』 권115 순종

위의 기록을 그가 초주로 갔을 때 자신의 부하들이 민가의 뽕나무 등을 함부로 베는 등 백성들을 괴롭히지 못하게 하는 것을 볼 수 있다. 그래서 원순제뿐만 아니라 원순종도 뽕나무와 관련이 있다는 것을 알 수 있다. 하지만 이러한 원순종을 중국에서도 신으로 모신 사례가 없으며 대청도와는 아무런 상관이 없다. 또한『고려사』를 비롯한 고려시대 기록에도 원무종과 가까운 사이였던 충선왕이 대청도에 원순종의 사당을 세웠다는 기록은 보이지 않는다. 따라서 이것은 원순제의 위패를 만들 당시 사람들이 오해하여 쓴 것으로 볼 수 있다.

또한 8월 26일 도서순례에서 원순제가 명종인 것처럼 나오는 것은 원나라의 후기의 정치상황과 관련이 있는 것으로 보인다. 1328년 태정

---

40) 二十八年, 始詔出鎮懷州, 以侍衛都指揮使梭都、尙書王倚從行, 至趙州, 從卒有伐民桑棗者, 民遮訴于道, 答剌麻八剌怒, 杖從卒以懲衆, 遣王倚入奏, 世祖大悅. 未至, 以疾召還. 明年春, 世祖北幸, 留治疾京師, 越兩月而薨, 年二十有九.

제가 사망하자 태사였던 엘테무르[燕鐵木兒]가 여러 왕 및 대신들과 함께 문종을 황제로 세웠는데 명종이 무종의 적장자로 문종보다 형이므로 다시 그에게 사신을 보내 화령의 북쪽에서 황제로 즉위하게 하였다. 그리고 문종을 황태자로 삼았다가 명종이 죽자 다시 문종이 황제로 즉위하였다. 그리고 이후 제위는 원순제의 동생인 영종에게 넘어가지만 제위에 오른지 2달 만에 7세의 나이로 사망하면서 원순제가 제위에 오르게 된다. 이렇게 원순제가 제위에 오르기까지 원나라 후기의 정치는 혼란했다. 아마도 명종이 원순제인 것처럼 나온 것도 이렇게 정신없이 제위가 왔다하는 상황이었기 때문에 혼란이 생겨 그랬다고 생각된다.

이러한 점들을 보면 원순제를 순종이라고 쓰거나 명종으로 쓴 것은 설화라는 것이 사람의 기억에 의해 전승되다 보니 여러 이야기들이 전승과정에서 뒤섞여『동아일보』에 기록된 원순제 설화를 만들어낸 것으로 보인다. 그리고 이렇게 여러 전승들이 뒤섞이게 된 근본적 원인에는 원간섭기 대청도의 역사적 상황과도 관련이 있는 것으로 추정된다.

특히 대청도가 속한 서해 지역은 일찍이 원나라의 지배를 받은 적이 있었다.

> 서해도(西海道)는 원래 고구려의 땅이었는데 당나라 고종이 고구려를 멸망시켰으나 그 지역을 지키지 못하였으므로 신라는 마침내 이를 합하였으며 신라 말에 이르러서는 궁예가 웅거하게 되었다. 태조가 나라를 세우고 이 지역을 다 소유하였고 성종 14년에 전국을 10개 도로 나눌 때에 황주(黃州), 해주(海州) 등 주, 현을 관내도(關內道)에 소속시켰다가 후에 서해도로 고쳤으며 그 후 수안(遂安), 곡주(谷州), 은율(殷栗) 현 등이 원나라에 빼앗겼댔는데 충렬왕 4년에 원나라가 이를 돌려 주었다. 이 서해도(西海道)의 관할 하에 대도호부(大都護府)가 1개 목(牧) 1개, 군이 6개,

현이 16개, 진(鎭)이 1개 있다.[41)]

—『고려사』 지리지 서해도

위의 기록에서 밑줄 친 부분을 보면 서해도 지역중 일부가 일시적이기는 하지만 원나라의 지배를 받았다는 것을 알 수 있다. 문제는 언제 원나라에 빼앗겼는지가 확실하지 않은 것인데 아마도 고려가 원나라에 항복하고 다른 지역을 빼앗길 때가 아닌가 생각된다. 비록 일시적이기는 하지만 서해도 지역이 원나라에 영향력 아래에 있었기 때문에 이 지역으로 원나라의 문화가 유입될 수 있고 그 과정에서 원 순종의 이야기도 전래되었을 가능성이 있다.

두 번째로 『고려사』 및 『고려사절요』를 보면 대청도를 비롯한 섬지역은 예부터 유배지로 이용되던 지역이었다. 특히 대청도는 고려가 원나라의 부마국으로서 내정간섭을 받던 시절에는 원나라의 황족 및 귀족들이 주로 유배를 오던 지역이었다.[42)] 이렇게 원나라가 대청도를 유배지역으로 선정한 원인에 대해 권오중은 대청도가 해로상 중국에서 개경으로 향하는 관문에 위치한다는 점과 대청도가 몽골인에게 친숙한 지역이라는 점을 들고 있다. 여기서 대청도가 몽골인에 친숙한 이유를 고려가 강화도로 천도한 이후 몽골이 강화도를 공격할 준비를 했을 것이고 이 과정에서 대청도를 경유하거나 체류하는 중국인과 물자가 급격히 증가했을 가능성이 있기 때문으로 보았다. 또한 대청도에 나무가 많고 해산물

---

41) 西海道 本高句麗之地唐 高宗滅高句麗而不能守新羅遂并之 及其季世爲弓裔所據 太祖旣立盡有其地 成宗十四年 分境內爲十道以黃州海州等州縣屬關內道後改爲西海道後遂安谷州殷栗等縣沒于元至忠烈王四年 元乃歸之 領大都護府一牧一郡六縣十六鎭一

42) 권오중, 「大靑島에 온 元의 流配人」, 『인문연구』 35, 영남대학교 인문과학연구소, 1998 참조.

과 농산물의 수확이 용이한 점도 중요한 이유였을 것으로 보고 있다.[43]

이렇듯 대청도는 해로상에서도 중국에서 당시 고려로 오는 중요한 기점일 뿐만 아니라 당시 원나라의 수도인 지금의 북경과도 3천리 이상 떨어진 곳이기 때문에 원나라의 입장에서도 유배지로 적당한 곳으로 여겨졌을 것으로 보인다. 특히나 부마국인 고려의 수도와 비교적 가깝다는 점 역시 황족들의 유배지가 되기에 충분했을 것으로 보인다. 왜냐하면 유배를 보내는 경우 조선시대의 예를 들면 연산군, 광해군처럼 유배지에서 일생을 마치는 경우도 있지만 다시 돌아오는 경우도 많았다. 이러한 모습은 대청도로 유배온 원나라 황족들도 마찬가지라고 할 수 있다. 대청도로 유배온 사람들 중 타환첩목이(妥懽帖睦爾)와 애아적(愛牙赤)은 원나라의 황자(皇子)였다.[44] 이들은 상황에 따라서는 원나라로 돌아가 황제가 될 가능성이 있는 사람들이었고 실제 타환첩목이(妥懽帖睦爾)는 돌아가 황제가 되었다. 따라서 이러한 사람들을 아무곳이나 유배보낼 수는 없었을 것이고 비교적 개경과 가까운 대청도로 보내려 한 것으로 보인다.

이렇게 대청도가 원간섭기에 원나라 황족의 주요 유배지가 되었기에 이들을 수행하는 인원들을 통해 원나라의 인물에 관한 이야기가 전래되었을 가능성이 있다.

> 충렬왕 6년에 원나라 황제가 황자(皇子) 애아적(愛兒赤)을 대청도(大青島)로 귀양 보내었는데 공주가 성 밖에 마중 나갔으며 드디어 객관에서

43) 이 문단은 권오중의 앞의 논문, 7~8쪽을 참조하였다.

44) 애아적(愛牙赤)은 원나라 세조 쿠빌라이의 여섯 째 아들이며 타환첩목이(妥懽帖睦爾)는 원나라 명종의 황태자로 나중에 順帝로 불리게 되는 사람이다.

연회를 베풀고 음악을 연주하였더니 수행원이 말하기를 "황자는 황제의 명령으로 유배소로 가는 길인데 어찌 연회와 음악을 즐기고 있겠습니까?" 라고 제지하였으므로 드디어 파연하였다.[45)]

– 『고려사』 제89권 열전 제2 후비2 제국대장공주

위의 기록을 보면 대청도에 유배온 애아적을 수행하는 사람이 있는 것을 알 수 있는데 이러한 사람들이 귀양온 황족과 지내면서 섬 주민들에게 원순제 뿐만 아니라 원나라의 순종이나 명종과 같은 인물들의 이야기가 전해졌을 것으로 추정된다. 특히 원순제는 앞선 『동아일보』에 실린 설화에 따르면 뽕나무와 밀접한 관련을 가지고 있었다.

○원 나라 문종(文宗)이 순제(順帝)를 대청도에 귀양보냈는데, 순제는 집을 짓고 살면서 순금 불상(佛像) 1구(軀)를 받들고 매양 해가 뜰 때마다 본국으로 돌아갈 것을 기도하였다. 얼마 안 되어 돌아가 등극(登極)하여 태감(太監)과 시중(侍中) 김석견(金石堅) 등을 보내어 공장(工匠) 37명을 거느리고 해주(海州) 북숭산(北嵩山)에 신광사(神光寺)를 세우고 원찰(願刹)이라 일컬었다. 지금은 섬이 황폐하여 사람이 없으며 수목이 하늘을 찔러 순제가 심은 뽕나무며 옻나무·채소 등속이 우거진 수풀 속에서 저절로 났다가 저절로 떨어지고 궁실의 계단과 초석 등 옛터가 완연하다. 《여지승람》《팔역지(八域志)》 합록[46)]

– 『연려실기술』 별집 제17권 변어전고(邊圉典故) 해랑도(海浪島)

---

45) 六年 帝流皇子愛牙赤于大青島公主迎于城外遂張樂宴于館從者止之曰 皇子以帝命之貶所豈可耽樂 遂罷

46) 元文宗竄順帝於大青島, 順帝築室以居, 奉純金佛像一軀, 每日出時祈禱返國. 未幾, 歸而登極, 遣太監及侍中金石堅等, 率工匠三十七人, 營建神光寺於海州北嵩山, 稱爲願刹. 今島廢無人, 樹木參天, 順帝所種桑漆菜茹之屬, 自營自落於榛莽之中, 而宮室階礎遺址宛然.[輿覽八域志合錄]

구선복이 지도를 펴들고 나와서 아뢰기를, "강화의 동남쪽은 삼남(三南)의 뱃길이 월곶진(月串鎭)의 연미정(燕尾亭) 앞바다를 통하여 경강(京江)에 닿게 되어 있습니다. 강화의 뒷바다는 해서와 관서를 왕래하는 배들이 모두 이 길을 따라 교동을 지나서 연미정에 이르렀다가 경강에 닿습니다. 교동과 영종도(永宗島)는 강화의 좌우 날개이며, 강화는 서남쪽 뱃길이 합쳐지는 곳입니다. 돌섬[石島]은 은율(殷栗) 땅으로 대청도(大淸島)와 소청도(小淸島)가 있는데, 바로 원(元) 나라 순제(順帝)가 귀양살이를 하던 곳으로, 뽕나무와 대나무가 지금까지 여전히 있습니다."라고 하였다.[47)]

-『일성록』 정조 2년(1778) 윤6월 12일

위의 기록들을 보면 조선후기 기록 중에서 『연려실기술』과 『일성록』에만 언급되어 있다는 것을 볼 수 있다. 『연려실기술』의 편찬연대를 일반적으로 영조 52년(1776)으로 보고 있고 『일성록』의 기록도 1778년인 점을 보면 적어도 1770년대에는 원순제가 뽕나무를 심었다는 이야기가 있었던 것으로 추정된다. 이러한 점들은 원순제가 뽕나무를 심었다는 이야기는 조선후기에 생겼을 가능성을 보여준다.

그런데 원순제 설화에 뽕나무가 언급되는 것은 대청도에서 뽕나무가 가지는 의미가 매우 크기 때문이다. 특히 약재로서의 뽕나무에 기생하는 겨우살이가 가지는 가치는 매우 큰 것을 알 수 있다. 이는 아래의 기록을 통해서도 알 수 있다.

---

47) 善復展圖進曰, 江都之東南則三南船路通于月串鎭燕尾亭前洋達于京江. 江都後洋則兩西往來船皆從此路, 過喬桐, 而至于燕尾亭, 達于京江. 喬桐永宗, 江華之左右翼, 而江華則西南水路之合襟處也. 石島, 殷栗地, 而有大淸小淸, 卽元順帝謫所, 而桑竹至今尙存矣.

사간원이 아뢰기를, "상기생(桑寄生)은 얻기 어려운 명약입니다. 팔도에 생산처가 없는데 오직 백령도(白翎島)에만 있습니다. … 대개 기생(寄生)은 수백 년 묵은 이 지역의 뽕나무가 아니면 나지 않는데, 이로 인해 멸종되어 내국(內局)에 올리는 것을 빠뜨리게 되었습니다. …"라고 하였다.[48)]

–『광해군일기[중초본]』 7년 1월 8일 을묘

전라 좌수사 이흥립(李興立)이 상기생(桑寄生)을 올렸는데, 내의원 제조 등이 입계하여 포상하기를 청하였다.[49)]

–『광해군일기[중초본]』 9년 6월 24일 정사

전교하기를, "백령도(白翎島)와 양남(兩南) 각 섬의 상기생(桑寄生)을 각별히 배양하고 돌보도록 하라."라고 하였다.[50)]

–『광해군일기[중초본]』 10년 11월 22일 정미

위의 기록들을 보면 조선시대 상기생(桑寄生)이 매우 귀한 약재로서 취급되었다는 것을 알 수 있다. 그리고 비록 주로 백령도의 상기생에 언급하고 있기는 하지만 대청도의 상기생도 마찬가지로 귀한 약재로써 대접을 받았을 것으로 생각된다. 그렇기 때문에 원순제 이야기에 뽕나무 이야기가 나오는 것은 이와 같은 이유였을 것으로 추정된다.

그리고 설화의 내용으로 볼 때 명확하지는 않지만 대청도 원순제 신앙은 이러한 뽕나무와도 어느 정도 관련이 있을 것으로 생각된다. 즉 『동아일보』에서 원순제 사당에 대한 제사가 봄과 가을에 행해진다고

48) 司諫院啓曰, 桑寄生乃難得之要藥也。八道無産處而只於白翎島有之。… 蓋寄生, 非此地數百年老桑不生而因此絕種, 以至闕供於內局。…

49) 全羅左水使李興立進桑寄生, 內醫院提調等, 入啓請褒。

50) ○傳曰, 白翎島及兩南各島桑寄生, 各別培養看護事。

했는데 이때 뽕나무가 제물 혹은 의식의 도구로 쓰였을 가능성이 있다고 생각된다.

4) 원순제 신앙의 쇠락

이러한 원순제 사당은 지금은 남아있지 않다. 심지어 쇠락되었지만 그 흔적을 간직하고 있던 사당마저도 지금은 군부대에 의해 철거되어 흔적이 남아있지 않다. 이렇게 원순제 신앙이 쇠락하게 된 정확한 이유는 알 수 없다. 따라서 여기서는 몇 가지 가능성만 살피는 선에서 끝내고자 한다.

첫째로는 일제강점기 조선 지식인들이 벌인 미신타파 운동과 조선총독부의 각종 법령의 영향일 것으로 생각된다. 한국의 민간신앙은 조선시대에는 일명 음사(淫祀)로 불리며 탄압의 대상이 되었고 개화기 이후에는 근대화의 영향으로 미신으로 여겨졌다. 특히 일제시대에는 보다 강력한 탄압이 이어졌는데 이방원은 "1912년의 '경찰범처벌규칙', 이후 계속해서 개정되는 '포교규칙', 지역별로 마련된 '미신취제안' 등은 마을굿과 각종 개인 굿을 미신이라고 규정하고 금지하였다."[51]고 하였다. 그러다가 1920년대 일제의 미신완화정책으로 다시 무녀들의 활동이 활발해지기 시작하였지만[52] 마을 굿을 마을 부로(父老)들은 유지하려고 하였고, 청년단체들은 이를 타파하고자 하였다.[53] 이렇게 됨에 따라 각 마을의 동제(洞祭)는 하나 둘씩 자취를 감추게 되었다. 동아일보의 기록

51) 이방원, 「일제하 미신에 대한 통제와 일상생활의 변화」, 『동양고전연구』 24, 동양고전학회, 2006, 300쪽.

52) 이방원, 앞의 논문, 301쪽.

53) 이방원, 앞의 논문, 301쪽.

이 1928년인 것을 보면 적어도 당시까지는 대청도의 민간신앙은 이러한 압박에서 살아있음을 알 수 있다. 특히나 앞서 말한 것처럼 대청도에서 원순제 신앙은 임경업 장군신앙보다 기반이 약했던 것으로 보이는데 이는 일제시대의 사회적 압박을 견뎌내기 힘든 원인으로 작용했을 것으로 보인다. 따라서 이후 원순제 신앙은 점차 힘을 잃고 소멸했을 가능성이 있다.

둘째로는 임경업 신앙의 급속한 확대이다. 기독교가 전래되기 이전 서해 도서지역에서 가장 널리 퍼져 있던 신앙이 바로 임경업 신앙이다. 임경업 신앙은 조기 어업의 성황과 함께 연평도에서 주변 도서지역으로 퍼져 나갔던 것으로 생각된다. 이러한 임경업 신앙의 확대는 주변 섬지역의 전통신앙을 밀어내고 주류신앙이 되었으며 이 때문에 결국 원순제 신앙도 점차 쇠락했으며 결정적으로 이 섬에 기독교가 전파되면서 사당 및 위패만 남기고 소멸된 것으로 추정된다.

3. 연평도의 임경업 신앙

1) 임경업 장군과 연평도

일반적으로 민속학자들에 의해 연구된 임경업 장군 설화는 고정된 텍스트가 아닌 현지조사를 통해 채록된 내용을 자료로 하고 있다.[54] 이들 채록된 내용들은 약간씩 차이가 있는데 그 내용을 정리하면 대체로 병자호란 때 임경업 장군이 부하들을 이끌고 중국 명나라로 갈 때 연평도를

54) 현지조사와 채록에 의한 임경업의 전설은 홍태한, 「西海岸 林將軍 豊漁傳說의 의미」, 『高凰論集』 7집, 경희대학교 대학원, 1990, 65~70쪽을 참조하기 바란다.

지날 때 병사들이 굶주리자 병사들에게 산에 가서 가시나무[55] 가지를 가져오게 하고 이것을 뻘 바닥에 꽂아 놓았는데 썰물이 되자 가시나무 가지에 조기가 걸려들어 병사들을 배불리 먹일 수 있었다고 한다. 그 후로 뱃사람들이 임경업 장군을 신으로 섬기고 굿을 하게 되었다고 한다.

이러한 채록된 내용들을 보면 임경업 장군에 대한 설화가 어떤 시대를 배경으로 하는 지에 대해서는 보이지 않는다. 그러나 『동아일보』 1928년 8월 20일자 신문에 실린 「도서순례」 백령도방면(2)에는 당시 연평도 지역에서 전해지던 임경업 장군 설화가 다음과 같이 구체적으로 실려 있다.

> 탁섬[저도(楮島)]은 지금 지도에는 닭섬[학도(鶴島)]로 쓰여 있으니 대연평도 동북방면에 있는 작은 섬이 그곳이다. 닭섬을 지척에 두고 임장군의 칼이 무서워 꼼짝 못하고 있던 중과 역군들도 차차 임장군의 충의에 감동되어 장군과 마찬가지로 명나라에 들어가 청군(淸軍)을 치고 병자년 원수를 갚을 결심을 하게 되었답니다. 이리하여 나날이 활쏘기와 창쓰기에 여념이 없었으나 원래 조그마한 섬이라 군량을 얻을 길이 없음으로 장군은 바닷가에 나가 서쪽 편을 바라보며 긴 한숨을 하던 차에 문득 은린(銀鱗)이 수없이 바다에 뛰노는 것을 발견하고 고기잡이에 착안하니 때는 인조 22년 임오년이니 지금으로부터 287년 전의 일이외다.
>
> -『동아일보』, 「도서순례」 백령도방면(2)

위의 기록을 보면 근래에 구술된 자료들에 비해 매우 구체적이라는 것을 알 수 있다. 특히 구술된 자료들과는 달리 임경업 장군이 조기를

55) 구술자에 따라 대추나무라고 하기도 하고 싸리나무라고 하기도 한다. (홍태한, 위의 논문, 1990, 65~70쪽.)

잡았다는 설화의 배경이 인조 22년이라는 것을 알 수 있다. 이런 사실을 바탕으로 『조선왕조실록』의 기록들을 살펴보면 다음과 같다.

> 또 그의 말에 의하면, 임경업은 지난해 5월 초에 태안(泰安)에서 배로 출발하여 중원의 해풍(海豊) 지방에 이르러 정박해서, 처음에는 해위 도독(海衛都督) 황비 군문(黃飛軍門)의 총병(摠兵)인 마등고(馬騰高)의 휘하에 소속되어 있었는데, 뒤에 명나라 조정에서 그를 평로 장군(平虜將軍)에 임명하고 군졸 4만 명을 주었답니다. 북경이 함락된 후에 황 도독은 군대를 철수하여 남경(南京)으로 돌아갔고, 마등고와 임경업 두 장수는 석성도(石城島)에 머물고 있다가 청나라의 초유(招諭)로 인하여 그 글을 받들고 귀순하였으므로, 이효신 자신은 표류된 사람 1명과 함께 마 총병의 심부름꾼을 따라 북경의 아문에 도착하였답니다. 그리고 임경업은 지난 경진년에 표류된 사람 및 소속 부하 30인과 함께 지금 등주(登州)에 있다고 하였습니다.[56)]
>
> –『인조실록』 22년(1644) 12월 4일

> 금교(金郊)에 이르렀을 때 청나라 사람들의 추국과 신문이 매우 혹독하다는 소식을 듣고는 '헛되이 죽는 것은 의(義)가 아니다.'고 여겨 마침내 도망하여 산골짜기로 들어가 머리를 깎고 중이 된 뒤 양구(楊口)의 조그만 절에 숨어 있다가 영동과 관서 지방을 두루 돌아다녔습니다. 그러다가 돌아와 경강(京江)에 이르러 배 한 척을 빌려 계미년 5월 26일에 마포(麻浦)에서 출발하여 해서(海西)를 통해 바다로 들어갔는데, 칼을 빼들고 뱃사람들을 협박하기를 '내가 바로 임 병사(林兵使)이다. 중원으로 가려 하는데 너희가 만일 따르지 않으면 이 칼로 결단을 내겠다.' 하였더니, 모두가 그대로 따랐

56) 慶業於去年五月初, 乘舡於泰安地, 到泊於中原海豐地方, 初屬海衛都督黃飛軍門摠兵馬騰高麾下, 明朝拜爲平虜將軍, 與卒四萬。北京陷沒之後, 黃都督撤還南京, 而馬、林二將, 留住石城島, 因淸國招諭, 奉書歸附, 故孝信偕漂流者一人, 隨馬摠兵差人, 到北京衙門。慶業則與庚辰年漂流人及管下三十人, 時在登州云。

> 습니다. 이에 녹도(鹿島)로 갔다가 이해 가을에 해풍도(海豊島)로 옮겼으며 명나라 장수 진영에 구금되었다가 마침내는 중국 장수 황비(黃飛)·송길(宋吉)과 함께 군사를 내어 의주를 막아 끊을 방법을 모색하면서 대군(大君)을 우리 나라로 귀환시킬 계책을 세우고자 했을 따름입니다.[57]
>
> -『인조실록』 24년(1646) 6월 17일

위의 기록은 병자호란 이후 인조가 임경업 장군에게 청나라와 함께 명나라를 공격하도록 하였지만 임경업은 명나라와 한 번도 싸우지 않고 명나라와 내통하다가 발각되어 조정으로 압송되어 오던 중 도망친 것을 말하고 있다. 그런데 이러한 『조선왕조실록』에서는 임경업이 배를 타고 도망치는 항로에서 연평도에 들렀다는 기록이 보이지 않는다. 그래서 이 기록만 보면 임경업이 연평도에 갔던 적이 없었다고 볼 수 있다. 하지만 아래의 『임충민공실기』에서는 실록의 내용이 다음과 같이 구체적으로 기록되어 있고 임경업 장군이 연평도에 갔었던 사실도 기록되어 있다.

> 11월에 장군은 조정에서 작별하고 청국을 향해서 황해도 금교역에 이르러 自度하니 내 무릎을 꿇지 않으면 반드시 극형에 처할 것이다. 그래서 죽음에 처하기 보다는 명나라로 달려가서 나라를 위해 설욕하고 대군을 들여오게 함이 낫다고 해서 바로 도망을 쳐서 의복은 양주의 회암사에 가져다 두고 포천의 가평에 이르러서는 탔던 말도 버리고서 머리깎고 중이

57) 行到金郊, 聞淸人之推訊甚酷, 自念徒死非義, 遂逃至山谷, 削髮爲僧, 匿於楊口小刹, 周歷嶺東、關西。還到京江, 賃得一船, 以癸未五月二十六日, 發自麻浦, 由海西入洋中, 拔劍脅船人日, 吾乃林兵使也。將往中原, 汝若不從, 當以此劍斫之。衆皆從之。仍往鹿島, 是秋轉入海豊島, 被拘於唐將營下, 遂與唐將黃飛、宋吉, 謀發兵, 遮截義州, 欲爲東還大君之計而已。

되어 양구현으로 들어가 초막에서 겨울을 보내고 그 다음해 정월에 동지 승인 소명, 지명과 더불어 양양으로 갔다가 복병에 막혀서 다시 양구로 돌아와 3월에 샛길로 상원에 이르러 회암사로 돌아와서 그 때 감춰두었던 의복을 가지고 중국으로 들어갈 계획을 세웠다. … 수일동안 배가 가면서 석도(蓆島)를 지나 연평도에 닿았는데 장군은 승복을 벗고 장검을 차더니 선두에 앉아서 말하되 "너희들은 나를 아느냐?"하고 하니 "다들 모른다." 고 하였다. 그래서 장군은 말하되 "나는 바로 임병사다."라고 하니 모두들 놀라며 "사또의 명성은 들은지가 오랜데 지금 뜻밖에 뵈오니 이번 행차는 무슨 뜻인가요?"라고 하기에 "나는 국가를 위해서 호적(胡賊)을 치려고 명나라로 들어가서 임진왜란 때의 은덕을 갚고 겸해서 병자호란 때의 치욕을 풀며 심양에 인질로 간 왕자를 귀국시키는 것이 나의 큰 소원이니 너희들은 나를 보호해서 강남의 가까운 섬까지만 들어갔다가 돌아가라" 라고 한즉 모두들 꿇어 앉아서 대답하되 "대감의 말씀을 듣고서 실로 감동하였으나 우리들은 무금(武金)의 이설(利說)만 믿고 서해로 가는 줄만 알앗는데 불의에 지금 강남으로 들어간다면 고향 사람들은 우리를 어디 갔다고 할까요. 우리 몸도 모험했는데 우리 집도 화를 입습니다."라고 해서 자못 난색을 보이기에 장군은 큰 소리로 말하되 "너희들이 과연 어렵다면 너희들의 목숨은 이 칼에 달렸다. 나를 따르겠느냐 죽음을 따르겠느냐?"라고 하니 모두들 절하며 "명령대로 따르겠나이다."라고 하였다. 그래서 평안도를 거쳐서 가도(椵島)·장자도(獐子島)·녹도(鹿島)·황골도(黃骨島)·석성(石城)·장산(長山)·광산(廣山)·용왕강(龍王江)·여순강(呂順江)·황성(皇城)·광녹도(廣鹿島) 등을 다 지나서 삼산도(三山島)에 이르러 등주가 바라보이는데 홀연히 광풍을 만나서 각하도(角河島) 밖으로 밀려나와 바로 남천(南天)으로 향해서 표류하여 갈바를 몰라서 모두 죽는줄만 알았더니 다행히 바람이 자고 해기(海氣)가 명랑해서 배가 닿는데 해풍현(海豐縣)이었다.[58)]

–『임충민공실기』 권4

---

58) 十一月將軍辭朝, 行到黃海金郊驛, 自度比至, 此膝不屈, 則必入鼎鑊. 與其虛死, 不

위의 기록을 보면 임경업은 청나라에 끌려가지 않기 위해 스스로 한양에서 탈출하여 연평도를 거쳐 명나라로 향했다는 것을 알 수 있다. 그러나 여기서는 『동아일보』, 「도서순례」에서 보이는 것처럼 임경업이 연평도 지역에서 조기를 잡았다는 기록이 보이지 않는다. 이런 점들을 보면 연평도의 임경업 장군에 대한 설화는 후대에 생겨난 것으로 볼 수 있다. 특히 『동아일보』, 「도서순례」에서 임경업이 조기를 잡기 전까지는 조기가 있는 줄도 모른다고 하였지만 『세종실록지리지』에 의하면 연평도 지역에서 이미 봄·가을로 조기를 잡아서 조정에 바치고 있었다. 따라서 역사적으로 임경업은 그 행적을 살펴볼 때 조기잡이와는 관련이 없다는 것을 알 수 있다.

2) 조기잡이와 임경업 신앙

임경업 신앙이 언제부터 시작되었는지는 알 수 없다. 임경업 신앙의 배경이 되는 임경업 설화에서는 임경업이 가시나무 가지로 배에서 조기를 잡은 데서 조기잡이가 시작되었다고 한다. 그러나 이에 대한 구체적인

若奔上國, 除羞雪辱, 回我鶴駕, 因卽逃躱, 留置衣服於楊州檜巖寺, 至抱川加平境, 棄其所騎, 髡髮爲僧, 入楊口縣, 過冬於草幕, 明年正月, 與同志僧小明知明, 往襄陽, 爲伏兵所阻, 更還楊口, 三月從間道, 至詳原, 還檜巖, 推其所置衣服, 以圖入中原之策. … 舟行數日, 歷蓆島泊於延平島, 將軍去僧服, 佩長劍, 坐先頭曰, 汝輩知我乎, 皆曰不知也. 將軍曰, 我卽林兵使, 皆驚曰, 久聞使道之名聲, 今得意外之瞻拜, 不審此行何意也. 答曰我爲國斥虜賊, 奔入天朝, 圖報壬辰之恩, 兼雪丙子之耻, 遼陽鶴駕攀回漢都, 是吾大願 爾等護我, 入江南近島而還. 皆跪應曰, 聽大監之言, 實所感動, 而吾儕信武金之啗利, 擬向海西, 不意今入江南, 則鄕井之人, 謂我何之, 身旣涉危, 家亦被禍, 頗有持難之色. 將軍厲聲曰, 汝果爲難, 則汝曹之命, 懸於此劍, 將從我乎, 從死乎. 衆皆羅拜曰, 惟命是從, 於是由平安, 過椵島獐子島鹿島黃骨島石城長山廣山龍王江呂順江皇城廣鹿島等, 至三山島, 望登州去, 忽遇狂風, 出於角河島之外, 直向南天風飄而不知所向, 自分必死, 風幸少止, 海氣明朗, 船到一處, 乃海豐縣也.

이야기는 앞서 언급한 『동아일보』 도서순례 백령도방면에서 볼 수 있다.

연평도 부근에는 서해에서도 유명한 '안목' 조기가 많이 납니다. 그러나 임장군이 오기 전까지는 조기가 나는지를 아는 사람이 없었다고 합니다. 임장군은 그를 대신으로 살[전(箭)]이라는 것을 발명하여 조기잡이를 시작하였는데 이 '살'이라는 것은 농가의 싸리 울타리 모양으로 바닷가에 수 백 칸의 싸리 울타리를 세워두고 조수에 올라온 조기를 받혀 잡는 일종의 상설망(常設網)입니다. 장군은 얼마 동안 조기잡이로 귀한 목숨을 이어가며 무예를 닦고 있다가 좋은 바람을 만나 부하를 거느리고 황해를 넘어 명나라로 건너갔습니다.[59]

– 『동아일보』, 「도서순례」 백령도방면(2)[60]

위의 기록을 보면 연평도에서는 임경업 장군이 조기잡이를 시작하기 전에는 조기잡이가 벌어지지 않았다고 기록하고 있다. 그러나 『세종실록지리지』에는 다음과 기록이 보이고 있다.

토산(土産)은 석수어(石首魚: 조기)가 주의 남쪽 연평평(延平坪)에서 나고, [봄과 여름에 여러 곳의 고깃배가 모두 이곳에 모이어 그물로 잡는데, 관에서 그 세금을 거두어 나라 비용에 쓴다.][61]

위의 기록에서 '연평평(延平坪)'은 연평도를 가리키는 것으로 보인다. 이러한 점을 보면 이미 조선 초기부터 연평도 지역에서 조기가 잡혔다는

59) 원문을 현대어로 고쳤음을 밝혀둔다.

60) 1928년 8월 20일.

61) 土産, 石首魚産州南平坪, [春夏之交, 諸處魚船, 皆會于此, 網取之, 官收其稅, 以資國用。]

것을 알 수 있다. 그래서 임경업 장군에 의해 조기잡이가 시작된 것이 아니라는 것을 알 수 있다. 따라서 임경업 설화를 조기잡이와 관련하여 해석하는데 있어서 크게 기후의 변화와 어구의 발달이라는 두 가지 측면에서 살펴볼 필요가 있다.

먼저 조선 후기의 기후 변화와 조기 어업에 알아보겠다. 조선 후기에 해당하는 1500~1750년에 해당하는 시기는 전세계적으로 소빙기에 해당한다고 한다.[62] 특히 절정기에 해당하는 17세기는 한랭한 기후로 인해 농산물 수확에 큰 타격을 입히고 기근과 전염병의 만연이 사회적·정치적 혼란의 원인이 되었다고 한다.[63] 이런 점은 당시 조선 역시 마찬가지였던 것으로 보인다. 『조선왕조실록』에는 이 시기의 이상저온현상과 봄 가뭄, 가뭄 이후의 장마 등에 기록되어 있다. 이러한 양상은 바다의 경우도 비슷했던 것으로 보인다. 인조 3년(1630) 3월에는 황해감사가 해수가 차가워 석수어(石首魚) 즉 조기를 봉진하지 못했다고 하였는데[64] 이는 난류성 어류인 조기가 소빙기의 기후로 인해 서해가 차가워지면서 북상하지 못했다는 것을 보여준다.[65] 이러한 어족 부족 현상은 동해 및 남해도 마찬가지였다.[66] 심지어 이상저온현상으로 인해 동해에서는 안 잡히던 조기가 동해에 등장하기도 하였다.[67] 이러한 17세기의 이상저온 현상은 18세기에 들어가면서 변화하기 시작한다. 이러한 변화는 강수량의

---

62) 이태진, 「'小氷期'(1500~1750년)의 天體 現象的 원인: 『朝鮮王朝實錄』의 관련 기록 분석」, 『국사관논총』 72, 국사편찬위원회, 1996, 89쪽.

63) 이태진, 앞의 논문, 90쪽.

64) 『승정원일기』 인조 8년 3월 22일.

65) 김덕진, 「17세기 해수저온과 수산공물」, 『이화사학연구』 43, 이화여자대학교 이화사학연구소, 2011, 135쪽.

66) 김덕진, 앞의 논문, 138쪽.

67) 김덕진, 앞의 논문, 142~143쪽.

증가를 통해 확인할 수 있다. 이 당시 기록들을 통해 살펴보면 1790~1819년에 강수량이 많았다가 1880~1909년에는 건조한 시기였다가 다시 그 이후부터는 강수량이 증가한다고 한다.[68] 이런 점을 보면 18세기 후반부터 점차 소빙기를 벗어나 해빙기에 접어들었다고 볼 수 있으며 이는 해수 온도에도 영향을 끼친 것으로 생각된다.

이러한 기후변화와 관련하여 충청남도 홍성군 성호리신당의 상량문과 중수기의 신격의 변화가 주목된다. 강성복은 충청남도 홍성군 성호리 동제를 조사하면서 현종 20년(1671)에 만들어진 마을 신당의 상량문에는 하당신의 해신으로 '신당지신(神堂之神)'이었지만 이후 1851년 중수기에는 '장군 부부'로 바뀌었다고 하였다.[69] 그리고 1970년대 초까지 걸려 있던 화상이 임경업 장군 내외였기 때문에 중수기의 '장군 부부'는 임경업 장군 부부를 가리킨다고 하였다. 그래서 이를 통해 '신당지신'이 '임경업 장군'으로 바뀐 시기는 18세기 중엽 이전으로 소급될 가능성이 높다고 판단하고 있다.[70] 그런데 이러한 변화는 이 지역의 조기잡이와 관련이 있는 것으로 이것이 임경업 장군을 당신앙으로 수용하는 요인이 된다고 보았다.[71] 그런데 앞서 본 것처럼 성호리신당의 상량문이 만들어진 시기는 소빙기에 해당되지만 이후 중수기가 만들어진 시기는 해빙기에 해당한다는 것을 알 수 있다. 이런 점을 볼 때 임경업 신앙의 형성에는 기후변화가 영향을 미쳤다고 볼 수 있다. 즉, 소빙기를 지나

---

68) 조희구·나일성, 「18세기 한국의 기후변동 – 강우량(降雨量)을 중심으로」, 『동방학지』 22, 연세대학교 국학연구원, 1979, 100쪽.

69) 강성복, 「조선후기 홍성 성호리 동제의 성립과 신격의 변화」, 『지방사와 지방문화』 10(2), 역사문화학회, 2007, 82쪽, 96쪽.

70) 강성복, 앞의 논문, 97쪽.

71) 강성복, 앞의 논문, 94~95쪽

해빙기로 접어들면서 저조했던 조기 어획량이 늘면서 파시가 생기고 풍어굿을 할 필요성이 생기면서 임경업 신앙이 생겼다고 볼 수 있는 것이다. 그리고 이렇게 본다면 임경업 신앙과 설화가 형성되는 시기는 해빙기에 해당하는 18세기로 볼 수 있다고 생각된다.

다음으로 이러한 임경업 신앙과 설화와 관련하여 이 지역에서 사용하던 어업도구도 영향을 끼친 것으로 보인다. 조기잡이는 조선전기의 경우 『세종실록지리지』를 보면 연평도에서는 그물로 조기를 잡았다고 하였고 『신증동국여지승람』 제36권 전라도 영광군 산천조의 파시전(波市田) 항목에는 "군 북쪽 20리에 있는데, 조기가 생산된다. 매년 봄에 온 나라의 상선이 사방에서 모여들어 그물을 던져 고기를 잡아 판매하는데, 서울 저자와 같이 떠드는 소리가 가득하다."[72]라고 하여 그물을 이용해 조기를 잡았다는 것을 알 수 있다. 그러나 조선 초기에는 이러한 그물을 이용한 조기잡이는 흔한 것이 아니며 실제로는 일정한 장소에 돌과 대나무를 설치하고 물때에 따라 이동하는 어류를 잡는 어살[魚䇮 또는 漁箭]어업이 조기잡에 주로 사용되었다고 한다.[73] 그리고 조선후기에 오면서 주목망(柱木網), 중선망, 정선망(定船網) 등의 그물어업이 새롭게 등장하였다고 한다.[74]

여기서 어살[漁箭]은 어량(魚梁)이라고도 하며 적어도 고려시대부터 있었던 어구이다.[75] 이것은 바다에서 육지를 향하여 방사형 또는 만형으

72) 在郡北二里, 産石首魚. 每年春, 京外商船四集打捕販賣, 喧鬧如京市.

73) 서종원, 「조기잡이 어업기술의 변화양상 고찰」, 『도서문화』 34, 목포대학교 도서문화연구원, 2009, 100쪽.

74) 서종원, 앞의 논문, 102쪽.

75) 『고려사』 현종 7년 5월에 왕자가 탄생하자 왕자의 이름을 흠(欽)이라고 짓고 여러 선물들을 주는데 그 가운데 어량(魚梁)이 있는 것으로 보아 적어도 고려시대 혹은 그

[그림 19] 고기잡이(김홍도, 『풍속도화첩』)

로 일정한 간격을 세우고 지주를 세운 다음 여기에 대·싸리·나뭇가지·갈대 등을 엮을 발을 결착시키고 양 날개가 맞닿는 중앙부의 한 곳 또는 중앙 및 좌우 양 날개의 각 1개소에 함정을 설치한 것을 말한다.[76] 이러한 어살의 모습은 김홍도의 『풍속도화첩』에 있는 「고기잡이」 그림을 통해 알 수 있다.

그리고 위의 『동아일보』 도서순례 백령도방면에 보이는 임경업이 조기를 잡는 모습을 보면 어살[漁箭]을 이용한 고기잡이와 비슷하다는 것을 알 수 있다. 즉 신문기사에는 임장군이 살[전(箭)]을 발명하여 농가의 싸리 울타리 모양으로 바닷가에 수 백 칸의 싸리 울타리를 세워두고 조수에 올라온 조기를 받혀 잡는다고 하는데 이러한 모습은 전통적인 어구인 어전(漁箭)과 매우 유사하다. 따라서 설화에서는 임경업을 조기잡이의 신이자 어전의 발명자로 그리고 있다는 것을 알 수 있다.

하지만 앞서 설명한 것처럼 어살은 조선후기에 새롭게 등장한 어구가 아니다. 오히려 조선후기에는 주목망(柱木網), 중선망, 정선망(定船網)과 같은 그물을 이용한 어업이 등장하였고 그 중 주목망이 어전과 유사하다. 즉 어구를 말뚝 및 닻으로 고정시켜 조류를 이용해 물고기를 잡기 때문에 어전과 비슷하다. 그러나 주목망은 주머니 모양의 그물을

이전부터 어량 즉 어살에 의한 어로활동이 있었다고 보여진다.

76) 박구병, 『한국어업사』, 정음사, 1975, 76~77쪽.

고정시키기 때문에 그물을 사용하지 않는 어전과는 다르다.[77] 이런 점들을 보면 임경업 설화는 조기잡이뿐만 아니라 전통적인 어업방법인 어살의 발명자를 임경업으로 두고 있다는 것을 알 수 있다. 하지만 이러한 어살을 이용한 어업방법은 이미 그 이전부터 해왔던 것으로 후대에 임경업이 이 지역 민속신앙의 주류가 되면서 모두 임경업이 만든 것으로 바뀌었다고 볼 수 있다.

그럼에도 불구하고 임경업 설화에 보이는 어업방법이 조선후기 새롭게 등장한 주목망(柱木網)이나 중선망, 정선망(定船網) 등이 아니라 전통적인 어살인 것은 어살을 이용한 조기잡이 방식이 사라진 것이 아니기 때문으로 생각된다. 조선 후기에 이르면 주목망, 중선망 등을 이용한 어업 방식이 도입되기도 하지만 서해안의 경우는 전통적인 어살을 이용한 방법이 그대로 쓰였다. 특히 인천의 경우는 18세기 초에도 많은 어전(어살)들이 존재하였고 이익이 많았던 어전(어살)들은 궁방이나 아문들이 어업의 이익을 챙기려 하였으며 연평도가 속해있는 옹진과 강령에서도 일찍부터 어전이 존재하였다고 한다.[78] 이런 점들을 보면 연평도 지역에서는 『세종실록지리지』에서 보이는 그물을 이용한 어업방식 외에도 어살을 이용한 방식이 존재 했었다는 것을 알 수 있다. 그래서 이러한 어살을 이용한 방식이 임경업 설화에 반영된 것으로 생각된다.

이런 점들을 보면 임경업 설화는 조선후기의 기후와 어업방식과 관련이 있다는 것을 보여준다. 먼저 17세기 소빙기를 지나 18세기에 이르러 해빙기에 접어들면서 조기의 생산량이 늘었으며 이 시기에 임경업 장군

77) 서종원, 앞의 논문, 103쪽.

78) 이영학, 「조선후기 어업에 대한 연구」, 『역사와 현실』 35, 한국역사연구회, 2000, 202~203쪽.

에 대한 신앙과 설화가 생겨난 것으로 추정된다. 그리고 이는 충청남도 홍성군 성호리신당의 상량문과 중수기의 내용에서 '신당지신'이 '임경업 장군 부부'로 변화하는 것을 통해 추측할 수 있다. 이런 점 『난호어목지』, 「해어(海漁)」 석수어(石首漁, 조기) 항목에서 "호남의 칠산에서 해서의 연평바다까지 성하다가 관서의 덕도(德島) 앞 바다에서 끝난다."[79]라는 기록과 『임원경제지』 전어지 제3 포석수어법(捕石首魚法)에서도 "호남의 칠산·해서의 연평·관서의 덕도(德島)가 어장(漁場)의 도회(都會)다."[80]라는 기록을 통해서도 추정할 수 있다. 왜냐하면 『난호어목지』는 1820년경에 서유구가 지은 것이고 『임원경제지』는 편찬 시기를 정확히 알 수는 없지만 서유구(1764~1845)가 만년에 만든 점을 고려하면 19세기로 생각된다. 이런 점을 보면 결국 『난호어목지』와 『임원경제지』의 내용은 18세기 이후의 상황을 반영한 것이며 이는 소빙기를 지나 해빙기에 이르러서 조기 어획량이 늘었다는 것을 보여준다. 또한 설화에는 전반적으로 조선전기 혹은 그 이전부터 있었던 연평도의 조기잡이를 임경업 장군이 최초에 한 것으로 보고 있다는 것을 알 수 있다. 그러나 조선 후기에 이르면 어살이 아닌 주목망(柱木網), 중선망, 정선망(定船網)과 같은 그물을 이용한 조기잡이가 생겨나게 되고 이에 따라 조기 어획량도 늘어났던 것으로 보인다. 그러나 연평도가 위치한 옹진 및 강령 일대에서는 어살을 이용한 어업방식이 존재했으며 이러한 상황이 임경업 설화에 반영되어 있는 것이다. 이렇게 임경업 설화와 임경업 신앙은 조선 후기의 기후변화로 인한 조기 어획량의 증가와 어살이라는 전통적인 어업방식을 바탕으로 하여 생겨난 것으로 볼 수 있다.

---

79) 始自湖南之七山, 盛于海西之延平海, 終于關西之德島前洋.

80) 湖南之七山, 海西之延平, 關西之德島, 漁場之都會也.

3) 지리적 배경

임경업 설화는 민간신앙의 배경 설화로서 임경업 장군에게 풍어제를 지내는 명분이 된다. 그런데 앞서 본 것처럼 조기잡이는 이미 임경업이 태어나기 전부터 연평도에서 행해졌고 역사기록에도 임경업이 연평도에 간 적은 있지만 조기잡이를 한 적은 없었다. 또한 임경업이 조기잡을 때 쓴 방법 역시 사실상 그 전통적인 어업방법으로서 이전부터 해왔던 것이다.

이것은 임경업 설화가 다른 역사적 배경 속에서 형성되었다는 것을 보여준다. 특히 임경업 설화는 조기 풍어제와 밀접한 관련을 가지고 있는데 아마도 이 지역에 조기잡이가 활발해지고 파시가 만들어지는 조선후기 상황과 밀접한 관련을 가지고 있는 것으로 보인다. 그러나 그런 점으로는 연평도 지역에서 임경업을 조기잡이의 신으로 모셨는지는 설명되지 않는다.

더군다나 조기가 잡히는 지역과 임경업 신앙이 분포한 지역이 일치하는 것도 아니다. 임경업 신앙의 지리적 하한선은 충청남도이지만 조기는 그 아래 지역인 전라북도 영광군 법성포 및 제주도와 가까운 추자도 등에서도 잡힌다. 그리고 추자도의 경우 조기잡이의 신은 임경업이 아닌 최영 장군이다.[81] 이런 점들을 보면 조기잡이가 성행하는 곳에서 반드시 임경업을 신으로 모신 것이 아니라는 것을 보여준다.[82] 이것은

---

81) 한은선, 「어업 환경의 변화에 따른 어촌 마을굿의 변화 양상: 연평도·위도·추자도를 중심으로」, 목포대학교 박사학위논문, 2014, 52쪽.

82) 2005년 7월 27일 연합뉴스 기사에 의하면 한국학중앙연구원 동북고대사연구소 신종원 소장과 서영대 교수를 포함한 6명의 조사단은 전북 부안 위도 치도리에서 임경업 사당을 발견했다고 한다. 그러나 이후 2009년에 나온 서종원의 박사학위논문 「서해안 임경업 신앙 연구」, 142~143쪽에서는 원산도 주변 섬지역 어디에서도 임경업이 마을

임경업 신앙이 분포하는 지역이 다른 지역과 지리적 혹은 종교적으로 차이가 있기 때문에 생겨난 것으로 보인다. 그리고 이러한 점을 설명하는데 있어 『여지도서』에 보이는 임경업 관련 기록의 분포가 참고가 된다고 생각한다.

임경업서(林慶業書)

연평도 돌벼랑에는 임경업이 배를 타고 중원으로 도망가던 중에 남긴 글씨가 있다.[83]

–『여지도서』 하 황해도 해주 고적

검산성(劍山城)

부 북쪽 20리 밖에 있다. 내성의 둘레는 1025보이며 높이는 2장이고 성첩은 125타(垜)이다. 성문은 6개이며 장대는 1곳이고 군포(軍砲)는 5곳이다. 천계 정묘년에 부사 맹효남이 쌓았고 신미년에 겸방어사 임경업이 증축하였다. 외성의 둘레는 995보이며 높이는 1장이고 성첩은 181타이다. 부사 민함이 쌓았다.[84]

–『여지도서』 상 평안도 선천 성지

신으로 모셔진 사례를 찾을 수 없다고 하며 주강현과 마찬가지로 임경업 장군 신앙의 하한선은 충청도라고 하고 있다. 또한 위에서 언급한 한은선의 박사학위논문에서도 위도의 마을 굿에 대해 자세히 설명하면서 장군서당에 대한 언급만 있을 뿐 임경업 사당이 있다고 하지 않고 있다. 이렇게 2005년에 발견된 위도 치도리에서 임경업 사당이 발견되었음에도 이후 연구들은 이를 다루지 않거나 부정적인 입장을 보이고 있다. 그러므로 임경업 신앙의 하한선을 위도까지 내려보는 것에 대해서는 연구가 좀 더 필요하다고 생각된다.

83) **林慶業書**[延坪島石崖有林慶業乘船遁入中原日留書](『輿地圖書』下 黃海道 海州 古跡)

84) **劍山城**[在府北二十里. 內城周回一千二十五步, 高二丈, 堞一百二十五垜. 城門六處, 將臺一處, 軍砲五處. 天啓丁卯, 府使孟孝男所築, 辛未兼防禦使林慶業增築. 外城周回九百九十五步, 高一丈, 垜一百八十一堞. 府使閔涵所築](『輿地圖書』上 平安道 宣川 城池)

남사우(南祠宇)

백마산성 안에 있다. 숙종 병자년에 읍의 사람들이 사당을 세우고 고려 태사 강감찬과 본조의 충민공 임경업을 제사지냈다.[85)]

-『여지도서』 상 평안도 의주 단묘

백마산성 내성

돌로 쌓았으며 둘레는 2600보이며 높이는 2장이다. 사면이 험하여 금성탕지와 같은 곳에 있다. 안에는 32개의 우물, 13개의 연못, 사혈 607, 포혈 1821, 옹성과 치각(雉閣)이 7곳, 군포(軍舖) 30곳, 암작구(巖作臼) 440, 성문 5곳이 있다. 고려시대 태사 강감찬이 쌓았다. 숭정 임신년에 부윤 윤진경과 청남방어사 임경업이 축소시켜 쌓았다. 병자년에 부윤 임경업이 고쳐 쌓았다.[86)]

-『여지도서』 상 평안도 의주 성지

위의 기록을 보면 비록 부분적으로 나타나기는 하지만 임경업과 관련된 기록들이 주로 나타나는 곳이 평안도 의주 및 선천과 황해도 해주의 연평도 지역이라는 것을 알 수 있다. 그런데 [그림 20]을 통해 알 수 있듯이 주강현이 조사한 임경업 사당 분포도[87)]에는 임경업 사당의 분포 역시 의주와 황해도 및 경기도, 충청남도 태안반도 일대에 집중되어 있고 그 이하로는 내려가지 않는 것을 볼 수 있다. 특히 의주의 경우는

---

85) **南祠宇**[在白馬山城中. 肅廟戊子, 邑人立祠, 祀麗朝姜太師邯贊本朝忠愍公林慶業](『輿地圖書』上 平安道 義州 壇廟)

86) **白馬山城內城**[石築, 周回二千六百步, 高二丈. 四面險阻, 有金湯之固. 內有三十二井十三池射穴六百七砲穴一千八百二十一甕城雉閣七處軍舖三十處巖作臼四百四十城門五處. 麗朝姜太師邯贊創築. 崇禎壬申府尹尹進卿與淸南防禦使林慶業縮築. 丙子府尹林慶業改築.](『輿地圖書』上 平安道 義州 城池)

87) 주강현, 「서해안 대동굿지」, 『민족과 굿』, 학민사, 1978, 36쪽.

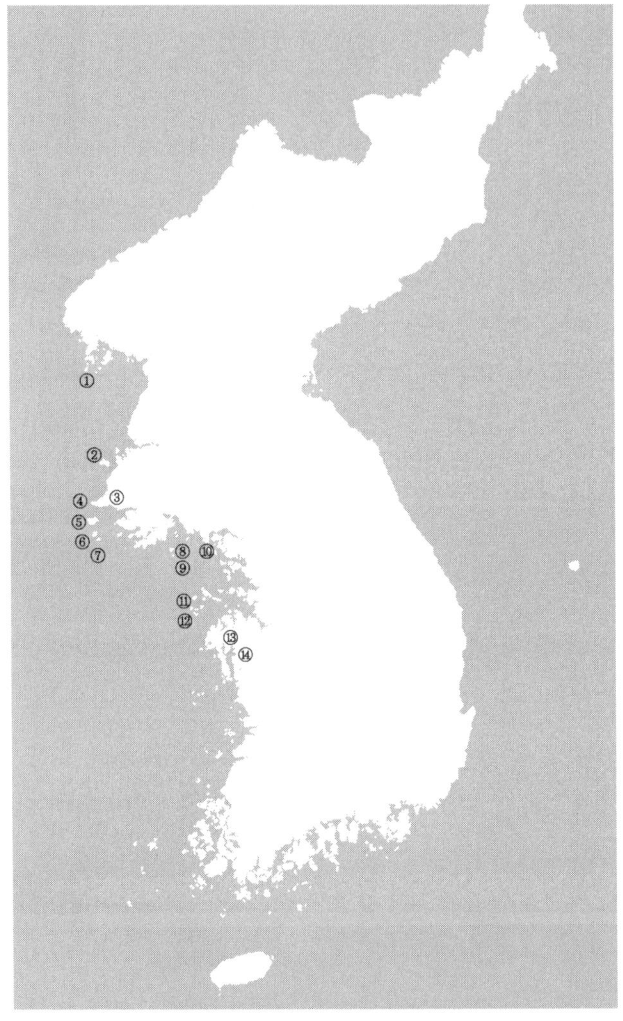

① 철산 대화도
② 초도
③ 몽금포
④ 장산곶
⑤ 백령도
⑥ 대청도
⑦ 소청도
⑧ 대연평도
⑨ 소연평도
⑩ 용매도
⑪ 덕적도
⑫ 문갑도
⑬ 독곶
⑭ 창라

[그림 20] 임경업 사당 분포도

임경업이 병자호란 때 청북방어사와 안변부사를 겸하면서 주둔하였던 백마산성이 있던 곳이고 연평도는 임경업이 금교역에서 도망쳐 명나라로 도망갈 때 거쳤던 곳으로 모두 임경업과 연고가 있는 지역이다. 그리고 또한 이들 지역은 모두 조기가 회유하는 곳으로 5~6월에는 연평도 쪽에서 조기가 잡히고 6~7월이면 의주쪽에 있는 대화도에서 조기가 잡힌다.[88] 이렇듯 두 지역은 모두 조기의 어장이라는 공통점을 가지고 있다. 그렇기 때문에 조선 후기 조기의 어획량이 늘면서 이들 지역에 임경업의 사당이 생겼고 연평도의 경우는 풍어굿과 함께 임경업이 조기를 잡기 시작하면서 조기잡이가 시작됐다는 설화가 생긴 것으로 추정된다.

이렇게 연평도를 중심으로 형성된 임경업에 대한 설화는 이후 점차 주변으로 퍼져나가면서 황해도와 경기도 섬들에 퍼져 나간 것으로 생각된다. 특히 충청남도 홍성군 성호리신당의 신격이 '신당지신'에서 임경업 장군 부부로 바뀐 것이 1851년인 것을 보면 이미 조선 후기에 충청남도까지 퍼져 나간 것으로 보인다.

그런데 이렇게 충청도로 임경업 신앙이 퍼져나간 것은 그가 충청도 출신인 점도 영향을 미친 것으로 생각된다. 그의 본관은 경기도 평택이지만 그가 태어나고 자란 곳은 지금의 충청북도 충주 지역이다. 그리고 숙종 24년(1698)에 충주지역 선비들에 의해 임경업을 모시는 충렬사가 세워지고 영조 2년(1726)에 임경업 장군의 영정이 봉안되었으며 이듬해에 충렬사 사액현판이 내려졌다. 이처럼 충청도 역시 임경업과 관련이 있는 지역이라고 할 수 있다. 다만 충주가 내륙지역에 위치하기 때문에 해안 지역의 민간신앙에 직접적으로 영향을 끼쳤다고 할 수는 없다. 하지만 연평도의 임경업 장군신앙을 접한 사람들은 충주 충렬사를 통

88) 주강현, 「서해안 조기잡이와 어업생활풍습」, 『역사민속학』 1, 한국역사민속학회, 1991, 71쪽.

해 자신들 지역과 연고가 있던 임경업 장군을 친숙하게 여겼을 가능성이 있다. 그리고 그것이 임경업 장군을 민간신앙의 대상으로 받아들이게 되는 계기를 마련했을 것으로 추정되며 이것이 임경업 장군신앙이 충청남도까지 전파된 이유라고 생각한다.

이렇게 임경업에 대한 설화와 신앙이 있는 곳은 임경업과 직·간접적으로 연관이 있는 곳이라고 할 수 있다. 그렇기 때문에 이 일대의 섬 지역에서도 자연스럽게 임경업을 무속신으로 모셨다고 생각되며 이는 연평도도 비슷했을 것으로 생각된다. 즉 조기 어획량의 증가와 풍어굿을 해야 할 필요성이 생기면서 연평도에서 자신들과 연고가 있는 임경업을 신앙의 대상으로 삼았으며 그 배경이 되는 임경업 설화가 생긴 것으로 생각된다. 그리고 나중에 임경업과 직간접적으로 연고가 있는 섬 및 해안지역에서도 자연스럽게 임경업 신앙을 받아들였던 것으로 보인다. 대표적으로 후술할 서해안 풍어제의 경우도 주신은 임경업 장군이며 서울 지역 부근당의 신들에도 임경업이 들어오게 된다.

Ⅲ

풍어신앙

1. 개요

풍어신앙이라는 것은 어업으로 생계를 이어오는 주민들의 신앙을 말한다. 일반적으로 어촌 지역도 농사를 짓고 살지만 바닷가 혹은 갯벌과 가까이 있었기 때문에 배를 타고 물고기를 잡던가 갯벌로 나가 조개 등의 어패류를 채취하여 생계를 이을 수 밖에 없다. 그래서 어촌마을에서는 내륙 농촌지역에서 풍년을 기원하는 것처럼 물고기가 많이 잡히게 해달라는 풍어의식을 하게 된다. 인천지역 역시 크게 내륙지역과 해안 및 도서지역으로 나뉘어 있기 때문에 문학산 및 계양산 등의 내륙지역은 주로 성황 및 산신 신앙이 중심이 되어 풍년을 기원한다면 해안 및 도서지역은 주로 어업이 중심이 되기 때문에 풍어를 기원하는 신앙이 형성되었다. 지금의 인천항 지역만 해도 과거에는 제물포라고 불리는 작은 어촌마을이었으므로 풍어제가 있었을 것으로 예상한다. 그러나 제물포가 개항이후 급속도로 도시화되면서 지금은 사라지고 없는 것으로 보인다.

그래서 인천 도심에 해당되는 인천 중구 북성동 및 해안동 등에서는 풍어제를 비롯한 어촌마을의 신앙들을 찾아볼 수 없고 그나마 남아있는 것이 강화도의 외포리 곶창굿과 황해도 이주민들에 의해 전래된 풍어제이다. 특히 황해도민들에 의해 전래된 서해안 풍어제는 김금화 만신의 노력으로 인해 인천의 대표적인 풍어제로 자리를 잡게 된다. 그러나 서해안 풍어제를 설명하기 위해서는 황해도의 종교적 전통에 대한 설명이 필요하게 되어 본 장에서는 제외하고 '이주민 신앙'이라는 이름으로 분류해놓았다. 그 대신 연구를 하는 과정에서 일반적으로 사신이 오고 가면서 기도했다는 사신당이 사실은 전통적인 교동의 풍어신앙과 관련된 신당일 가능성이 있다는 것을 알게 되었다. 그래서 여기서는 강화도의 전통적인 풍어제인 '강화도 외포리 곶창굿'과 교동의 사신당을 풍어신앙으로 분류하게 되었다.

2. 강화도 외포리 곶창굿

1) 강화도 곶창굿의 연원

곶창굿이라는 말의 곶창은 '곶'과 '당'을 합친 말로서 원래는 '곶당'이었으나 나중에 '곶창'으로 바뀐 것이라고 한다. 이는 곶에 위치한 신당을 중심으로 벌어지는 굿이었기 때문이다. 일반적으로 강화도의 곶창굿이라고 하면 강화군 외포리의 곶창굿이 대표적이라고 할 수 있다. 그러나 『강도지』 및 『토향지』 등의 기록들을 살펴보면 강화도 외포리 곶창굿 말고도 다른 곶창굿들이 여럿 존재하고 있었던 것으로 보인다.

- 명칭: 당(堂)집
- 건조제작연대: 이조시대
- 소재지: 경기도 강화군 내가면 황청리 168
- 소유자·관리자: 조영휘
- 연혁·유래·고사: 어부들이 출항 전에 풍어와 무사하기를 기원하는 풍어제를 지내던 곳임.

- 명칭: 당(堂)집
- 건조제작연대: 이조시대
- 소재지: 경기도 강화군 서도면 볼음도리 104
- 소유자·관리자: 김유진
- 연혁·유래·고사: 주민들이 바다 가까운 산 위에 각종음식을 마련하여 각시상을 만들어 놓고 신으로 숭상하던 것을 왜정시대에 민속신앙의 말살로 모두 없어지게 되자 다시 현 위치에 당집을 짓고 3년에 1회씩 제사를 지내고 있음.

위 두 가지는 비록 곶창굿이라는 표현은 없지만 모두 포구 가까운 언덕이나 산에 당집을 짓고 거기서 굿을 했다는 것을 알 수 있다. 그렇기 때문에 넓게 보면 곶창굿에 속한다고 볼 수 있다. 그런데 이러한 형태의 굿은 이미 그 이전부터 있어 왔던 것으로 보인다.

가) 합굴룡사는 급수문(急水門)의 위쪽 공지에 있다. 작은 집이 두어 칸 있는데 그 가운데에 신상(神像)이 있다. 물이 얕아 배로는 접근할 수 없고, 다만 뱃사공들이 작은 배로 맞아다가 제사할 뿐이다. 근자에 사자가

그곳에 가서 제물을 차려 제사하였더니 그 이튿날 작은 뱀 한 마리가 나왔는데 푸른 색이었다. 이를 보고 다들 신의 화신이라 하니, 역시 팽려(彭蠡)를 순풍으로 건너게 한 이적(異蹟)과 같았다. 그래서 신물(神物)이란 없는 데가 없어 조정의 영검한 위력이 가는 곳이면 만맥(蠻貊)의 나라라도 통한다는 것을 알게 되었다.[1)]

– 『고려도경』 사우(祠宇) 합굴룡사(蛤窟龍祠)

갑곶신사(甲串神祠)

갑곶당현(甲串堂峴)에 있다. 본부의 음사자(淫祀者) 및 왕래하는 뱃사람들이 계속 분주하게 기도한다.[2)]

– 『江都志』, 「祠壇」

위의 기록 중 첫 번째 기록에서 보이는 합굴용사는 『고려도경』에 따르면 합굴에 있는 용을 모시는 사당이라고 한다. 여기서 합굴은 『고려도경』에 의하면 자연도를 지나 급수문 다음에 지나는 곳이라고 한다. 그런데 일반적으로 급수문은 『고려도경』의 표현으로 볼 때 지금의 손돌목이라고 보고 있어 합굴은 경로상 갑곶 또는 다른 강화도 지역이라고 생각된다. 그리고 두 번째 기록은 조선 숙종 때 이형상이라는 사람이 쓴 강화도의 읍지인 『강도지』로서 갑곶지역에 있던 신사 즉 신을 모시는 사당에 대한 기록이다. 그리고 『강도지』, 「풍속」에는 갑곶신사에서 갑곶성황제가 벌어졌다고 한다. 그렇기 때문에 갑곶신사에서 벌어지는 갑곶성황제 역시 넓게는 곳창굿의 하나로 볼 수도 있다.

---

1) 蛤窟龍祠。在急水門上隙。小屋數間。中有神像。舟行水淺。不可近。唯舟師輩。以小艇。迎而祭之。頃者使至彼。設祭之。明日。有一小蛇青色。咸謂神化。亦猶彭蠡順濟之顯異也。乃知神物。無乎不在。朝廷威靈所格。雖蠻貊之邦。行矣。

2) **甲串神祠**[在甲串堂峴。本府淫祀者及往來船人、相繼奔走祈禱。]

이런 점들은 강화도에는 각 포구 혹은 곶이라고 부를 수 있는 곳에 대부분 곶창굿 형태의 무속신앙이 존재하고 있었다는 것을 보여준다. 다만 현재는 갑곶지역의 신사(神祠)도 없어진지 오래되었고 갑곶성황제 역시 언제 사라졌는지 정확히 알 수 없지만 지금은 존재하지 않는다. 또한 황청리나 볼음도리의 당집이나 당제 역시 사라진지 오래되었다. 그래서 강화도 외포리 곶창굿의 경우는 어찌보면 지금은 거의 사라진 강화도의 곶창굿 중에서 유일하게 살아남은 것이라고 할 수 있는 것이다.

2) 지리적 배경

이러한 외포리 곶창굿이 벌어지는 외포리는 강화도 서쪽에 위치한다. 이 지역은 동쪽 지역과 비교해본다면 상대적으로 덜 주목받는 위치에 있다고 할 수 있다. 왜냐하면 동쪽지역은 비록 손돌목이라는 험난한 곳이 있지만 고려시대에는 개경, 조선시대에는 한양으로 가는 항로가 위치한 곳이었다. 그렇기 때문에 상대적으로 강화도 동쪽의 포구가 번성할 수 밖에 없었다. 대표적으로 갑곶의 경우가 그러했다.

> 육지로 30여리 정도 가서 갑곶에 이르면 건너는 곳이 좁아져 쉽게 건널 수 있다. 그러므로 관찰사가 순찰하거나, 중앙의 신하가 어명을 받들어 오는 경우 모두 이 길을 통하여 강화부로 가며, 기타 왕래하는 자들도 끊이지 않으니 실로 마땅히 이곳에 정자(亭子)를 두어 송영(送迎)의 장소로 삼아야 한다.[3]
>
> –『江都志』, 「古跡」 이섭정(利涉亭)

3) 行陸三十餘里至甲串、則濟處稍狹可易濟。故凡使相之巡察者、內臣之銜命者、皆由是道之府、其他行旅之往來者、亦絡繹焉、則固宜亭之於斯、以爲送迎之所。

위에서 보는 바와 같이 갑곶은 수많은 사람들이 모이는 곳으로 이는 갑곶이 매우 번성했다는 것을 보여준다. 이런 점은 반대로 강화도 외포리 지역이 고려나 조선시대는 동부에 비해 낙후한 지역이었을 가능성을 보여준다. 사실 외포리 곶창굿에 대한 역사 기록이 남아있지 않아 역사적 연구는 불가능하지만 이렇게 강화도 동부와 비교해보면 강화도 외포리 곶창굿은 강화도 동부의 포구들에서 벌어진 곶창굿과는 다른 성격을 가지고 있음을 짐작할 수 있다.

이렇게 강화도 동부와는 지리적으로 다르기 때문에 강화도 외포리의 경우는 전통적으로 어업이 이 지역의 주요 산업일 수 밖에 없었다. 특히 그림 23[4]에서 알 수 있듯이 강화도 외포리의 인근에는 조기, 밴댕이, 민어, 병어, 젓새우 등이 나는 다양한 어장들이 존재하고 있었다.[5] 그리고 외포리의 어민들은 연평도 앞바다까지 가서 조업을 하였다고 한다.[6]

그리고 6·25전쟁 후에는 개풍, 연백, 해주 등의 사람들이 피난을 오게 되었고 이들 중에서 어업에 종사하던 사람들이 있었다고 한다. 이들 중에는 강화연안에서 어업을 하던 사람들이 적지 않았다고 한다. 이는 결국 강화도 인근 지역의 어업인구 증가를 가져오게 되었으며 아울러 어자원 고갈에도 영향을 주었을 것으로 보았다.

그리고 1964년 북방어로한계선이 설정됨에 따라 어장이 축소되고 어족자원이 고갈되면서 외포리 사람들 중 일부는 인천 등의 지역으로 이주하게 되었다고 한다. 그리고 남은 사람들은 젓새우잡이 어업에 눈을

4) 윤형숙, 「강화도 젓새우잡이 어업의 발달과 변화」, 『도서문화』 34, 목포대학교 도서문화연구원, 2009, 64쪽의 지도를 참조하여 만들었다.

5) 윤형숙, 앞의 논문, 64쪽.

6) 윤형숙, 앞의 논문, 65쪽.

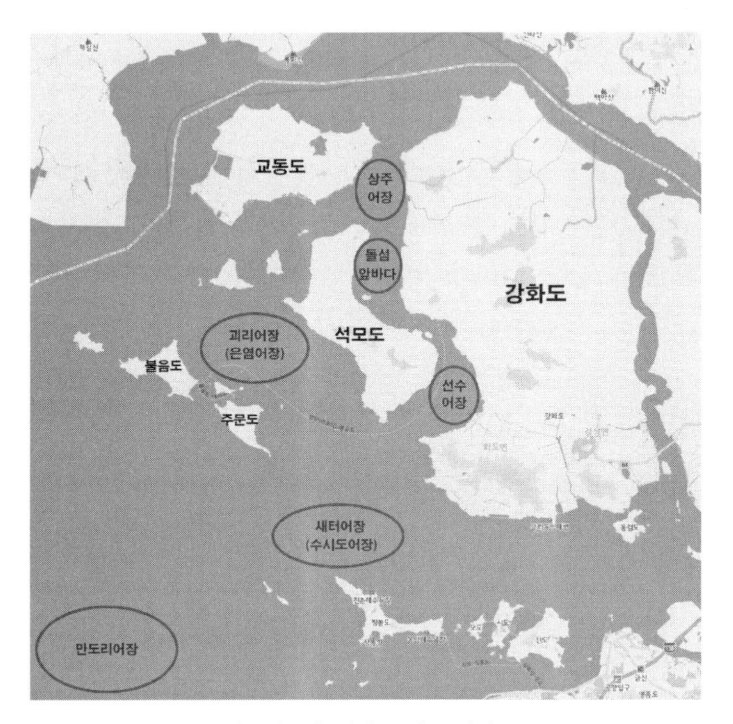

[그림 21] 강화도 인근 어장

돌리게 되어 이를 전업으로 하는 어민들이 증가하게 되었다고 한다.[7]

이렇게 강화도 외포리 곶창굿이 벌어지는 강화도 내가면 외포리 사람들은 전통적으로 어업활동에 종사할 수 밖에 없는 지리적 배경을 가지고 있었다. 특히 주요 항로상에 위치하지 않기 때문에 이 지역 사람들의 주 수입원은 어업이 될 수밖에 없었던 것이다. 이러한 지리적 배경이 강화도 외포리 곶창굿이 형성되는데 영향을 미친 것으로 생각된다.

7) 이상의 내용은 윤형숙, 앞의 논문, 66~67쪽을 참고하였다.

3) 외포리 곶창굿의 양상

(1) 절차

외포리 곶창굿에 대해서는 이미 연구들이 있어 왔기 때문에 여기서는 기존 연구를 토대로 정리하도록 하겠다. 먼저 외포리 곶창굿의 절차를 살펴보면 다음과 같다.[8]

날짜		1일	2일	3일
순서	①	수살굿	성주모심	창부거리
	②	돌돌이 우물용왕굿	장군거리	선주굿과 기내림
	③	아랫당 본향맞이	별상거리	군웅굿과 상산막둥이놀음
	④	초부정 초가망거리	대감거리	뒷전
	⑤	제석거리	성주왕신거리	

① 1일

먼저 수살굿은 5개의 가지가 달인 오방수살대를 이용한 굿으로 각 가지마다 오리가 한 마리씩 날개를 편 채 바다쪽 한 방향을 바라본 상태에서 벌어지는 굿이다. 이러한 수살굿의 양상은 바다에서 사고를 없애 달라는 의미를 가진다고 한다. 그리고 수살굿이 끝나면 돌돌이를 하는데 주민들과 마을의 공동우물 3곳을 돌면서 물 많고 물 맑게 해달라고 용왕님께 기원한다. 그런데 이러한 외포리 곶창굿의 돌돌이는 다른 지역의 돌돌이와 비교해볼 때 매우 큰 차이점을 보인다. 일반적으로 '돌돌이'라는 것은 보통 '유가행렬'로도 불리는 것으로 곶창굿만의 특별한

---

8) 외포리 곶창굿의 절차에 대한 것은 강영경, 『강화도 외포리 곶창굿』, 민속원, 2010의 내용을 정리했음을 밝혀둔다.

[그림 22] 본향맞이가 벌어지는 곳의 사당

[그림 23] 본향맞이가 벌어지는 곳

점은 아니다. 예를 들면, 시흥군자봉성황제에서도 있었으며 조선 숙종 때 이형상에 의해 쓰여진 『강도지』 풍속조에 보이는 '갑곶성황'이라는 항목에서도 이러한 행렬이 보이고 있어 강화도의 다른 지역에서도 많이 행해지던 의식이었다. 그러나 다른 지역의 돌돌이는 일반적으로 마을을 돌아다닌다면 외포리 곶창굿은 이와는 달리 마을의 공동우물 3곳을 돌아다니며 물 많고 물 맑게 해달라고 용왕님께 기원하고 있는 것이다. 이어서 아랫당에 청솔문을 세우고 황토를 배설한 다음 본향신을 맞이한다. 본향신이 어떤 존재인지는 확실하지 않으나 사람들이 외포리에 처음으로 터전을 마련할 때 신탁을 내려준 신으로 생각된다. 즉 일종의 입향시조신이라고 할 수 있다.

본향맞이가 끝나면 초부정거리로 마을당을 깨끗이 정화하고 초가망거리로 여러 마을신들을 참배한다. 그리고 제석거리를 시작으로 본격적인 굿이 시작된다. 제석거리가 끝나면 밤에 주민들이 무복(巫服)을 입고 무감을 서며 축제가 벌어진다.

② 2일

처음에는 상산당의 건물을 지켜주는 성주신을 모시는 성주모임을 하였으며 성주모임이 끝나면 장군거리를 한다. 장군거리는 마당에 드럼통을 세워 놓고 그 위에 쌀을 담은 대야와 물을 담은 항아리를 놓고 작두를 올린다음 만신(무당)이 작두에 올라간다. 그래서 장군거리를 작두거리 또는 솟을굿이라고 한다. 장군거리가 끝나면 별상거리가 이어진다. 별상거리는 별상신을 모시는 굿인데 별상신을 별상마마라고 하여 천연두를 일으키는 마마신으로 인식하기도 한다.[9] 별상거리가 끝나면 재물을 실어다 준다는 대감님을 대상으로 하는 대감거리를 하며 부귀광명과 소원성취를 기원한다. 다음에는 2일 마지막 행사로 성주왕신거리를 진행한다. 성주왕신거리는 원래는 성주와 왕신이 별도로 있었던 것으로 보이는데 언제부터인가 두 신격이 합쳐진 것으로 보인다.[10] 이러한 성주왕신거리는 무당이 성주대를 들고 진행한다. 성주왕신거리가 끝나면 첫째 날과 마찬가지로 무감을 서면서 축제가 벌어진다.

③ 3일

먼저 피리도 잘 불고 춤도 잘 추며 놀기 좋아하는 창부신을 모시는 창부거리를 하고, 다음에는 선주굿을 하고 기내림을 한다. 선주굿은 선주가 배와 선원의 안전, 풍거를 기원하는 굿이며, 기내림은 무당에 의해서 뱃기에 기내림을 받는 것으로 신의 가호를 보여준 것으로 어민들에게 매우 중요한 절차라고 할 수 있다. 이 중에서 기내림을 할 때 뱃사

9) 강영경은 별상신을 "'특별한 시기에 그 지역에서 각별하게 위하는 신'이 아닐까 생각한다."라고 보았다. (강영경, 위의 책, 54쪽.)

10) 강영경, 위의 책, 57쪽.

공들이 힘차게 배치기노래를 해야 풍어를 이룰 수 있다는 믿음이 있다고 한다. 다음으로 군웅신을 대상으로 하는 군웅굿을 한다. 이 때 놋양푼을 입에 붙이기도 한다고 한다. 그리고 군웅굿을 하면서 상산막둥이라는 연극의 형태를 한 놀이를 하기도 한다. 상산막둥이의 핵심적 내용은 먹을 것이 풍요로운 마을 굿에 참여해서 서모와 막둥이가 오해를 풀고 화해하는 것처럼 주민들도 풍요로움 속에서 오해를 풀고 화해하라는 것이다. 마지막으로 뒷전은 자손없이 죽거나 억울하게 죽은 혼령들을 불러 먹이는 내용이다.

(2) 신격

이러한 외포리 곶창굿에서 모셔지는 신들로는 제석, 칠성, 득태장군, 별상, 산신부부, 용왕신, 군웅할머니, 군웅할아버지가 있다.

이처럼 다양한 신들이 있는데 여기서 제석·칠성·산신부부·용왕신·별상 등은 익히 알려진 것들이다. 특히 산신과 용왕신이 신격으로 들어가 있는 것은 강화도 외포리가 혈구산을 등지고 바다와 접하기 때문으로 생각된다. 군웅할아버지와 군웅할머니 역시 대표적 무속신들이라고 할 수 있다.

그런데 강영경에 의하면 위의 신들 중에서 득태장군만은 강화도 외포리의 고유신격이라고 한다. 그리고 득태장군의 기원을 신라 문성왕 6년(846)에 혈구진이 설치된 것과 연결시키고 있다. 이러한 견해를 살펴보면 혈구진의 진장(鎭將)이 득태장군의 기원이 될 수 있는 것이다. 또한 외포리 주민들 의식속에 득태장군은 외포리를 지켜준 위대한 인물이라고 한다.[11)]

사실 지리적으로 외포리는 혈구진이 있었을 것으로 추정되는 지금의 안양대학교 강화캠퍼스와 거리상 가깝다.

물론 현재의 강화도가 신라시대 강화도와 같은 모습을 하지 않기 때문에 단정할 수는 없지만 그래도 위에서 보는 바와 같이 현재 신라시대 혈구진 자리로 추정되는 안양대학교 강화캠퍼스(지도상의 빨간색 동그라미)와 강화군 내가면 외포리는 비교적 가까운 위치에 있었던 것으로 보인다. 그러나 신라시대 혈구진이 외포리 곶창굿과 관계가 있는지는 확실하지 않다.

(증) 혈구군 터[穴口郡墟]

지금의 불은면 습진평(習陣坪)에 있으니, 주위에 옛 성터가 어렴풋이 남아있고, 동문 언덕과 서문 거리와 영청동(營廳洞) 여러 터의 이름이 아직도 전한다. 신라 경덕왕 때에는 해구군(海口郡)이라고 고쳤으며, 원성왕 때에는 혈구진(穴口鎭)이라고 고쳤지만 모두 옛 고을과 떨어져 있지 않았다. 진성여왕 때에 이르러 궁예의 공격을 받아 혈구(穴口)가 폐허가 되었으니, 이때 고을을 옮긴 것은 당연한 추세이다. 고려 혁명 초에 진(鎭)을 고쳐 열구현(洌口縣)이라 하였으니, 지역이 열수(洌水) 입구에 있었기 때문이라 한다. 옛 군의 동쪽 평원은 옛날 석성(石城: 지금의 삼성리 돌성)으로 불렸다. 옛날에 바닷물이 대청포에서 곧장 석성 앞까지 통하여 배로 다니기 편했다. 성 밑의 석재는 지금까지도 겹겹이 쌓여있고, 담장 터는 들판에 산재하니 당시의 건물 위치를 가히 알 수 있다. 지역이 해수와 열수가 교차하는 입구에 있어 해구 또는 열구라는 이름이 붙은 것도 또한 이 때문이니, 석성이 어찌 당시의 열구 터이겠는가? 역사에서 이미 징험할 수 없으며 경험이 많고 옛일을 잘 아는 노인들도 서로 전하는 말이 없으니, 이에 감히 단정할 수도 없고 또한 감히 별도로 기록할 수도 없다.[12]

－『속수증보강도지(상)』 제6장 명소고적 제2절 고적

11) 득태장군에 대한 내용은 강영경, 위의 책, 70~71쪽을 참고하였다.

위의 『속수증보강도지』는 근대의 기록이기는 하지만 혈구진터를 비정하는데 있어 중요한 단서가 되는 글이다. 여기서 "고려 혁명 초에 진(鎭)을 고쳐 열구현(洌口縣)이라 하였으니, 지역이 열수(洌水) 입구에 있었기 때문이라 한다."라고 하는 점을 보면 혈구진은 원래 이름이 '해구군(海口郡)'이었던 것에서 알 수 있듯이 수군진(水軍鎭)이었던 것으로 보인다.

이런 점들을 볼 때 득태장군과 혈구진의 진장을 직접적으로 연결시키는 것은 무리가 있어 보인다. 다만 외포리 곶창굿의 주민들 기억에 혈구진 및 혈구진장에 대한 기억이 있었고 이것이 득태장군이라는 신격이 된 것으로 추정된다.

4) 외포리 곶창굿의 성격 및 의의

이러한 외포리 곶창굿의 성격에 대해 강영경은 고유한 전통, 포용성, 역동성, 신성성, 대동성 등을 들 수 있다. 그런데 이러한 성격은 외포리 곶창굿뿐만 아니라 일반적인 마을 굿에서도 나타나는 것으로 반드시 외포리 곶창굿의 고유한 성격이라고 할 수는 없다.

강화도 외포리 곶창굿은 지리적 배경을 통해 알 수 있듯이 전통적으로 어업으로 생계를 꾸려오던 지역이다. 그렇기 때문에 외포리 곶창굿은 풍어와 안전한 항해를 기원하는 성격을 가진 굿이라고 할 수 있다. 비록 강화도 내가면 외포리의 경우 주변에 손돌목과 같은 위험한 지역은 없으나 전근대사회에서는 언제 풍랑을 만날지 모르기 때문에 항상 풍어뿐만 아니라 항해상의 안전도 기원의 대상이라고 할 수 있다. 그렇기 때문에 위의 외포리 곶창굿의 절차를 보면 강화도 외포리 곶창굿에

12) 원문은 근대 국한문혼용으로 쓰였으나 여기서는 편의상 현대문으로 고쳐 놓았다.

서도 이러한 점들이 반영되어 있다는 것을 알 수 있다.

이런 점은 같은 강화지역이라고 하더라도 지금은 사라진 '갑곶성황제'와도 비교된다. 갑곶성황제가 벌어지는 갑곶지역은 조선시대 육로와 해로의 교통의 요지에 해당되어 많은 사람들이 모이던 지역이었다. 특히 갑곶지역은 조운로가 지나가는 위치에 있었고 남쪽에는 손돌목이라는 위험지대가 위치했다. 그렇기 때문에 갑곶의 성황제는 풍어를 기원하기보다는 항해의 안전을 기원하는 성격이 강했다고 볼 수 있지만, 반대로 강화도 서쪽에 위치하며 손돌목과 같은 곳이 없는 외포리의 경우는 항해상의 안전뿐만 아니라 전통적인 어촌사회에서 볼 수 있 풍어에 대한 욕구가 강했던 것으로 보인다. 그렇기 때문에 외포리 곶창굿의 절차를 보면 비슷한 성격을 가진 갑곶성황제와 비교해볼 때 항해상의 안전보다 풍어를 기원하는 성격이 강하다는 것을 알 수 있다.

외포리 곶창굿의 가장 중요한 의의는 지금까지 남아있는 유일한 강화도의 곶창굿이라는 점이다. 앞서 본 것처럼 강화도에서는 곶창굿이라고 부를 만한 민간신앙들이 존재하고 있었다. 그러나 조선시대 나아가 그 이전부터 존재했던 곶창굿과 비슷한 민간신앙들은 현재 모두 사라지고 외포리 곶창굿만 남은 상황이다. 이는 내가면 외포리가 상대적으로 강화도 지역에서 외곽지역에 있기 때문으로 생각된다. 이렇게 내가면 외포리의 곶창굿은 지금은 사라진 강화도의 유일한 곶창굿이라는 점에서 매우 중요하다.

3. 교동의 사신당

1) 고려시대 서해안 항로와 교동

현재 강화도 교동 남산포에는 사신당(使臣堂)이라는 이름의 작은 사당이 존재하고 있다. 이러한 사신당은 이미 조선시대에도 다음과 같이 알려져 있다.

> 진망산(鎭望山) 아래 큰 건물이 하나 있었는데 이름을 사신관이라고 불렀고, (사신관) 곁에 신당(神堂)이 있어 사신당이라고 불렀다. 바닷가 바위 위에는 정(釘)으로 쪼아 만든 계단이 있어 '사신등선지로(使臣登船之路: 사신이 배에 오르는 길)'라 명명하였다. 이곳은 고려 때 중국 남경으로 가는 사신의 통행로였고, 조선에서는 사신관에 군사무기를 저장하였다. 지난 신유년(1861)에 건물이 모두 붕괴되자 통어사 정기원이 구제도[사신관과 군사무기 저장고로 사용했던 제도]를 없애 버리고 군기고를 지었고, 후에 무진년(1868)에는 방어사 이근영이 성 안으로 군기고를 옮겼다.[13]
>
> -『교동군읍지(1899)』 고적

위에서 보는 바와 같이 진망산 아래에 큰 건물이 있었는데 이것이 사신관이고 그 옆에 사신당이라는 신당이 있었다는 것을 알 수 있다. 그리고 이 지역은 고려시대에 중국의 남경으로 가는 사신의 통행로였다고 기록되어 있는 것을 볼 수 있다. 여기서 진망산은 교동 남산이고 사신당이 있던 곳은 지금의 교동 남산포 지역이라고 한다. 그래서 지금

13) 鎭望山下, 有一大廈, 名曰使臣館, 傍有神堂, 称曰使神堂. 海邊巖石上, 有釘鑿層階, 名曰使臣登船之路. 此麗朝時 南京使臣通行之路, 而在 本朝藏軍器于該舘. 去辛酉棟凡崩圮, 統禦使鄭岐源毁撤舊制, 以庫刱建, 後戊辰防禦使李根永移建于城內.

[그림 24] 사신당 입구

[그림 25] 사신당 전경

[그림 26] 사신당 오른쪽 나무 아래

[그림 27] 사신당 문 앞

도 아래의 사진과 같이 사신당 유적이 남아 있다.[14)]

그러나 현재 남아 있는 사신당 유적은 고려 및 조선시대 것이 아니다. 이는 아래의 1973년에 발간된 『토향지』에서 사신당 항목을 보면 알 수 있다.

> 李朝 때 건립되었으며 6·25때 당집은 없어졌으나 서기 1969년 다시 건립한 것으로 송의 사신이 왕래할 때 본 교동도 앞바다를 지나면서 항해가

---

14) 참고로 [사진 24]~[사진 27]은 모두 2018년에 촬영한 것들이다.

무사하기를 기원하며 제사를 지내던 곳임.

–『토향지』 사신당

위에서 보는 바와 같이 사신당 건물은 6·25때 없어지고 1969년에 다시 건립한 것으로 고려 및 조선시대 사신당 유적이 아니라는 것을 알 수 있다. 그러나 아랫줄의 사진에서 보는 바와 같이 사신당 문 앞과 주변 나무에 제물을 바치며 치성을 드린 흔적이 보이고 있어, 이 지역 사람들 중에는 아직까지도 이곳을 찾는 사람들이 것으로 보인다.

이러한 사신당이 위치한 지금의 남산포 및 교동 전체는 고려시대에는 매우 번성한 곳이었던 것으로 보인다.

고려 때 본군(교동)은 경도(개성) 가까운 곳에 있고, 하류는 수륙의 운수가 모여 편리함이 있었다. (이 때문에) 여러 방향에서 조세(선), 상인, 어염이 아울러 도달하고 가득히 모여 나라의 외부(外府: 국가의 재물을 간직하는 창고)가 되었다. 그러므로 조사[관원]나 부호가 많이 이곳에 거처하였다. 옛적에는 송가도의 상주산 북쪽이 읍과 연륙해 있고, 바다로 통하는 것은 산의 남쪽이어서, 조선(漕船)이 이로 인하여 매음도 난곶에 다다르게 되었다. 중엽(中葉)에는 상주산의 북쪽이 바다로 통하고, 상주산의 남쪽이 매음도에 (영향을)미쳐 뻘이 스스로 생겨나 읍에서 (이곳에) 둑을 쌓아 둔전(屯田)을 만들었다.[15]

–『교동군읍지(1899)』 고적

위에서 보는 바와 같이 "여러 방향에서 조세(선), 상인, 어염이 아울

15) 麗朝時, 本郡處在京都至近, 下流水陸運輸合有便利。諸路漕稅商賈魚鹽并臻輻湊, 爲國之外府. 故朝士富戶多居于此. 上古松家島上主山北, 與邑連陸, 海通山南, 漕船由媒音島難串上來矣。中葉, 山北海通, 山南與媒音島泥生自, 邑築垌爲屯。

러 도달하고 가득히 모여"라고 하는 것을 보면 고려 및 조선시대에는 이 지역에 많은 사람들이 몰려들었다는 것을 보여준다. 이렇게 교동지역에 사람들이 모여들었다는 것은 당시 교동이 교통로 상에서 매우 중요한 위치에 있었기 때문이라고 할 수 있다. 그리고 이는 곧 서해안 항로와도 밀접한 관련을 가진다고 볼 수 있다.

현재 고려시대 대중국항로에 대한 기록은 『선화봉사고려도경』, 「해도」에 보이고 있다.[16] 그런데 『선화봉사고려도경』은 북송 휘종 때의 기록으로 『교동군읍지(1899)』 고적의 기록과는 약간의 차이가 있다. 즉 북송 때의 수도는 하남성 개봉이었지만 『교동군읍지(1899)』 고적에서는 중국 남경으로 가는 사신의 통행로라고 하고 있기 때문이다. 아마도 여기서 말하는 중국 남경이라는 것은 정강의 변으로 수도를 남쪽으로 옮긴 남송의 수도 임안을 말하는 것으로 볼 수도 있다. 후술하겠지만 『교동군읍지』의 기록에 보이는 남경은 남송의 수도를 말하는 것이 아닐 수 있다. 그것은 고려시대 항로를 통해서 알 수 있다. 그래서 여기서는 먼저 『고려도경』의 「해도」의 기록을 통해 중국 송나라에서 고려로 오는 해로를 살펴보고 고려시대 해로 상에서 교동이 가지는 위치를 알아보고자 한다.

16) 『선화봉사고려도경』은 일반적으로 『고려도경』으로 부르기 때문에 여기서도 이하는 모두 『고려도경』으로 약칭한다.

명주(明州)→정해현(定海縣:바다로 나가는 입구)→호두산(虎頭山)→교문(蛟門)→송백만(松柏灣)→노포(蘆浦)→심가문(沈家門)→매잠(梅岑)→적문(赤門)→해려초(海驢焦)→봉래산(蓬萊山)→반양초(半洋焦)→백수양(白水洋)→황수양(黃水洋)→흑수양(黑水洋)→협계산(夾界山:중국과 이족의 경계)→오서(五嶼)→배도(排島)→백산(白山)→흑산(黑山)→월서(月嶼:대월서, 소월서)→난산도(闌山島)→백의도(白衣島)→궤섬(跪苫)→춘초섬(春草苫)→빈랑초(檳榔焦)→보살섬(菩薩苫)→죽도(竹島)→고섬섬(苦苫苫)→**군산도(群山島)**→횡서(橫嶼)→부용산(富用山)→홍주산(洪州山)→아자섬(鵶子苫)→마도(馬島)→구두산(九頭山)→당인도(唐人島)→쌍녀초(雙女焦)→대청서(大靑嶼)→화상도(和尙島)→우심서(牛心嶼)→섭공서(聶公嶼)→소청서(小靑嶼)→**자연도(紫燕島)**→급수문(急水門)→합굴(蛤窟)→분수령(分水嶺)→용골(龍骨)→예성항(禮成港)

[그림 28] 『선화봉사고려도경』, 「해도」에서 서긍이 개경까지 오는 길

위의 내용에서 알 수 있듯이 대부분의 지명들은 현재 잘 알려지지 않은 것들이다. 다만 여기서 몇가지 지명들을 통해서 대략적인 루트를 확인할 수 있다. 먼저 '군산도(群山島)'는 현재 전라북도 군산시 고군산군도(古群山群島)의 옛 명칭이며, '자연도(紫燕島)'는 현재 인천광역시 중구에 소속되어 있는 '영종도'의 옛 이름이다. 이 두 가지 지명을 제외하면 나머지 지명들은 현재 어디인지 알 수가 없다. 그러나 이 두 가지 지명만 가지고 보면 송나라 사신들이 남쪽으로 서해안을 따라 올라왔다는 것을 알 수 있다. 그렇기 때문에 교동과 관련하여 "급수문(急水門) → 합굴(蛤窟) → 분수령(分水嶺)"이 해로는 중요하다고 할 수 있다. 왜냐하면 이 해로가 교동을 거치는 길일 수도 있고, 강화도의 염하와 손돌목, 갑곶을 지나 한강 하류로 지나는 곳일 수 있기 때문이다. 일반적으

로 급수문, 합굴, 분수령에 대한 견해는 조금씩 다르다. 그러나 대체로 급수문은 지금의 손돌목으로 보고 있으며, 합굴의 경우는 한강, 영종도, 갑곶 등으로 견해가 갈리고 있으며, 분수령 역시 월곶진, 문수산 등으로 나뉘고 있다.[17)]

여기서 급수문이 지금의 손돌목이라면 합굴은 갑곶일 가능성이 높다고 생각된다. 왜냐하면 해로 상으로 보면 『고려도경』의 기록은 '영종도→손돌목→갑곶'으로 이어지는 길일 가능성을 보여주기 때문이다. 더군다나 『고려도경』을 보면 합굴에 용을 모시는 사당 즉 합굴용사(蛤窟龍祠)가 있어서 뱃사람들이 기도했다고 하는데, 이형상의 『강도지』를 보면 갑곶에도 신사(神祠), 즉 신을 모시는 사당이 있었고 뱃사람들이 오가면서 기도를 한다고 하는 기록이 있기 때문이다. 이렇게 본다면 합굴의 가장 유력한 추정지는 갑곶일 것으로 생각된다. 그리고 『고려도경』을 보면 중국으로 돌아갈 때도 예성강에서 갑곶으로 가는 길을 간 것으로 볼 때 이 항로가 중국에서 고려의 수도인 개성으로 들어오는 일반적인 길이었던 것으로 보인다. 이렇게 본다면 고려시대 사신들은 남산포를 경유하여 오는 일이 없었다고 볼 수도 있다. 즉, 『교동군읍지』에서 "此麗朝時 南京使臣通行之路,"라는 구절을 "이곳은 고려 때 중국의 남경으로 가는 사신의 통행로였고,"라고 해석한 것은 명백한 오류가 되는 것이다. 아니면 『교동군읍지』의 저자가 전해오는 이야기에 근거하여 잘못 기록한 것일 수도 있다. 따라서 사신당은 중국 남경에서 오는 사신의 사행길과는 상관없는 곳으로 생각된다.

---

17) 문경호, 「1123년 서긍의 고려 항로에 대한 재검토」, 『역사와 담론』 78, 호서사학회, 2016, 76쪽.

2) 교동읍성과 사신당

사실 남산포는 고려시대부터 주목 받던 포구는 아니었다. 앞서 본 것처럼 고려시대 항로상에서도 벽란도로 들어가 전에 들어갈 수 있는 중간기착지가 아니었다. 물론 "고려 때 본군(교동)은 경도(개성) 가까운 곳에 있고, 하류는 수륙의 운수가 모여 편리함이 있었다. (이 때문에) 여러 방향에서 조세(선), 상인, 어염이 아울러 도달하고 가득히 모여 나라의 외부(外府: 국가의 재물을 간직하는 창고)가 되었다. 그러므로 조사[관원]나 부호가 많이 이곳에 거처하였다."라는 『교동군읍지』의 기록을 통해서 교동에 물자가 모인다는 것은 이 지역이 중간기착지였기 때문에 가능했다고 볼 수도 있을 것이다. 그러나 교동 인근은 물살이 쎌 뿐만 아니라 예성강과 한강의 하구에 위치하고 있어 곳곳에 풀등이 있어 큰 배가 다니기 어려운 곳이었다.[18] 그래서 남산포에서 오기 위해서는 이러한 풀등을 지나야 했는데 이는 당시 사람들이 손돌목보다 지나가기 어려운 풀등이 있는 이 지역을 굳이 지나려 했을 것 같지는 않다. 아마도 『교동군읍지』에서 고려시대 번성했다는 기록은 교동의 북부지역 포구들에 해당되는 이야기일 가능성이 있다.

오히려 남산포가 교동 역사에서 중요해지기 시작하는 것은 조선 후기 교동현 치소의 변화와 관련이 있다. 교동현의 치소가 고읍리(古邑里)에 있을 때는 북쪽 연안의 나루들과 강화도와 연결되는 비석진 등이 주요 나루터였지만 인조 11년(1633)에 치소가 지금의 읍내리로 이전되면서 교동읍성 동문과 연결되는 동진포와 남문과 연결되는 남진포(지금

---

18) 문경호, 「12세기 초의 동아시아 국제정세와 神舟의 고려 항로」, 『한국중세사연구』 55, 한국중세사학회, 2018, 37쪽.

의 남산포)가 주요 나루터로써 기능한 것으로 보인다.[19] 이렇게 본다면 남산포가 물론 그전부터 있었겠지만 실질적으로 중요해지기 시작한 것은 조선시대라고 볼 수 있다.

사실 『교동군읍지』의 내용을 보면 역사적 사실과는 동떨어진 내용들이 보인다. 예를 들면 "남경사신통행지로(南京使臣通行之路)"라는 기록이다. 우리가 남경이라고 부르는 지명은 아무리 빨리 잡아야 명나라 때이며 그 이전에는 쓰이지 않던 지명이다. 예를 들면 송나라 특히 남송 때는 수도가 임안이었으며 그 이전에는 건업 등의 지명이 쓰였던 것이다. 그리고 송나라의 원래 수도는 임안이 아니라 하남성 개봉부였다. 그렇기 때문에 실제 역사적 사실과 맞지 않는다. 그리고 명칭만 보면 남경 즉 이것은 명나라 때 이야기라는 것을 보여준다.[20]

이런 점들을 보면 사신당은 본래부터 중국 사신과 관련된 곳은 아니라고 생각된다. 추정할 수 있는 것은 사신당은 본래 남산포에 있던 신당으로 이 지역의 어부들이 기도하던 곳이었는데 읍내리로 치소가 옮겨오면서 그 위상이 상승하면서 사신당의 전설이 만들어진 것으로 추정된다. 더군다나 사신(使臣)이라는 말은 외국 사신만을 가리키는 단어가 아니다. 이는 아래의 기록을 통해서도 알 수 있다.

---

19) 인하대학교 한국학연구소 편, 『교동향교지』, 교동향교, 2012, 422쪽.

20) 물론 고려 후기에 명나라가 건국되고 초기 명나라의 수도가 남경이기 때문에 남경이라는 지명과 고려가 아무런 관련이 없는 것은 아니다. 그러나 중국 사신들의 사행로가 수도가 바뀐다고 변했을 가능성은 없어 보인다. 아마도 명나라가 건국되었어도 개경으로 오는 바닷길은 바뀌지 않았을 것으로 생각된다.

> 동북면(東北面)과 풍해도(豐海道)에 사신(使臣)을 보내어 미리 수재(水災)와 한재(旱災)를 막기 위해 산천(山川)에 빌도록 명하였다.[21)]
>
> -『태종실록』 태종 5년 12월 17일

위의 기록에 원문에는 "遣使"라는 표현이 있는데 이는 "사신을 보내다."로 해석할 수 있다. 그렇기 때문에 위의 기록에서 사신은 외국사신이 아니라 왕이 보낸 신하를 가리키는 것이며 이는 곧 지방관이 될 수도 있고 아니면 다른 임무를 맡은 신하가 될 수도 있다. 이와 같은 점을 보면 교동에 파견된 지방관들도 모두 사신(使臣)이 될 수 있는 것이다. 이것을 통해 사신당이라는 이름의 유래가 외국사신이 아니라 교동이 도호부로 승격되고 읍치가 읍내리로 옮겨오면서 이곳에 파견된 교동부사로 인해 생긴 이름이라고 생각된다.

3) 사신당 신앙의 성격

이러한 사신당에 대한 정보는 거의 없기 때문에 모시는 신, 의례의 방식에 대해서는 정확히 알려진 바가 없다. 다만 김현석에 의하면 이곳에는 임경업 장군으로 추정되는 신상이 있었으며 매년 이곳에서 대동굿을 지냈다고 한다.[22)] 이런 점을 보면 조선 후기에 이곳에도 임경업 신앙이 전래 된 것을 볼 수 있다. 그렇기 때문에 그 신당에서 벌어지던 의례의 모습이나 기타 자세한 사항에 대해서는 알려진 바가 없다. 다만 이러한 사신당은 앞서 말한 것처럼 본래 외국사신이 오갈 때 기도하던

---

21) 命遣使東北面, 豐海道, 預祈水旱於山川。

22) 김현석, 「교동의 역사유적」, 『교동도』, 민속원, 2015, 288쪽.

곳이라기 보다는 이 지역 어부들 및 주민들의 종교적 중심지였을 가능성이 높다. 그래서 원래는 이곳에서 어부들의 안전 및 풍어를 기원하는 성격을 가진 신당이었을 것으로 생각된다.

IV

마을신앙

1. 개요

마을신앙이라는 것은 마을 주민들을 중심으로 마을의 안녕과 번영을 기원하는 민간신앙의 한 형태이다. 이러한 마을신앙의 종교의식은 '당제', '당고사', '도당제', '도당굿' 등의 당제 계통과 '산제', '산신제', '산치성' 등의 산신제 계통으로 나뉘기도 한다. 그러나 보통 마을 주민들이 참여하여 벌어지는 종교의식이기 때문에 넓게 보면 성황제, 풍어제 등도 마을신앙의 범주에 들어갈 수 있다. 그러나 일반적으로 성황제는 마을신앙에 들어가면서도 따로 분류가 되고 풍어제 역시 어촌지역을 중심으로 행해지기는 하지만 나름의 특성을 가지기 때문에 본 책에서는 따로 분류를 해 놓았다. 다만 여기서는 따로 분류하기 힘든 교동의 부근당 신앙과 1986년 이후로 맥이 끊겨버린 연수구 동막마을의 도당굿 및 동제를 마을신앙이라는 범주로 묶어서 설명하려고 한다.

부근당 신앙은 마을신앙의 한 형태로 서울 한강변에 많이 보이는 것이지만 인천에서는 교동에서만 전승된다. 그리고 도당굿의 경우는 인천 내에서는 연수구 동막마을의 도당굿이 가장 유명하지만 지금은 전승되지 않는다. 그리고 동제의 경우는 2003년 문상범의 연구가 있었고,[1] 2014년과 2015년에는 인천광역시립박물관의 조사가 있었다.[2] 조사한 내용을 보면 현재 인천이 도시화가 진행되어 많은 전통신앙이 사라졌음에도 불구하고 상당히 많은 동제가 남아있음을 알 수 있다.

이러한 마을신앙의 목적은 대부분 성황신앙과 같은 다른 민속신앙과 동일하게 마을의 평안과 풍년 혹은 풍어를 기원하며 좁게는 마을에 사는 개개인 및 가정의 행복과 평안한 생활을 기원하는 것이다. 이러한 목적은 본 책에서 언급하는 다른 신앙들과 크게 다르지 않다. 다만 인천은 개항한 이래로 타지역에서 이주한 사람들이 늘어나고 도시화가 진행되면서 대부분의 마을신앙은 사라져갔다. 특히 택지개발사업, 신도시개발 등으로 인해 마을신앙의 핵심이라고 할 수 있는 자연마을이 1980년대 이후로 점차 사라져 가면서 마을신앙의 전통도 끊기게 된다. 여기서는 이러한 교동의 부근당, 연수구의 동막도당굿, 동제와 같은 마을신앙을 살펴보고자 한다.[3]

1) 문상범, 「인천의 동제」, 『인천학연구』 2(2), 인천학연구원, 2003.

2) 보고서는 『인천의 동제』라는 이름으로 2015년에 발간되었다.

3) 다만 도당굿의 경우는 연수구의 동막도당굿 뿐만 아니라 부평도당굿도 있다. 하지만 여기서는 비교적 잘 알려졌고 연구도 상당히 진행된 연수구의 동막도당굿을 포함시켰다. 부평도당굿의 경우는 차후 추가적 연구를 진행하도록 하겠다.

2. 교동의 부근당 신앙

1) 조선시대 부군당

교동의 부근당은 교동의 대표적인 마을신앙을 대표하는 신당이다. 하지만 일반적으로 부군당은 교동뿐만 아니라 서울 한강유역에 다수 분포하고 있어 실제로는 서울지역을 대표하는 신앙이라고 볼 수 있다. 그리고 이러한 부군당 신앙은 조선시대 기록에도 보이고 있어 그 역사가 매우 오래되었다는 것을 알 수 있다.

먼저 부근당의 명칭에 대해 살펴보도록 하겠다. 교동에서는 '부근당(扶芹堂)'이라고 하지만 서울지역에서는 주로 부군당이라고 불리며 서울 종로구 명륜동에서는 붉은당이라고 불린다. 또한 제당 현판에 쓰이는 한자식 표기도 다양한데, '府君堂', '附君堂', '付根堂', '附根堂', '附近堂' 등이 있다. 이외에도 동대문구 전농동에서는 '부강전(富降殿)', 동대문구 이태원동에서는 '부근묘(府根廟)', 또는 '부근사(符根祠)' 등으로도 표기된다.[4)]

명칭이 다양한 만큼 부군당의 유래에 대해서도 다양한 의견이 존재한다. 먼저 최남선 및 조지훈의 경우 부근당이라는 이름은 '붉은'에서 유래했다고 주장하였다. 다음으로 이능화는 '付根堂'과 '府君堂'을 구별하여 '付根堂'은 남근 봉안 풍속과 관련된 것이고, '府君堂'은 고을 수령이나 관리를 신으로 모시는 관행에서 유래한 것으로 보고 있다.[5)]

그런데 부군당의 '부군(府君)'은 중국 한나라 때는 태수의 존칭이기도 했고, 죽은 사람에 대한 경칭(敬稱)이기도 하며, 부형(父兄) 및 나이가

---

4) 김태우, 『한강 유역 부군당 의례의 전승과 변화 양상』, 민속원, 2017, 34쪽.

5) 김태우, 앞의 책, 35쪽.

많은 사람에 대한 존칭이기도 했다. 그리고 본래 부군은 관직이 없는 대상으로 쓰여야 하지만 조선시대에는 부군이라는 말을 관직이 있던 사람에게도 붙여 썼다. 이것은 조선시대에 부군을 일종의 존칭으로 여겼기 때문으로 생각된다.[6] 이렇게 '부군(府君)'이라는 말 자체는 종교적 의미를 가진 말은 아니지만 높은 사람을 대상으로 쓰기 때문에 민간신앙에서는 신령을 지칭하는 말로 쓰였던 것으로 보인다.[7]

이렇게 민간신앙에서 불리는 부군의 의미에 대해 송나라 때 주희가 강학하면서 제자들의 질문에 답한 어록 모음집인 『주자어류』에서는 다음과 같이 기록되어 있다.

> 관작(官爵)이 없으면 부군이(府君)과 부인(夫人)이라고 한다. 한(漢)나라 사람들의 비문(碑文)에 이미 이런 단어가 있으니, 이는 단지 신령을 존경하는 말일 뿐이다. 부군은 관부(官府)의 군(君)과 같은 것으로, 명부(明府)라고도 한다. 지금 사람들도 역시 아버지를 일러 가부(家府)라고 한다.[8]
>
> –『주자어류』 권제90 예7

여기서 『주자어류』는 송나라 때 주희가 강학하면서 제자들의 질문에

6) 『성호전집』 제22권 서(書) 윤복춘의 문목에 답하는 편지 하. "소식(疏式)에, 벼슬이 있는 경우에는 '모위(某位)'라고 칭하고, 벼슬이 없는 경우에는 '부군(府君)'이라고 칭하니, '부군'이라는 칭호는 벼슬이 있는 사람에게는 붙이지 않는 것인데 지금 사람들은 벼슬이 있는 자라도 '모위' 아래에 또 '부군'을 붙입니다. 어떻게 생각하십니까?(疏式。有官者稱某位。無官者稱府君。則府君之稱。不加於有官者。而今人雖有官者。某位下又加府君字。未知如何。)"

7) 『성호전집』 15권에 "부군(府君)이란 호칭은 높은 대상에게 사용하는 것입니다.(府君之稱, 施於所尊。)"라고 하여 대상에 대한 높임말이라는 것을 알 수 있다.

8) 無爵曰 "府君·夫人", 漢人碑已有, 只是尊神之辭. 府君, 如官府之君, 或謂之 "明府". 今人亦謂父爲"家府".

답한 어록 모음집으로 이를 보면 부군(府君)이라는 말은 이미 중국에서 신령을 가리키는 말로 쓰였다는 것을 알 수 있다. 그리고 위의 기록을 보면 중국에서 부군(府君)이라는 말은 관직과 작위가 없는 사람을 가리키는 말이었는데 이것이 민간에서는 신령을 존경하는 의미로 사용했다고 하고 있다. 이것을 통해 본래 경칭 혹은 존칭으로 쓰이던 부군이라는 말이 민간신앙에서 신령을 모시는 의미로 사용되면서 '부군당(府君堂)'이라는 말이 생겨난 것으로 볼 수 생각된다. 또한 부군(府君)이라는 말이 이미 중국에서 사용된 점을 보면 적어도 부군(府君)이라는 말은 중국에서 유교사상의 전래와 함께 전해진 말이 아닌가 생각된다.[9] 이는 부군당이 처음부터 마을신앙의 중심이 아니라 관아의 신당이었다는 점을 통해서도 추측할 수 있다. 조선은 완벽한 유교국가는 아니지만 유교국가를 지향한 나라로서 기본적으로 무속신앙을 배척하는 분위기가 있었다. 그러나 조선시대 양반관료사회에서 무속신앙이 완전히 사라진 것은 아니었다. 많은 양반들이 무당을 불러 굿을 하거나 맹인을 불러 독경을 하였다.

이런 점은 조선시대 관아도 예외는 아니었다. 조선시대는 전시대에 걸쳐 관아에 드나들면서 관아의 행사를 책임지는 아무(衙巫)가 조선 후기까지 존재하고 있었다.[10] 또한 조선시대 문헌자료를 보면 관아 안에 신당이 있다는 것을 보여주는 것들이 있으며,[11] 『조선왕조실록』에는

9) 고려시대 기록에는 부군당의 존재를 알 수 있는 기록이나 단서가 발견되지 않는다. 그래서 김태우는 부군당을 조선시대 새롭게 등장한 신앙으로 보기도 한다. (김태우, 앞의 책, 44~45쪽.)

10) 손태도, 「조선 후기의 무속」, 『한국무속학』 17, 한국무속학회, 2008, 205~206쪽.

11) 『경조부지(京兆府志)』, 「공해(公廨)」. "서리청(書吏廳) 동쪽 머리에 신당(神堂) 4칸이 있다."; 『동국여지비고(東國輿地備考)』, 「부방(部坊)」 용산방(龍山坊). "곽계(槨契)

[그림 29] 서빙고 부군당(출처: 문화재청)

부군(府君)을 나라의 풍습이라고 하고 있다.[12] 이런 점들을 보면, '부군(府君)'이라는 용어 자체는 중국에서 유래한 것으로 보이지만 부군당 신앙 자체는 과거로부터 전해진 것으로 생각된다. 즉 과거로부터 관아 안에 신당이 있었고 여기서 업무가 잘 되기를 빈다거나 무당을 불러서 행사를 벌이는 전통이 있었는데 이를 후대에 부군당이라고 불렀던 것으로 보인다.

는 귀후서(歸厚署)가 있기 때문에 그렇게 이름한 것이다. 지금도 신당(神堂)이 있으며, 지금 훈국의 별영(別營)이 역시 곽계 안에 있다."; 이외의 『숙천제아도(宿踐諸衙圖)』(한필교(韓弼教, 1807~1878)), 『경기감영도(京畿監營圖)』(18~19세기) 같은 관아도(官衙圖)에도 신당이 보인다.

12) 『중종실록』 6년 3월 29일. "전교하기를, '고사(告祀)에 대한 일은 내가 아는 바 아니다. 대비전에 물으니, 양현고 안에 부근당(付根堂)이 있어, 전례에 반드시 제사를 베풀므로 그렇게 한 것이라 한다. 그리고 다른 일들은 윤허하지 않는다.'라고 하였다.[부근(付根)이라는 것은 관부에서 사당을 설치하고 기축(祈祝)하는 나라의 풍속이다.](傳曰, 告祀事非予所知, 問于大妃殿, 則養賢庫內有付根堂【付根者, 官府設祠祈祝, 國俗也。】, 例必設祭, 故然矣云。他事不允。)"

이러한 부군당에는 부군신을 모셨는데 부군신은 특정 인물이 아니라 관아마다 각각 임경업, 최영, 송씨 처녀, 우왕의 왕비 등 다양한 인물들을 모셨다.[13] 예를 들면, 교서관(校書館)[14]은 임경업 장군을 부군신으로 모셨으며,[15] 의영고에서는 송씨 처녀를 모시는 등 매우 다양했다.[16] 그리고 이들 부군신들 중 일부는 해당 관아가 있는 지역과 연고가 있는 경우도 있다. 대표적으로 앞서 교서관에 모셔지는 임경업의 경우 『동국여지비고』, 「한성부」에 의하면, "교서관동(校書館洞)에 임경업(林慶業)과 채호주(蔡湖洲 유후(裕後))의 옛집이 있다."라고 하는 것을 보면 교서관에서 임경업 장군을 부군신으로 모신 것은 교서관이 위치한 지역과 연고가 있었기 때문으로 생각된다.[17]

또한 부군당은 서울 지역의 관아에만 국한해 존재한 것이 아니었다. 평안도 영유현, 황해도 서흥부 및 신천군, 경상도 안의현, 전라도 영암군, 강원도 원주목 등 지방 관아에서도 존재하였다. 그리고 이러한 지방 관아에 만들어진 부군당은 1840년 이후에는 관아 밖에도 존재는 경우가 보이고 있다. 이에 대해 처음에는 관아 안에서 부군당을 만드는 것이 일반적이었는데 점차 관아 밖으로 부군당의 설치 범위가 확대된 것으로 보고 있다.[18]

이러한 관아 안에 설치한 부군당에 대해 『동국여지비고』에 의하면

---

13) 김태우, 앞의 책, 45쪽.

14) 교서관을 예관(藝館)이라고도 한다.

15) 『동국여지비고(東國輿地備考)』 한성부(漢城府) 기지. "예관(藝館) 부군당(府君堂)에 임장군의 화상을 그려놓고 제사지낸다."

16) 김태우, 앞의 책, 45쪽.

17) 하지만 대부분의 부군신들은 해당 관아가 있는 지역과 별다른 연고가 없는 것으로 보인다.

18) 김태우, 앞의 책, 46쪽.

각사(各司) 아전의 청방 옆에 있다고 하고 있는데 이것은 부군당의 관리자가 아전이었음을 짐작하게 한다.[19] 새로 취임하는 관리들은 반드시 제사를 지냈다고 한다.[20] 또한 『연암집』, 「연상각선본(煙湘閣選本)」에 따르면 "매년 10월에 서리와 아전들이 재물을 거두어 사당 아래에서 취하고 배불리 먹으며, 무당들이 가무와 풍악으로 귀신을 즐겁게 한다."라고 하고 있어 무속의례 형태의 부군당제가 벌어진 것으로 보인다.[21]

이런 점을 보면 조선시대 부군당은 각 관아에서 매우 중요하게 여긴 신당(神堂)이라는 것을 알 수 있다.[22] 그런데 이렇게 관아에 부군당을 만들게 된 이유와 목적은 분명하지 않다. '『동국여지비고』 한성부 사묘' 에 따르면 최영을 부군신으로 모시게 된 이유를 "고려의 시중(侍中; 고려 관제의 수상직) 최영(崔瑩)이 관직에 있을 때 재물에 깨끗하고 징수를 하지 않아서, 이름이 떨쳤으므로 아전과 백성들이 사모하여 그 신을 모셔 존숭한다고 한다."라고 하고 있다. 하지만 이런 점이 부군당에 부군신을 모시게 된 이유는 아니라고 생각된다. 기본적으로 부군당 신앙이 무속신앙에 기반한다는 점을 생각해본다면 결국 부군당 신앙도 일반적

---

19) 『동국여지비고』 한성부 사묘. "부군사(符君祠)[각사(各司) 아전의 청방 곁에 있다.]" 여기서 부군사는 부근당의 다른 이름이다.

20) 『대동야승』, 「동각잡기」 상 본조선원보록(本朝璿源寶錄). "서울의 관청에는 으레 작은 집을 하나 따로 설치하여 지전(紙錢)을 총총 걸어 놓고 칭호를 부군(府君)이라 하여 서로 모여 자주 제사지내고, 새로 취임하는 관리는 반드시 제사를 지내되 조심스럽게 하였는데, 비록 사헌부(司憲府)라도 그렇게 하였다.(都下官府。例置一小宇。叢掛紙錢號曰府君。相聚而瀆祀之。新除官必祭之唯謹。雖法司亦有之)

21) 하지만 무속의례가 아닌 유교의례로 부군당제가 벌어진 것으로 보는 견해도 있다. 김태우는 『연암집』의 '안의현(安義縣) 현사(縣司)에서 곽후(郭侯)를 제사한 기(記)'에 보이는 제사기록을 근거로 하여 유교의례로 부군당제가 벌어지는 경우가 있다고 보았다.

22) 물론 모든 사람들이 그렇게 생각한 것은 아니었다. 『대동야승』, 「동각잡기」 본조선원보록(本朝璿源寶錄)에 따르면 효첨(孝瞻)이라는 인물은 "부군(府君)이란 무슨 물건이냐?" 하고 부군당을 불태우고 헐어버렸다고 한다.

인 무속신앙과 마찬가지로 기복신앙의 성격을 가진 것으로 볼 수 있다. 다만 기복에도 풍년, 풍어, 안전, 재복 등 여러 종류가 있는데 관아에 있는 부군당에서는 어떤 복을 빌었는지 추정하기 쉽지 않다. 이에 대해 김태우는 관아 및 관청에 존재한 부군당은 관인들의 요구에 맞게 관아의 안녕과 발전을 기원했을 것으로 보고 있다.[23] 김태우가 말하는 관아의 안녕이란 관아의 업무가 별다른 사고 없이 진행되기를 기원하는 마음이라고 생각된다. 지금은 많이 사라졌지만 처음 자동차를 사면 안전운행을 기원하는 고사를 지내는 경우가 과거에 있었다. 이렇게 사건사고가 일어나지 않기를 기원하는 것도 기복의 한 종류이고 이것은 항해의 안전을 기원하는 것과 유사하다고 생각된다. 즉 부군당 신앙이란 현재는 알 수 없지만 조선시대 관리들이 가지는 업무상 고충과 관련이 있다고 생각된다. 즉 일을 하는데 있어 별다른 사고 없이 잘 업무가 진행되기를 바라는 마음에서 형성된 것으로 생각된다.

이후 18세기와 19세기에 이르러 관아에 있는 부군당과 별개로 마을 부군당이 형성된다. 대표적으로 벽송정 동쪽 계곡에 있던 성균관 노비들의 부군당은 1768년경에 존재했고, 서울 서빙고동의 부군당은 19세기부터 존재했다고 한다. 특히 1840년에는 지방의 부군당의 경우 관아 밖에도 존재하게 되는데 김태우는 부군당 신앙이 외부로 확산된다고 보았다.[24] 이런 점들은 적어도 19세기 무렵에 점차 부군당이 관아 혹은 관청을 벗어나 민간에 침투하고 있음을 알 수 있다. 이에 대해 김태우는 고려시대부터 제기되어 오던 축무론과 음사반대론으로 인해 외부로 쫓겨났을 가능성과 부군당 신앙이 민간으로 확대되었을 가능성을 언급했

23) 김태우, 앞의 책, 57쪽.

24) 김태우, 앞의 책, 46쪽.

다. 하지만 '『동국여지비고』 한성부 사묘'에서 최영을 부군신으로 모시면서 아전과 백성이 존숭했다고 하는 것을 보면 이미 오래전부터 부군당 신앙은 민간에 어느 정도 알려져 있었던 것으로 보인다. 더욱이 지금도 영험하다고 하는 곳이면 어떤 장소인지 상관없이 재물을 바치고 기도하는 경우가 보인다. 이런 점에 비추어 보면 관아 밖의 민간에서도 부군당에 모셔진 신들을 영험한 존재로 생각하고 점차 자신들의 마을에도 부군당을 만들었을 가능성이 있다. 그렇기 때문에 부군당이 관아 밖을 벗어나 마을신앙으로 변화했을 것으로 생각한다. 특히 서울 지역의 경우는 조선후기 상업이 발달하면서 한강변에 많은 사람들이 모여들었다. 그리고 이 지역에 서빙고, 수제소 등의 관아가 만들어졌기 때문에 이를 중심으로 한강변에 부군당이 다수 만들어졌고 이후 이들은 마을 부군당으로 변화한 것으로 생각된다.

그러나 이러한 부군당은 조선왕조에서는 음사(淫祀)에 해당되기 때문에 배척의 대상이었다. 그래서 부군당은 조선시대에 점차 제사가 금지당하고 불태워지면서 소멸하게 된다. 특히 19세기 말에 개항을 하고 서구의 문화를 받아들이면서 미신타파운동이 벌어지게 된다. 그리고 관아 안에 있던 부군당은 사라지게 되고 민간의 부군당만 남게 된다. 그리고 그렇게 남아있는 부군당 중 하나가 인천광역시 강화군 교동면 읍내리의 부근당이다.

2) 교동 부근당의 형성과 위치

앞서 언급한 것처럼 부군당은 본래 관아에 존재하는 신당이다. 서울 지역의 부군당이 조선시대 기록에 남아있는 것과 달리 교동의 부군당

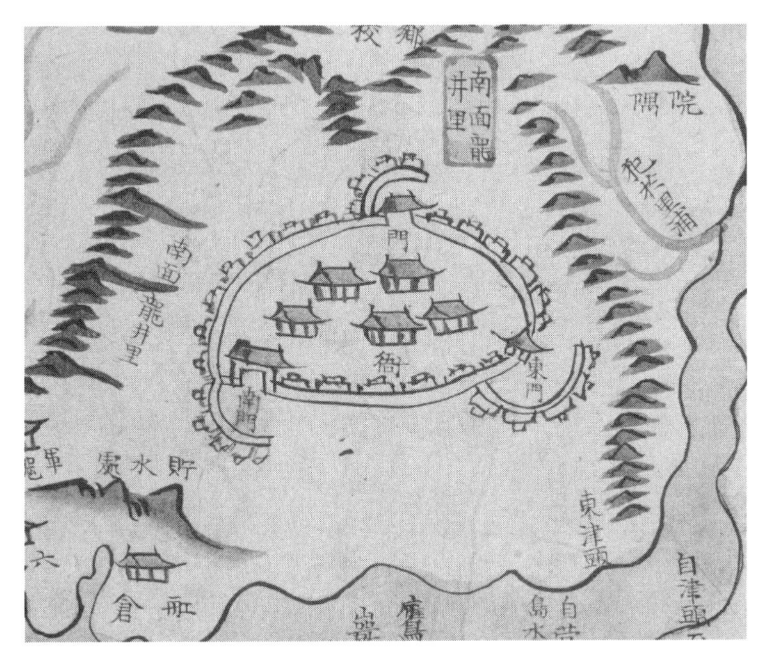

[그림 30] 여지도(輿地圖) 교동수영

에 대한 조선시대 기록은 전무한 상황이다.[25] 『조선왕조실록』을 비롯하여 조선시대에 발간된 지리지 및 읍지 어디에서도 교동의 부군당에 대한 기록이 보이지 않는다.[26] 그렇기 때문에 교동의 부군당이 언제 만들어졌는지는 정확히 알 수 없다. 그러나 앞서 본 것처럼 부군당은 원래 관청 안에 있으면서 관리들이 제사를 지내던 곳이었기 때문에 교동에

25) 앞서 말한 것처럼 부근당은 부군당의 또 다른 표현이다. 여기서는 편의상 이 두 표현을 번갈아가면서 쓰고자 한다.

26) 지금의 부근당은 50년 전 초가집이었던 부근당이 불에 타면서 그 옆에 새로 자리를 잡은 것이라고 한다. (정연학, 「강화 교동도 '교동읍성' 내 부근당의 성격과 제의」, 『실천민속학연구』 28, 실천민속학회, 2016, 209~210쪽.)

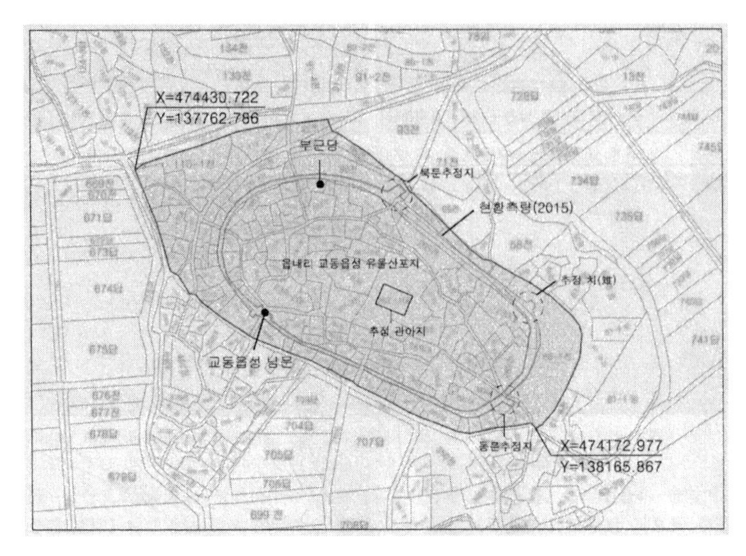

[그림 31] 교동읍성 및 유물 산포지

있던 관청과 관련이 있다고 생각된다. 이와 관련하여 살펴볼 것이 바로 교동읍성의 존재이다.

위 [그림 31]은 2018년 10월 인하대학교 박물관에서 조사한 자료에 있는 도면으로[27] 지금의 부근당이 교동읍성 북서쪽 모서리 부분에 위치하는 것을 알 수 있다.[28] 이런 점을 보면 비록 조선시대 지도상으로는 나타나지 않지만 조선시대에도 교동 부근당은 교동읍성 내에 위치한 것으로 볼 수 있다.

그런데 현재의 교동읍성은 본래 현위치에서 북쪽에 위치한 고읍리에

27) 『교동 역사문화유적 학술조사용역 최종보고서』, 강화군·인하대학교 박물관, 2018, 41쪽.

28) 강화군·인하대학교 박물관(2018), 위의 책, 36쪽.

[그림 32] 교동 읍내리 부근당

있던 교동현의 치소가 지금의 자리로 옮겨오면서 만들어진 것으로 여겨진다.

> 1629년(인조 7) 기사년에는 화량의 수영을 교동 월곶진 터로 옮겨 설치하여 읍호를 승격시켜 수군절도사가 부사를 겸하게 하였고 월곶진은 강화로 이설하였다. 4년 뒤인 계유년(1633)에는 삼도통어사를 겸하게 하여 경기도와 황해도, 충청도 3도의 수군을 관할하게 하였으며 전함을 두고 군사 기물을 축적하여 서남해를 방어하는데 대비하였다.[29)]
>
> – 『교동군읍지(1899)』 연혁

29) 仁祖七年己巳, 自花梁水營移設于喬洞, 月串鎭基址, 陞號兼府使, 月串鎭移設江華. 後四年癸酉, 兼三道統禦使, 管轄畿海湖三道舟師, 置戰艦畜軍器, 以備西南海方.

위의 기록에서 보는 바와 같이 인조 때 이곳에 수영이 만들어지고 나중에는 경기도 황해도, 충청도의 수영을 관할하게 된다. 이후 삼도통어영은 강화도로 갔다오기를 몇 번에 걸쳐 반복하다가 결국 1775년 이후에는 교동은 교동군이 된다. 이전에는 교동은 현이었는데 1629년 이후 읍격이 높아졌던 것이다. 따라서 일반적으로 부군당이 관아 안에 위치하고 있다는 점을 염두해 둔다면 읍의 치소가 옮겨오는 1629년 무렵 교동읍성이 만들어지고 교동의 부군당도 만들어진 것으로 생각된다.

앞서 조선시대 부군당에 알아본 바와 같이 일반적으로 부군당은 관아 안에 위치하고 있다. 특히 서울의 부군당들은 대부분 관청 대 동북쪽이나 서북쪽 담모퉁이에 위치하고 있다.[30] 그런데 [그림 31]을 보면 추정 관아지와 거리상 멀다는 것을 알 수 있다. 이것은 교동의 부근당이 관아 안에 있지 않다는 것을 보여준다고 생각된다.

그런데 이것은 교동 부근당만의 고유한 특징이라고 할 수 없다. [그림 33]을 통해서 알 수 있듯이 고종 9년(1872)에 편찬된 『영암군지도』에도 관아 밖에 부군당이 위치하고 있기 때문이다. 따라서 부군당의 위치가 관아 안에 위치한 것이 일반적이기는 하지만 반드시 모든 부군당이 위치한 것은 아니라고 볼 수 있다. 이를 김태우처럼 부군당이 외부로 확산되어 간다고도 볼 수 있지만 치소가 교동읍성이 있는 곳으로 옮겨오기 전부터 부근당이 있었다고 볼 여지도 있다.

특히 읍성 안에는 민가가 있는 경우가 있었다. 예를 들면 전주읍성이나 홍주읍성 같이 행정기능을 수행한 큰 고을이나 경상도 사천읍성과 같은 남해안의 주요 읍성들 역시 백성들의 안전을 도모할 수 있도록 많은

30) 김태우, 앞의 책, 45쪽.

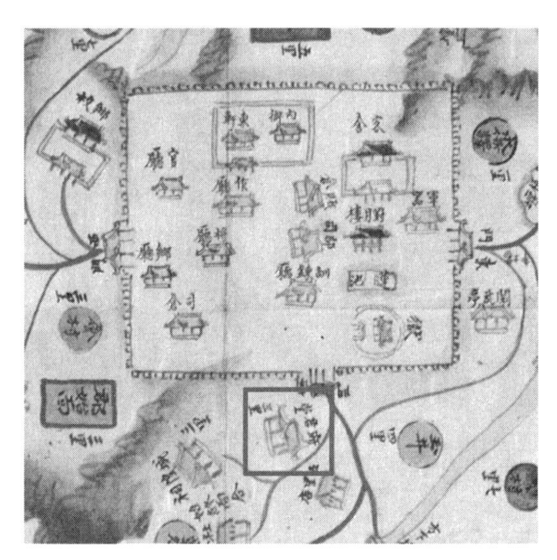

[그림 33] 『영암군지도(1872)』의 부군당

민가가 읍성에 있었다고 한다.[31] 또한 민가가 있더라도 수령을 보좌하는 향리들의 가옥뿐이라고 했다고 한다.[32] [그림 31]을 보면 교동읍성에서 관아 추정지를 중심으로 아무것도 보이지 않지만 [그림 33]을 보면 교동 읍성 안에 객사를 비롯한 부대시설이 있었음을 짐작할 수 있다. 그리고 일반가옥처럼 보이는 것들이 다수 있는 것을 볼 수 있다. 이런 점을 보면 교동읍성 안에 다수의 민가들이 있었던 것으로 생각된다.[33]

---

31) 모든 읍성 내부에 민가가 존재했던 것은 아니다. 읍성도 지역에 따라 크기가 천차만별이기 때문에 그 내부에 민가가 있는 경우도 있지만 충청도의 결성읍성, 태안읍성처럼 관아 시설외에 민가가 있을 공간이 없는 경우도 많았다.(전종한, 「조선후기 읍성 취락의 경관 요소와 경관 구성: 태안읍성, 서산읍성, 해미읍성을 중심으로」, 『한국지역지리학회지』, 한국지역지리학회, 2015, 325쪽.) 그리고 『영암군지도』를 보면 영암군의 읍성 역시 관아를 둘러싸는 정도의 크기인 것으로 보여진다.

32) 전종한, 앞의 논문, 325쪽.

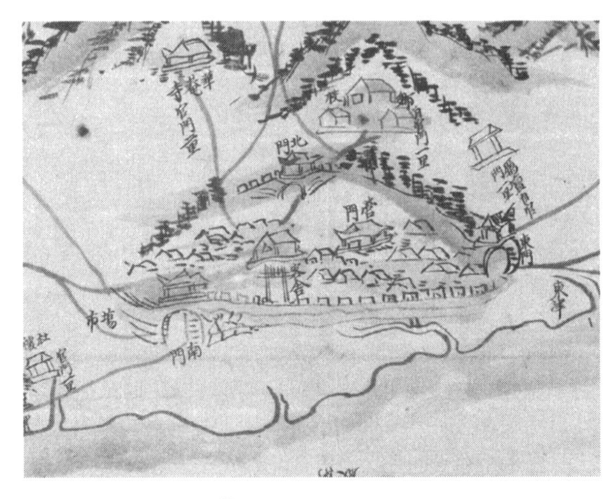

[그림 34]『교동부지도(1872)』 읍성 부분

또한 모든 부군당들이 관아에 있다가 나중에 마을 부군당이 된 것은 아니다. 처음부터 마을 부군당이었던 것들도 다수 존재한다. 예를 들면, 서울 동빙고동 부군당은 1391년에 건립된 것으로 추정하고, 당산동 부군당도 1450년에 건립된 것으로 추정하고 있다.[34] 이런 점들을 보면 교동의 부근당도 처음부터 마을 부군당일 가능성이 있다. 특히 읍성 안에 위치하고 있는 것을 보면 이 지역으로 치소가 옮겨오고 읍성 안에 주민들이 살면서 형성된 것으로 생각된다.

33) 다만 이러한 민가들이 일반 백성이 사는 곳인지 향리들의 가옥인지 알 수 없다.
34) 유승훈,「경강변 부군당의 성격과 역사적 전개양상」,『서울학연구』20, 서울학연구소, 2003, 115쪽.

3) 교동 부근당 신앙의 양상

(1) 부근당의 신격

교동 부근당은 앞서 한강변에서 볼 수 있는 것처럼 최영 장군이나 임경업 등의 인물이 아닌 연산군이 주신(主神)이라는 점에서 특이하다고 볼 수 있다. 다만, 앞서 본 것처럼 부군당이 본래 관청에서 아전들과 관리들이 모시던 신이었다가 나중에 마을신앙으로 바뀐 점을 본다면 처음부터 부군당에 연산군이 모셔졌는지는 알 수 없다. 더군다나 연산군은 기타 다른 신격과 달리 실제 폭군이었고 그 때문에 왕위에서 쫓겨나 교동으로 유배를 와서 남은 생을 살게 된다. 이러한 연산군을 신으로 모시게 된 것은 연산군에 대한 평가 때문이 아니라 연산군과의 연고 때문으로 생각된다.

특히 중종이 비록 반정을 통해 연산군을 쫓아내고 왕위에 올랐지만 연산군이 죽은 다음에도 계속 대우를 해주고 있었다. 대표적으로 중종 1년(1506)에는 연산군을 왕자군의 예에 따라 장례를 치르게 해주었고,[35] 중종 3년(1508)에는 관청에서 연산군의 묘를 수리하고 관리하게 하였다.[36] 심지어 중종 8년(1513)에는 연산군의 묘를 다시 만들어 치제(致祭)하게 하였다.[37] 이렇게 연산군의 무덤은 사후 사람들에 의해 버려지는 것이 아니라 정부에 의해 관리되고 있었다. 심지어 영조는 1763년 연산군의 묘소를 수축하고 제사를 받드는 사람에게 군직(軍職)과 관복을 주기까지 했다.[38]

---

35) 『중종실록』 1년 11월 8일.

36) 『중종실록』 3년 4월 2일.

37) 『중종실록』 8년 2월 11일.

38) 『영조실록』 영조 51년 3월 4일 신해. “연산군(燕山君)·광해군(光海君)을 봉사(奉祀)

이렇게 되니 민간에서도 비록 폭군이기는 하지만 연산군에 대한 인식이 바뀌었을 것으로 생각된다. 그리고 이로 인해 점차 연산군을 신적 존재로 섬길 수 있게 된 것으로 추정할 수 있다. 무엇보다 교동의 주민들은 연산군을 부근당의 신격으로 모시게 된 이유를 "교동도에 연산군이 유배되고 마지막으로 죽임을 당한 곳이기 때문에 그를 위로하기 위해서"라고 하였다.[39] 이것은 연산군에 대한 숭배가 연산군이 영험한 능력을 가진 존재라고 인식해서가 아닌 그의 영혼을 위로하기 위해서라는 것을 알 수 있다. 이런 점들은 다른 민간신앙의 신격을 모시는 이유와는 차이점이 있다. 일반적으로 어떤 인물신을 모시는 이유는 임경업 장군의 예에서 알 수 있듯이 영험한 능력으로 주민들에게 도움을 주기 때문에 연산군의 경우는 이러한 경우와는 다르다는 것을 보여준다.

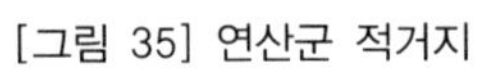
[그림 35] 연산군 적거지

[그림 36] 연산군 유배지

하는 사람은 충의위(忠義衛)를 승습(承襲)한 전례에 의거하여 군직(軍職)을 주어 관복을 갖추고 봉사하라는 일을 명하였다.(命燕山、光海奉祀人, 依承襲忠義例, 付軍職, 冠帶奉祀事。)"

39) 정연학, 앞의 논문, 217쪽.

(2) 부근당굿[40]

교동의 부근당굿은 단독으로 거행하는 것이 아니고 화개산의 산제를 시작으로 도감집 안택고사, 사신당굿, 부근당굿의 순서로 3~4일 동안 진행된다고 한다. 여기서 화개산 산제는 화개산 기슭에 잇는 화개사 약수터 및 바위에서 무당과 선정된 제관 몇 명만 참여하여 진행한다. 이러한 산제는 제의의 대상인 화개산 산신인 '상산대감'에게 읍내리의 평안과 태평을 기원하는 '상산대감거리'로 진행하며, 산제가 끝나면 제물을 만드는 '도감집'에 감사한 마음으로 안택굿을 해준다. 그리고 사신당굿을 하고 부근당굿을 한다. 또한 이러한 굿판에서는 종교적 의례만 펼치는 것이 아니라 밤새도록 노는 놀이판이 벌어지게 된다.

그런데 교동 부근당에서 연산군을 모시기 때문에 당연히 부근당굿에서 연산군과 관련된 내용들이 다수 보이고 있다. 먼저 부근당굿에서는 연산군에게 예를 갖추는 것으로 시작해서 교동향교와 화개산으로 통하는 장승을 맞는 '장승거리', 부정을 물리는 '별부정', 산천의 산신을 모시는 '산천거리', 부근당의 부군할아버지를 모시는 '부근대감거리'의 순서로 진행한다. 이외에도 '부근거리'의 무가에서는 연산군의 생전 및 생후 관련 내용이 나오고 있으며 무가에서는 연산군을 부근대감이라고 부르며 갖은 싸움 속에서도 힘차게 살아온 인물로 묘사하고 있다. 이점은 실제 연산군의 생애와는 달리 연산군을 신격화하면서 생겨난 것으로 보인다.

그리고 교동 부근당굿에서 가장 중요한 부분은 '부근대감거리'이다. '부근대감거리'는 '신격 소개→부군 청배 및 대접→부군 원한 달래기

---

40) 이 항목은 정연학, 앞의 논문, 218~225쪽의 내용을 요약 정리하였다.

[그림 37] 화개사

→부군과 주민의 소통→공수 내리기 과정'으로 진행된다. 이 굿거리는 교동 부근당에서만 나타나며 이 존재로 인해 교동 부근당 신앙이 민간에 파고 들어가 존속이 가능했다고 한다. 이외에 다른 굿거리는 다른 굿거리에서도 동일하게 보인다고 한다.

그런데 이러한 부근당굿은 원래 1996년에 마지막으로 진행되었다가 20년이 지난 2016년 5월에 다시 시작되었다. 1996년에 부근당 굿의 명맥이 끊겼던 이유는 부근당에 대한 관심이 적어진 것도 있지만 교동 인구의 감소와 교동 안에서 기독교 신자의 숫자가 늘어났기 때문이다.

(3) 남근 숭배

교동의 부근당 안에는 3개의 남근목이 걸려 있었다. 이것은 교동에서만 발견되는 특징은 아니며 서울 한강변의 '방앗고지 부군당'에서도 남근을 걸었던 적이 있었다. 이러한 부군당의 남근숭배는 오래된 것으로 보이는데 이와 관련된 기록이 아래의 『오주연문장전산고』에서 보이고 있다.

> 혹은 말하기를 부근(付根)이라고 하는데 송씨 처녀가 실린 것이라 한다. 4벽에 남자의 성기처럼 나무로 만든 막대기를 많이 매달아놓앗느네 심히 음란하고 외설적이었으며 정도에서 벗어단 것이다.[혹은 누가 말하기를 부근이라는 것은 관청의 뿌리가 되는 것이다. 그리고 남자의 성기처럼 만든 나무 막대기를 매다는 것은 사람의 뿌리가 음경임에 비견하여 나무 막대기를 만들어 상징한 것이라 했다.][41]
>
> –『오주연문장전산고』 천지편○천지잡류 귀신설

이런 점은 부군당을 부근당이라고 부르는 명칭과 '根'이라는 글자가 들어간 것이 부군당에서의 남근 숭배와 관련이 있다는 것을 알 수 있다. 이러한 교동의 부군당의 남근은 "남근에게 기도를 하면 아들을 낳는다."라는 믿음이 가지고 있었기 때문에 교동에서 오랫동안 존속되고 유지되었던 것이다. 하지만 교동의 남근은 2016년 초에 누군가가 흉측하다고 불로 태워버렸다고 한다.[42]

4) 교동 부근당의 특징과 성격

교동 부근당은 위치상 치소가 되는 교동읍성에 존재하지만 관아 추정

---

41) 至於累百金。或日。付根。乃宋氏姐所接。四壁多作木莖物以掛之。甚淫褻不經。[或日。付根者。旣爲官司之根。而其懸木莖者。以寓人之根爲腎莖。故作莖物以象之。]

42) 정연학, 앞의 논문, 204~255쪽.

지와 멀리 떨어져 있는 것을 보면 서울 지역의 부군당과 마찬가지로 관아 안에서 아전들을 중심으로 행해지던 무속신앙은 아니었던 것으로 생각된다. 왜냐하면 모든 마을 부군당들이 관아의 부군당에서 시작한 것은 아니고 서울의 경우 오래전부터 부군당으로 불리던 신당들도 존재하기 때문이다. 특히 교동 부근당의 위치를 보면 교동읍성 성벽 동북쪽 가까이에 자리잡고 있다. 이렇게 교동 읍내리 부근당은 관아 밖 읍성 안에 위치하고 있는 특징을 보이고 있다. 이것은 교동의 치소가 지금의 자리로 옮겨오고 읍성안에 민가가 형성되면서 나중에 만들어진 것으로 보여진다.

또한 교동의 부근당은 다른 지역과 달리 연산군을 모신다는 점에서도 다른 지역과 차별성을 가진다. 앞서 말한 것처럼 한강변의 부군당에서는 최영 장군 혹은 임경업 장군, 김유신 등 무속신앙에서 잘 알려진 인물들을 모신다면 교동에서는 폭군으로 알려진 연산군을 모신다는 점이 다르다.

마지막으로 부군당의 이름도 다르다. 일반적으로 부군당은 '府君堂' 또는 '付根堂' 등으로 표기한다면 교동의 경우는 '扶芹堂'라고 쓰고 있다. 이에 대해서 주민들은 미나리 근(芹)이라는 글자를 쓴 것은 '봄에 미나리를 올려 제사를 지냈고 교동의 미나리는 임금에게 진상할 정도로 특산품'이었기 때문이라고 한다. 하지만 교동의 미나리가 특산품이었다는 것은 보이지 않고 제물을 근거로 신당의 명칭을 부여한 것은 보이지 않는다고 한다. 그래서 '扶芹堂'이라고 쓴 것은 부근당 혹은 부군당이라는 이름을 옮기는 과정에서 벌어진 것으로 보인다. 특히 부군당을 부근당이라고 부른 것에는 남근숭배와 관련이 있기 때문으로 생각된다.

이러한 교동 읍내리 부근당은 앞서 언급한 것처럼 처음부터 마을 부군

[그림 38] 교동 부근당 편액

당이었을 가능성이 높다고 보인다. 그렇기 때문에 교동 읍내리 부근당은 일반적인 관아의 부군당과는 기복의 성격이 달랐을 것으로 생각된다. 앞서 언급한 것처럼 관아에 부군당이 있는 것은 관리가 별탈없이 자신의 업무가 잘되기를 빌었다면, 교동은 일반적인 마을신앙과 마찬가지로 읍성 안의 마을에서 풍년을 기원하거나 마을 사람들의 무사안녕을 빌었을 가능성이 있다. 특히 읍성에 위치한 관아는 수영(水營) 즉 요즘으로 치면 해군사령부가 있던 곳이다. 만약 여기에 부군당이 있었으면 지방관의 업무에 대한 무사안녕뿐만 아니라 군사에 관한 것도 기원했을 가능성이 있다. 그러나 현재 관아로 추정되는 곳에서 부군당으로 여겨지는 곳이 발견되지 않고 관아 추정지에서 부군당과의 거리도 멀기 때문에 처음부터 마을신앙과 관련된 신당이었을 것으로 생각된다.

3. 연수구 동막마을 도당굿

1) 동막마을의 역사와 지리

인천광역시 연수구 동춘2동 동남아파트에는 예전에 동막마을이라는 자연마을이 존재했다. 그리고 동막마을에서는 도당할머니와 도당할아버지를 대상으로 하는 도당굿이 존재하고 있었다. 도당굿은 인천 연수구에만 있는 것이 아니고 서울 및 경기지역에 분포하고 있다. 이러한 도당굿은 한자로 '都堂'이라고 쓰는데 이러한 도당굿의 역사는 비교적 오래된 것으로 보인다. 왜냐하면 도당굿에 대한 이야기는 아래와 같이 『오주연문장전산고』, 「사호변증설(祠虎辨證說)」에 실려 있기 때문이다.

> 우리 동방의 향곡(鄕谷)에는 호랑이와 표범의 고통이 많아 밤에 함부로 나갈 수 없어서 명아주 잎과 콩잎을 딸 수 없으며 이른바 (호랑이와 표범이) 사람과 가축을 잡아먹어서 백성들이 편안히 살 수 없다고 한다. 【람(嚂)이라는 글자는 자서(字書)에 보이지 않으니 곧 우리의 토속 글자이며 먹는다는 뜻이다.】 몇몇 백성들이 돈을 추렴하여 희생과 술을 갖추어 마을 진산에서 산군(山君)에게 제사를 드리고 무격이 어지러이 북을 치고 춤을 추며 그것을 평안케 하니 이름을 도당제(都堂祭)라고 한다.[43]
>
> -『오주연문장전산고』, 「사호변증설(祠虎辨證說)」

이런 점을 보면 적어도 조선시대 혹은 그 이전부터 있었던 것으로 볼 수 있다. 위의 기록에서 주목할 점은 도당제 즉, 도당굿이 호랑이와

---

43) 我東鄕谷。多虎豹之患。夜不敢出。藜藿不採。俗稱嚂食人畜。民不聊生。【嚂。字書不見。卽我土俗書。訓咬食也。】小氓醵錢備牲醴。祭山君於本里鎭山。而巫覡紛若。鼓之舞之以妥之。名曰都堂祭。

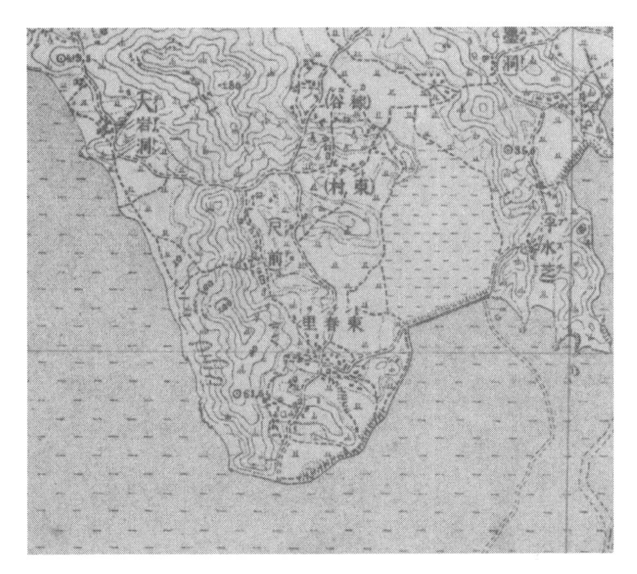

[그림 39] 1910~30년대 동춘동 일대

표범의 해코지를 막고 마을의 평안을 가져오기 위한 것이라는 점이다. 그러나 일반적으로 도당굿에는 유교, 불교, 도교의 종교적 행위들을 포함하고 있기 때문에 복합적 의례의 성격를 가진다고 한다.[44] 이러한 성격은 후술하겠지만 동막마을 도당굿 역시 마찬가지였던 것으로 보인다. 하지만 이러한 동막마을 도당굿은 70년대 후반부터 3년에 한 번씩 해오다가 1980년대 연수택지개발사업이 진행되어 마을 사람들이 점점 흩어지고 도당이 철거되면서 1986년 마지막으로 벌어지고 현재는 전해오지 않는다.

이러한 도당굿이 벌어지는 동막마을은 연수구 동춘2동 동남아파트

44) 목진호, 「경기 도당굿의 지역성 고찰」, 『로컬리티 인문학』 10, 부산대학교 한국민족문화연구소, 2013, 151쪽.

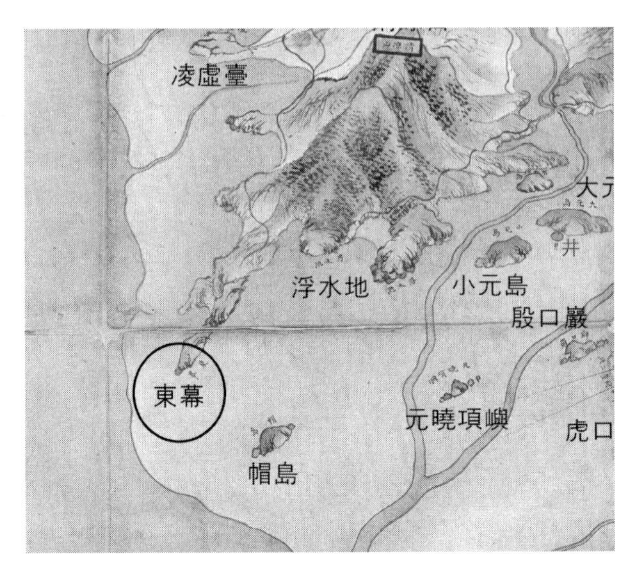

[그림 40]『화도진도』의 동막

주변과 대건고등학교 일대에 있었다. 이곳은 예전에 문학산 남쪽 산줄기 일대 마을 중에서 규모가 가장 큰 마을이었지만 지금은 몇 가구 안되는 사람들이 살고 있다고 한다. 이 마을에는 원래 제주 고씨와 영일 정씨가 살았고 이 중 제주 고씨가 먼저 들어와 살고 있었다고 한다.

동막마을은 봉재산 남쪽에 위치하고 있었는데 위의 그림을 통해서 알 수 있듯이 그 주변이 원래는 모두 바다였던 곳이다. 그렇기 때문에 주민들은 반농반어의 생활을 할 수 밖에 없었다. 특히 바다와 가까웠던 탓에 땅에 염분이 많고 수맥이 없어 비가 와야만 농사를 지을 수 밖에 없었으므로 농업보다는 어업이 주요 생계수단이었다고 한다. 그래서 남자는 주로 고기를 잡고 여자는 주로 개펄에 나가 동죽, 백합 등을 캐며 살아왔으며 일제강점기 때 염전이 생기자 이곳에서 일하는 주민들

[그림 41] 대건 고등학교

[그림 42] 대건고등학교 옆 아파트단지

도 있었다고 한다.[45] 그러나 지금 동막마을은 사라지고 대건고등학교와 해송 아파트 등만 남아있다.[46]

2) 도당굿의 시기와 장소

동막마을에서는 3월 경에 3~4일 동안 도당굿을 하고 10월에는 고사를 지낸다고 한다. 도당굿이 벌어지는 3월은 농사를 짓기 전의 시기로 이는 동막도당굿의 시기가 농사에 있어서 풍요를 기원하는 것과 관련이 있다는 것을 보여준다. 그러나 앞서 언급한 것처럼 동막마을은 바다를 끼고 있는 곳으로 주민들 대부분이 어업과 어패류 채집이 주요 생계수단이었다. 이런 점은 조선시대에도 마찬가지였던 것으로 보인다. 조선시대 정후겸의 친부는 정석달(鄭錫達)이라는 사람인데 그는 인천도호부 동막리 출신이었으며 『조선왕조실록』에는 "정후겸의 아비 정석달(鄭錫達)은 인천(仁川)에 살면서 생선 장수로 업을 삼고 있어 집안이 몹시

45) 『연수구사(하)』, 인천광역시 연수구, 2014, 582~583쪽.

46) 지도를 보면 동막이라고 쓰여져 있고 빨간 농그라미로 표시를 해 놓있지만 실제로 동막마을은 지금의 대건고등학교 및 주변 아파트가 들어선 지역에 있었다고 한다.

한미하였는데, 그 아들 정후겸으로 정치달의 뒤를 잇게 하였으니, 그때 나이 겨우 16세였다."[47]라고 하는 점에서도 추측할 수 있다. 그렇기 때문에 도당굿이 벌어지는 음력 3월은 농경보다는 어로 및 어업이 본격적이 벌어지는 시기와 관련된 것으로 생각된다.

실제로 동춘동 지역에서는 예부터 건강망(建干網)을 이용한 어업활동을 하였다. 건강망이란 밀물과 썰물을 이용하여 어군의 퇴로를 막아 물고기를 잡는 조업 방식으로 6m마다 말장이라는 말뚝을 박고 그 위에 그물을 치는 것을 말한다. 이것은 이 지역이 갯벌이 많고 조수간만의 차가 큰 서해안이라는 특징 때문에 가능했다. 그런데 이러한 건강망을 이용한 어업방식으로 물고기를 잡는 것은 주로 3월에서 10월까지 매일 두 차례 했다고 한다.[48] 이런 점을 보면 3월에 하는 도당굿은 어업이 시작되는 시기에 하는 행사이고 10월의 고사는 어업활동이 끝난 다음에 벌어지는 행사라는 것을 알 수 있다. 이런 점을 통해 동막도당굿은 어업과 관련된 행사라는 것을 알 수 있다.

그리고 동막도당굿이 벌어지는 장소는 동막마을이지만 동막의 도당신을 모시는 장소는 먼우금 당산의 소나무 숲이다. 이러한 숲은 한국에서 신성하게 여겨지거나 제사 장소인 경우가 많았다. 대표적으로 『삼국사기』, 「신라본기」를 보면 김알지를 계림이라는 숲에서 발견되는 것을 볼 수 있는데 발견되는 과정을 보면 신라인들이 신성하게 여겼던 닭이 우는 나무 아래 금궤짝에서 발견되고 있다. 이런 점은 당시 신라인들이 숲을 신성한 장소 혹은 제장으로 여겼다는 것을 알 수 있다. 또한 충청

---

47) 『영조실록』 영조 40년 4월 14일. "厚謙之父錫達, 居仁川, 以販漁爲業, 家世甚卑微, 而以其子厚謙, 爲致達後, 時年纔十六也。"

48) 『연수구사(상)』, 인천광역시 연수구, 2014, 416쪽.

남도 서천군 마량리 및 전라남도 부안군 위도면 진리에서는 숲을 제사의 장소로 삼았고 신라 역시 문열림이라는 숲에서 홍수와 가뭄이 들면 제사를 지냈다고 한다. 이렇게 숲을 신성한 장소로 여긴 것은 숲을 인간 세상과는 격리된 미지의 공간이자 영혼들이 사는 곳으로 여겼기 때문이라고 볼 수 있다.[49] 동막의 도당신을 당산의 소나무 숲에 모신것도 이와 같은 이유 때문으로 생각된다.

3) 도당굿의 양상[50]

[표 2] 동막도당굿 진행과정

순서	진행과정	순서	진행과정
1	당주굿	10	장군, 도당, 별상, 신장, 대감거리
2	거리부정	11	공삼현
3	부정굿(앉은 부정), 선부정굿	12	물림상
4	도당모시기	13	본향굿
5	돌돌이	14	터벌림
6	시루말, 시루고사, 시루돋음	15	군웅굿, 쌍군웅, 군웅노정기, 군웅굿(마무리)
7	제석청배, 제석굿	16	도당보내드리기
8	공삼현	17	중굿
9	무감	18	뒷전

49) 김영준, 「신라 일월제(日月祭)의 양상과 변화」, 『한국학연구』 52, 인하대학교 한국학연구소, 2019, 356~358쪽.

50) 이용범, 「동막도당굿의 특징-굿의 주체와 진행방식, 종교적 성격을 중심으로」, 『한국무속학』 28, 2014를 참조하였다.

이러한 동막도당굿은 크게는 경기도당굿에 속하는데 특이한 점은 다른 경기도당굿에는 마을별로 특수성이 확인되지만 동막도당굿에는 진행과정에 있어 전반적으로 특징이 발견되지 않는다고 한다. 그래서 오히려 경기도당굿 진행의 전형적인 모습을 보여주는 것이 인천광역시 동막도당굿의 특징으로 보기도 한다.

그렇다고 동막도당굿 만의 특징이 없는 것은 아니다. 먼저 동막도당굿에서는 굿을 진행하는 주체가 무당에만 한정되지 않고 악사(樂士)로 알려진 남자 화랭이의 역할이 크다. 동막도당굿에서 화랭이가 개입되는 것들로는 '부정굿(앉은 부정)', '돌돌이', '시루말', '제석청배', '군웅굿', '쌍군웅', '군웅노정기', '중굿', '뒷전' 등이다. 이런 점을 보면 화랭이가 동막도당굿에서 중요한 역할을 하고 있다는 것을 볼 수 있다. 그래서 동막도당굿의 화랭이는 단순이 무속 음악을 담당하는 사람이 아니라 남무(男巫)로도 불린다고 한다. 이것은 화랭이가 동망고당굿의 한 주역이라는 것을 보여준다. 이 때문에 동막도당굿은 화랭이 없이 무당만으로는 진행이 불가능하다.

다음으로 동막도당굿에서는 마을 주민들의 역할 역시 중요하다. 첫째로 동막도당굿에 도당신을 모시고 돌려보내는 것은 마을 주민들 가운데서 뽑은 대잡이가 한다. 대잡이는 대내림을 통해서 도당신을 모시고 돌려보낸다. 둘째로 굿 절차에 있어서 주민들이 자신들의 의견을 제시하고 관여한다. 예를 들면 1984년의 굿에서는 마을 문서의 절차대로 굿이 진행되지 않는다고 주민들이 문제제기를 하였으며 손굿이 행해지지 않았다고 주민들이 불만을 제기하기도 했다. 이렇게 주민들은 굿거리에 따라 불만을 제기하거나 냉담한 반응을 보이기도 하고 적극적으로 참여하기도 한다.

마지막으로 동막도당굿에서는 주로 남성들만 참여한다는 특징이 있다. 동막도당굿에서는 부정이 들까봐 여성들은 굿 참여는 고사하고 구경조차 제대로 못한다고 한다. 이러한 점은 1984년대에도 그대로 이어졌으며 굿에 사용되는 음식을 준비하는 것도 마을의 남성들만 했다고 한다. 여성들은 단지 시루떡을 만들어서 개인적인 정성을 드렸다고 한다.

그리고 이러한 동막도당굿의 진행과정에서는 음악 및 춤, 무가사설, 소리, 재담, 굿놀이 등의 문화적인 부분이 두드러진다고 한다. 특히 경기도당굿에서는 무속신화 및 무가의 비중이 큰데 이는 동막도당굿에서도 나타난다고 한다. 또한 다양한 무악(巫樂)을 쓰는 경기도당굿의 특성 역시 동막도당굿에서도 보인다고 한다. 무엇보다 동막도당굿에서는 화랭이가 주도하는 군웅굿과 손굿이 있는데 이 굿들은 화랭이가 춤과 소리, 재담, 놀이 등을 통해 진행한다. 그리고 이러한 절차에 주민들의 호응과 참여가 두드러진다고 한다.

또한 동막도당굿에는 돌돌이라는 의식이 있는데 돌돌이는 지역에 따라 유가행렬이라고도 불리는 것으로 마을 내부 혹은 굿의 규모에 따라 여러 마을을 돌아다니며 축원하는 의식이다. 이러한 돌돌이는 지금은 모두 사라지고 없지만 적어도 일제강점기까지는 계속 존속한 의식이었다. 예를 들면, 경기도 무형문화재 제59호인 시흥군자봉성황제의 경우, 유가행렬이 지금의 시흥시 뿐만 아니라 영등포지역까지 이를 정도였고 정확히 언제 사라졌는지 모르지만 조선 숙종 때 쓰여진 『강도지』의 갑곶성황에서도 이와 유사한 행렬들이 보이고 있다.[51] 그런데 1984년에

51) 『강도지』, 「풍속」. "**갑곶성황(甲串城隍)** 영험하여 경내를 깨끗이 한다고 한다. 거친 물결을 오고 가는 뱃사람 또한 공손히 음식을 바친다. 이것만으로도 매우 해괴한데 매년 12월에는 마땅히 순행해야 한다고 말하면서 무뢰배들이 계를 맺어서 관에 알리고

벌어진 동막도당굿의 돌돌이는 공동우물과 장승을 도는 정도였지만 원래는 3일동안 마을의 각 가정을 돌면서 고사를 지내주었다고 한다. 이런 점을 보면 동막도당굿의 돌돌이는 시흥군자봉성황제처럼 주변 마을을 도는 형식이 아닌 마을 내부를 돌며 축원을 해주는 모습이었던 것으로 생각된다.

4) 동막도당굿의 성격

앞선 지도에서 알 수 있듯이 동막도당굿이 벌어지는 동막마을은 본래 해안가에 위치한 마을이었다. 그리고 주민들도 농업보다는 어업이 주요 생계수단이기도 했다. 그래서 비록 위의 도당굿의 진행과정에서 어업과 관련된 요소는 보이지 않지만 원래는 어로의 풍요를 기원하는 의식으로 생각된다. 다만 풍어제라고 하기 곤란한 것은 후술하겠지만 일반적으로 풍어제는 해안가에서 배와 함께 진행되고 의식 중에 분명히 풍어를 비는 의식이 들어간다.

그런데 일반적인 경기도당굿의 형식을 하고 있는 동막도당굿에서는 그런 점이 보이지 않기 때문이다. 그래서 동막도당굿을 풍어신앙의 한 형태로 규정짓기는 힘들고 그러한 점이 보인다는 연구성과도 없다. 그래서 동막도당굿을 풍어신앙이라고 단정할 수는 없지만 동막마을의 위

무리를 거느리고 온다. 그리고는 큰 깃발과 창검을 앞뒤로 호위하고서 마을을 돌아다니며 재주를 보이고 먹을 것을 요구하며 재물을 뜯다가 정월 보름날에 비로소 성황당으로 돌아온다. 지극히 허망한데도 관가에서 그것을 허락하였다. 관의 뜻을 빙자하여 거짓말하는 일이 헤아릴 수 없으니 애석하다.(**甲串城隍**[稱以著靈掃境. 奔波, 往來船人, 亦謹薦食. 已足可駭, 而每年臘月, 謂當巡行, 無賴結契, 告官率來, 旗纛槍劍, 前擁後衛, 逐村效伎, 討食徵財, 正月望日, 始爲還堂. 極涉虛妄而, 官家又從而許之. 憑依官旨, 惑誣不貲, 惜哉])

치와 환경으로 볼 때 풍어신앙의 성격이 없다고는 말할 수 없을 것이다. 특히 동막마을은 지금은 거의 사라진 송도갯벌을 끼고 있기 때문에 어로 뿐만 아니라 갯벌에서의 동죽, 조개와 같은 어패류의 수확도 생계에 중요한 영향을 미쳤을 것으로 추정된다. 그래서 단순히 고기를 많이 잡기 위한 풍어신앙이라기 보다 어패류와 어업의 풍요 및 농업의 풍요를 기원하는 의식일 가능성이 높다고 생각된다.

4. 동제(洞祭)

1) 동제의 정의와 양상

동제는 대표적인 마을신앙의 형태로 일반적으로 마을에서 주민들을 중심으로 벌어지는 제의(祭儀)를 가리킨다. 그렇기 때문에 마을에서 벌어지는 각종 제의가 모두 동제에 속한다고 할 수 있다. 예를 들면, 산신제·서낭제·용신제·기우제·탑제·무후사제·탑제·장승제·솟대제·풍어제 등 마을에서 마을 주민들이 주체가 되고 마을 주민들이 참여하는 각종 마을제의가 모두 동제가 되는 것이다. 그래서 본책에서 말하는 성황제 및 풍어제 역시 넓은 범위에서 동제에 속한다고 볼 수 있는 것이다. 또한 동제는 '마을 굿'이라고도 불리는데 일제강점기에는 부락제(部落祭)라고 불렀으며 신당을 중심으로 벌어지기 때문에 당제(堂祭)라고 불린다.

이러한 동제는 일반적으로 무속제의의 형태를 하지만 때로는 유교식 제의를 하기도 한다. 그러나 기본적으로 마을 주민들이 주체가 되어 운영된다는 점은 달라지지 않는다. 동제는 마을 주민들이 주체가 되어 동제에 필요한 자금이나 제물을 준비하기도 하고 외부로부터 무당을 부르기도 한다. 이러한 동제에서 특이한 점으로 돌돌이 혹은 유가행렬이라고 부르는 것이 존재하기도 한다. 이것은 좁게는 한 마을의 집들을 돌아다니며 축복해주는 의식이지만 넓게는 여러 마을을 돌아다니는 의식이다.

그런데 동제는 한국에서 점차 사라져 가는 추세에 있다. 그 시작을 조선시대부터 볼 수 있지만 앞서 성황제에서 알 수 있듯이 조선시대에도 동제는 유지되었다. 실질적으로는 동제가 사라지기 시작한 것은 일제강점기라고 할 수 있는데 그 원인으로는 첫째로 당시 조선 지식인들이 동제를 미신으로 간주하여 타파하는 운동을 전개한 것이고 둘째로는 조선총독부가 만든 '경찰범처규칙'에서 동제에 들어가는 마을 주민들의 기부금을 제한하였기 때문이다. 그러나 광복이후 동제의 소멸은 전보다 훨씬 빨라지게 된다. 이것은 산업화 및 도시화가 되는 과정에서 동제의 주체가 되는 오랜 역사를 가진 자연마을들이 소멸되기 때문으로 볼 수 있다.

2) 인천 동제의 분포

인천의 동제에 대해서는 크게 2003년에 발표한 문상범의 「인천의 동제 연구」[52]와 2015년 인천광역시립박물관에서 발간한 『인천의 동제』에 정리가 되어 있다. 특히 2015년에 발간된 『인천의 동제』의 'Ⅱ.인천 동제의 현황'을 보면 인천에서 원래 동제를 하던 지역은 68곳이었는데 2015년에는 남동구 4곳, 서구는 5~6곳, 영종도 2곳, 강화도 1곳, 연수구

52) 1997년 석사학위논문

1곳 등 총 18~19곳으로 줄었다는 것을 알 수 있다. 과거로부터 최근까지 시행되던 68곳에 대해 살펴보면 다음과 같다.[53)]

번호	구·군	지역	형태	시기
1	남동구	운연동 음실마을	당고사	7월 초
2	남동구	운연동 연락골	당고사	10월 초
3	남동구	장수동 만의골	도당고사, 7월 고사	10월 5일, 7월 초
4	남동구	장수동 수현마을	산제	10월 초
5	남동구	남촌동	당고사	7월 1일
6	남동구	도림동	당고사	7월 1일~2일
7	남동구	수산동 경신마을	당제	7월 1일, 10월 1일
8	연수구	동춘동 동막마을	도당굿	10월 초
9	연수구	동춘동 소암마을	도당굿	10월 초
10	연수구	선학동 건넌마을	선황 당제	7월 7일, 10월 초
11	서구	연희동	당제	10월 3일
12	서구	경서동 고잔	산제	2월, 10월
13	서구	경서동 청라도	산제	12월 초
14	서구	가정동	당제	10월 2일
15	서구	검암동	산제	10월 초
16	서구	시천동	산신제	10월 3일
17	서구	백석동	산신제	10월 초
18	서구	신현동	도당제	10월 3일
19	서구(검단)	왕길동 안동포	당고사	12월 15일
20	서구(검단)	원당동 고산후	산고사	10월 2일
21	서구(검단)	마천동 능안	산고사	10월 1일

53) 『인천의 동제』, 인천광역시립박물관, 2015, 12~15쪽.

번호	구·군	지역	형태	시기
22	서구(검단)	마전동 불로동	산신제	10월 초
23	서구(검단)	마전동 가현	산치성	10월 2일
24	서구(검단)	마전동 여래	산고사	10월 1일
25	서구(검단)	당하동 족저	산고사	10월 1일
26	계양구	동양동	산고사	10월 초
27	계양구	박촌동	산고사	10월 1일
28	계양구	계산동	도당제	2월 1일, 10월 1일
29	계양구	서운동	산제	10월 1일
30	계양구	용종동	도당제	10월 1일
31	계양구	다남동	산신제	10월 1일
32	계양구	목삼동	산신제	10월 초
33	계양구	상야동 벌말	도당제	10월 1일
34	계양구	효성동 새별	도당고사	7월 1일, 10월 1일
35	부평구		도당굿	
36	중구	용동 큰 우물	우물제	
37	중구	경동 싸리재	대동굿	
38	중구(영종도)	신도 고남	당굿	정월 보름
39	중구(영종도)	신도 구로지	당굿	정월 초
40	중구(영종도)	신불도	당산제	2월 초
41	중구(영종도)	용수말	소당제	2월 초
42	중구(영종도)	전소마을	산신제	10월 1일
43	중구(영종도)	송산	당제	10월 1일
44	중구(영종도)	마장포	산제	10월 1일
45	중구(영종도)	새포리	당제	10월 3일
46	중구(영종도)	중촌	산제	10월 1일
47	중구(영종도)	구읍	당제	2월 1일
48	중구(영종도)	덕구봉	산제	12월 초

번호	구·군	지역	형태	시기
49	중구(영종도)	삼목도	산신제	2월 1일~2일
50	중구(영종도)	에단포	풍어 도당굿	2월 초
51	중구(용유도)	거잠포	풍어 도당굿	2월 초
52	중구(용유도)	나룻개	산신제	10월 초
53	중구(용유도)	늘목	당제	섣달 그믐
54	중구(용유도)	수문터	당제	10월 초
55	중구(무의도)	큰무리	당고사	정월 초
56	중구(무의도)	개안	산제	정월 보름
57	중구(무의도)	소무의도	당제	2월 초
58	옹진군	자월도 큰말	당굿	정월 초
59	옹진군	덕적도 진말	당굿	3월 초, 9월 9일
60	옹진군	덕적도 북리	당고사	2월 초
61	옹진군	영흥도 버드니	당고사	섣달 그믐
62	옹진군	영흥도 업벌	당고사	섣달 그믐
63	옹진군	연평도	대동굿	2월 초
64	옹진군	백령도	당제	정월 보름, 9월 9일
65	옹진군	이작도	당산제	1월 1일, 8월 15일
66	옹진군	선재도	당제	택일
67	옹진군	승봉도	당제	12월 말
68	옹진군	장봉도	당제	

이러한 동제의 현재 상황은 정확히 알 수 없지만[54] 2015년에 인천광역시립박물관에서 발간된 『인천의 동제』를 보면 다른 전통신앙 중에서도 빠르게 사라져가는 신앙형태라는 것을 알 수 있다. 특히 이러한 동제

54) 코로나 사태로 인해 현지조사가 원활하지 못하였다.

의 소멸에는 동제를 이끌어가는 자연마을의 소멸과도 관련이 있는 것 같다. 연수구의 경우, 지금의 모습은 갯벌을 간척하여 지형이 바뀐 것이고 실제로는 다수의 어촌마을이 있었던 것으로 보인다. 특히 동막마을의 경우 500년이 될 정도로 오랜 역사를 가지는데 결국 연수구가 택지개발지구로 결정되어 마을 주민들이 이주를 하면서 마을의 규모가 작아지고 결국 동막도당굿이 사라지게 된 것이다.

이러한 사례는 단지 연수구만 한정되지 않는다. 인천광역시 중구에서도 동인천 일대는 이미 개항기부터 도시화가 진행되었지만 영종도와 용유도, 무의도 등은 인천국제공항이 만들어지고 택지로 개발되기 전까지는 다수의 자연마을들이 존재했던 것으로 보인다. 그리고 그곳에서 다양한 동제가 벌어진 것으로 추정된다.[55] 그러나 영종도 및 용유도의 택지가 개발되고 현대식 아파트가 들어서면서 이러한 동제는 차츰 사라진 것으로 추정된다. 이처럼 전통적인 동제는 자연마을과 밀접한 관련을 가지고 있고 자연마을이 쇠퇴하면서 자연스럽게 사라졌던 것이다. 이러한 현상은 앞으로도 계속될 것으로 추정된다.

한편 이렇게 자연마을이 사라지면서 사라지는 동제도 있지만 동네 주민들의 필요에 의해서 새롭게 만들어지는 동제도 있다. 대표적으로 중구의 용동의 큰 우물제와 중구 경서동의 싸리재 대동굿이 있다. 먼저 용동 큰 우물제는 인천시 민속자료 2호로 지정된 큰 우물에서 벌어지는 것으로 원래는 중구 용동 지역에 상수도가 보급되기 전까지 동네의 식수원으로 쓰였던 우물이다. 그런데 상수도가 보급되면서 사용하는 사람이 줄어들고 관리가 소홀해지자 주민들이 초대 민선구청장인 이세영에게

55)『인천남부 종합학술조사』, 인천광역시립박물관, 2003, 579~582쪽.

[그림 43] 용동 큰 우물

우물에 대한 관리를 요청하게 된다. 그리고 결국 노인정 할머니들이 돈을 모으고 구청장에게 요구해서 우물을 보수하게 하였으며 아울러 문화재로 지정해주기를 요청하여 인천시 민속자료 2호로 지정되었다고 한다. 그리고 문화재로 지정된 해인 1996년부터 매년 9월 30일에 큰 우물제를 지내게 되었다고 한다.[56] 다음으로 중구 경동의 싸리재 대동굿의 경우도 싸리재 언덕에 서낭나무가 있어서 대동굿을 통해 상가 번영을 기원하기 위해서 1998년 중구 경동 번영회에서 시작했다고 한다.

3) 인천 동제의 양상[57]

앞서 본 것처럼 대체로 지금은 사라졌지만 조사된 자료들을 보면 인

56) 현재는 중단된 상태이다.

57) 현재 대부분의 동제가 사라진 상태라 여기서는 "~라고 한다." 또는 "~라고 했다."라는 표현을 썼다.

천의 동제는 매우 다양하다. 그래서 이를 개별적으로 살펴보는 것보다는 일반적인 양상을 알아보는 것이 좋다고 생각한다. 그리고 현재는 이러한 동제들이 대부분 사라졌고 이에 대한 연구는 이미 문상범에 의해 논문으로 발표된 적이 있기 때문에 여기서는 문상범의 논문[58]의 내용을 토대로 정리고자 한다.

첫째로 인천 지역 동제 유형을 보면 크게는 당제와 산신제 계통으로 나뉘는 것을 볼 수 있다. 당제는 마을의 수호신을 모시는 형태로 일반적으로 당할아버지, 당할머니 등을 모시고 벌어지는 제의형태라면, 산신제는 산신을 모시고 벌어지는 제의이다. 인천지역의 경우를 살펴보면 주로 인천의 남동쪽에 위치한 연수구 동춘동 지역과 남동구 지역 및 인천의 서북부지역에 해당되는 계양구 및 서구 가정동, 신현동, 연희동, 왕길동 지역에서 주로 사용되고 있으며, 이외에 강화도, 연평도, 백령도, 영흥도 등 대부분의 도서지역에서 당제 및 당고사 같은 '당제(堂祭)' 계열의 이름을 사용하고 있다. 반면에 과거에는 부천이나 김포지역에 속했으나 인천광역시가 확장되면서 인천으로 편입된 농업지역과 계양산을 경계로 북동쪽에 위치한 서구 검암동·시천동, 계양구의 다남동·목상동·동양동·박촌동 지역, 섬 지역으로는 영종도나 용유도 일부 지역에서 산고사와 같은 '산신제(山神祭)' 계열의 이름을 쓰고 있다.

둘째로 동제에 모시는 신격에 대해 살펴보면 인천의 동신의 이름은 산신, 산신령, 금계산신, 계양산신, 화산신, 본산본형산신, 도당할아버지·할머니, 백호할아버지·할머니, 임장군, 충신공, 용왕님, 각시서방, 삼신할머니, 도대감 등 30여종이다. 그리고 이들 신격들은 산신, 부부

58) 문상범, 「인천의 동제 연구」, 『인천학연구』 2(2), 인천학연구원, 2003.

신, 남신, 여신, 대감신 등으로 분류가 가능하다. 이러한 신격들 중 가장 많은 분포를 보이는 것은 산신이며 그 다음이 당할아버지와 당할머니라고 한다. 그리고 이들을 제외하면 주로 도서지역을 중심으로 임경업 장군을 많이 모신다고 한다. 또한 한 마을에서 하나의 신만 모시는 것이 아니라 복수의 신을 모시는 경우도 있다고 한다. 그리고 이렇게 인천 동제의 신들이 다양해 보이기는 하지만 사실상 당할어버니도 당할머니도 주로 뒷산에 위치하므로 주로 산신계통의 신격이 주종을 이룬다고 볼 수 있다고 한다.

셋째로 제당의 위치를 보면 인천지역의 경우 주로 마을 뒷산이나 마을 안에 위치한다고 한다. 특히 많은 제당이 산입구 및 산정상에 위치하는 경우가 많고 심지어 산정상에 위치했으나 나중에 산의 입구 및 마을 안으로 옮겨진 경우도 많다고 한다. 이러한 제당의 형태는 나무, 숲, 바위, 장승, 솟대 등 매우 다양하다고 한다. 이 중에서 가장 많은 분포를 보이는 것이 나무였다고 한다. 나무는 한국 마을 제당의 기본형태로 인천지역에서도 많은 수를 차지하며 심지어는 신체(神體)를 겸하는 경우도 있다고 한다. 그러나 나중에는 아무것도 없이 터만 있는 제당이 늘어나고 나무 신체를 모시는 일부마을에서는 제의의 편리함을 위해 시멘트나 돌로 제단을 만들어 놓기도 한다고 한다.

넷째로 인천 지역에서는 나무를 신체(神體)로 모시는 마을들이 가장 많았다고 한다. 신체로 모시는 나무는 소나무 상수리나무, 팽나무, 엄나무 등이며 이중에서 소나무가 가장 많은 수를 차지한다.[59] 또한 당집을 신체로 모시는 경우도 많다고 한다. 당집을 지어 놓고 그 안에 신도,

---

59) [그림 44]의 장수동 만의골 은행나무에서도 음력 7월 1일과 7월 7일 사이에 마을제의가 벌어졌다고 한다. (『인천남부 종합학술조사』, 인천광역시립박물관, 2003, 562쪽.)

[그림 44] 장수동 만의골 은행나무

신상 위패를 두기도 하며 시루 속에 보관된 제기를 한 쪽 옆에 두기도 했다고 한다. 그리고 이러한 당집들은 초기에는 흙으로 만든 담벼락에 초가 지붕이었으나 나중에 다시 지은 건물들이 많다고 한다. 또다른 신체로는 터주가리가 있다. 경서동 고잔마을과 동춘동 동막마을, 운연동 음실마을, 강화도 창후리에서는 상설형 터주가리를 신체로 모시고 있었다고 한다. 상설형 터주가리의 경우는 터주가리에 옷을 입히듯 덧씌우기 때문에 매우 커서 멀리서 보면 제당으로 착각할 정도라고 한다.

다섯째로 동제가 벌어지는 날짜는 음력 10월 초에 지내는 경우가 많지만 일정하지 않고 마을마다 다양하다고 한다. 대제로 음력 1월·2월·7월·10월·12월에 집중되는 경우가 많다고 한다. 음력 1월 즉 정월에 벌어지는 동제는 도서지역에서 많이 벌어지면 주로 월초나 보름에 이루어진다. 음력 1월은 인천지역에서는 휴어기에 해당되기 때문에 미리 동제를 치루어 부정을 예방하고자 하기 위한 것으로 보인다. 음력 2월에 벌어지는 지역으로는 영종도, 신불도 지역으로 음력 1월에 하는 것만큼 신년제로서의 의미는 없지만 부정을 예방한다는 점에서는 동일한 것으로 보인다. 그러나 도서지역만 음력 2월에 하는 것은 아니고 경서동 및 계산동 지역에서도 음력 2월에 동제가 벌어졌다고 한다. 반면에 농업을 주업으로 하는 지역들은 주로 음력 7월과 10월에 동제가 벌어지는 것이 확인된다. 그리고 제사 날짜는 추로 초하루에서 초사흘 사이로 잡으며 날짜를 정해 놓는 경우와 길일 받아 결정하는 경우로 나뉜다고 한다. 또한 1년에 1번만 동제가 거행되는 경우가 대다수라고 한다.

여섯째로 동제를 주관하는 제관의 경우, 인천지역에서는 제물을 담당하는 사람을 당주, 화주, 도가, 소임 등으로 부르고 제의를 집행하는 사람을 당주, 헌관, 제주 등으로 부른다고 한다. 제관이 1명인 경우도 있지만 보통은 2명을 선정하여 동제를 진행하는 것이 보편적이라고 한다. 그리고 이러한 제관이 될 수 있는 기준은 부정이 없는 사람이며 마을에 따라는 나이제한을 두기도 한다. 또는 풍작여부에 따라 곡식을 많이 거둔 집을 제관으로 선정하기하고 주민들이 그냥 돌아가면서 제관을 하기도 한다.

일곱째로 동제 비용 및 제물의 준비의 경우, 인천지역에서는 마을의 공동 재산 기금을 만들어 동제 비용을 마련하는 경우는 없고 대부분 주민들의 자발적이고 균등한 헌납을 마련한다고 한다. 하지만 참여를 원하지 않거나 부정한 집의 것은 받지 않는다고 한다. 제물로는 '조라[祭酒]'라고 불리는 술과 황소 및 돼지를 썼다고 한다. 제물의 준비는 당주들이 담당하지만 노인회나 통장이 주관하기도 했다고 한다. 특히 농업이 생업인 남동쪽에 위치한 마을들이 7월 초의 동제 때 소를 제물로 썼다고 한다.

4) 인천 동제의 특징

인천 동제의 가장 큰 특징은 성격을 하나로 규정할 수 없다는 점이다. 이는 인천광역시의 특징 때문이라고 할 수 있다. 인천광역시는 각기 다른 역사적 전통을 가진 지역들인 인천, 부평, 교동, 강화, 옹진군, 영종도 등의 지역들이 하나로 합쳐진 지역이다. 또한 환경적으로 갯벌과 해안에 사는 어촌 마을과 농업을 중심으로 하는 내륙지역의 농촌마을로 나뉘기 때문에 인천 동제를 풍어 혹은 풍년 중 하나를 기원하는 의식이라고 규정하기는 힘들다고 생각된다. 이는 그만큼 인천 동제의 다양성은 매우 크며 매우 복합적이라고 볼 수 있다. 이런 점이 인천 동제의 특징이라고 할 수 있다.

무엇보다 인천의 동제는 점차 사라져 가는 대표적인 인천의 전통신앙이다. 그 원인에는 도시화로 인한 동제의 중심이 되는 자연마을의 쇠퇴와 소멸이 있고 기독교 신앙의 전파도 한 원인이라고 볼 수 있다. 특히 옹진군에 속하는 도서지역의 경우 기독교 신자의 수가 많아지면서 기존의 임경업 신앙을 비롯한 대부분의 전통신앙들은 사라진 상태이며 신당들도 철거되어 사라지고 있는 현실이다. 이러한 사라지는 전통신이라는 점 역시 인천 동제의 특징이라고 볼 수 있다.

V

국가신앙

1. 개요

먼저 국가신앙이라는 이름에 대해 설명하자면, 원래 신앙에 대한 일반적인 분류에 있어서 국가신앙이라는 것은 없다. 여기서 국가신앙이라고 한 것은 나라에서 제사를 지내는 대상을 말하는 것으로 일반적으로 국가제사라고 한 것을 본 책에서 '○○신앙'이라고 하는 이름에 맞추어 이름을 붙인 것이다. 그래서 국가신앙이라는 것은 국가제사라는 점을 염두해두고 본 장을 읽어주기 바란다.

국가제사라는 것은 일반적으로는 국가 즉 중앙정부가 주도하여 지내는 제사를 말한다. 주로 사전(祀典)이라고 하는 체제에 들어있는 것들은 모두 국가제사라고 할 수 있다. 즉 국왕을 중심으로 하는 중앙정부에서 지정하고 왕이 직접 주재를 하거나 관리를 보내어 제사를 주관하는 것들을 국가제사라고 할 수 있다. 그러나 이러한 경우 외에 지방관이 주재하여 제사를 지내는 경우도 존재한다. 이 둘은 세종 7년(1425)에 편찬된 『경상도지리지』를 보면 구분되어 있지만[1] 지방관 역시 중앙에서 파견한 관리이기 때문에 민간에서 지내는 무속의례와 구분된다. 그래서 여기서는 중앙에서 파견한 관리가 지내는 제사와 중앙에서 보낸 관리가 지내는 제사를 모두 국가제사로 포함시켰다.

이러한 국가제사는 고대로 올라가면 부여의 영고, 고구려의 동맹처럼 왕과 일반백성이 같이 참여하고 국가의 내부 결속을 다지며 왕의 권위를 높이는 행사로서 일반 백성의 신앙과 괴리되지 않았다. 그러나 이후 불교 및 유교와 같은 외래종교들이 국가적으로 중시되면서 일반 백성과 괴리가 생기게 된다. 왜냐하면 일반 백성들이 믿는 신앙은 주로 무속적 성격을 가진 전통신앙이기 때문이다. 특히 조선시대에는 그 이전과 달리 정치사상 및 도덕규범에 가까웠던 유교사상을 일반 백성들에게 권장하면서 그 괴리가 심해진다. 즉 주로 왕실과 유학자들을 중심으로 하는 유교식 의례와 민간의 무속의례의 차이가 분명해진다. 예를 들면 성황제의 경우도 조선 조정에서는 유교식 의례로 거행하고자 했다면 일반 백성들은 전통적인 무속의례의 방식으로 하고자 했다. 이렇게 고려 및 조선시대로 오면 국가와 민간의 신앙에 차이가 나며 특히 지역에서는 중앙정부가 주도해서 제사를 드리는 의식이 존재하게 된다. 이러한 제사가 바로 국가제사이고 본 장에서는 이를 '국가신앙'이라는 이름으로 분류하였다.

인천에서 국가가 제사를 주도한 곳은 강화의 참성단과 지금은 사라진 미추홀구 낙섬에 있던 원도사(猿島祠)이다. 강화 참성단은 단군이 하늘에 제사를 지낸 곳이라는 전설이 있기는 하지만 실제로는 고려 고종 때 처음 도교식 초제를 지내기 시작하여 조선시대 중간에 유교식으로

---

1) 『경상도지리지』에서는 국가에서 관리를 보내 제사지내는 곳을 '國行祭所'라고 하고 지방관이 주재하여 제사지내는 곳을 '守令行祭所'라고 하여 구분해놓았다.

변화하게 된다. 또한 원도사는 조선 세종 때 명나라의 예제인 『홍무예제』를 가지고 국가제사를 정비하면서 주변 섬들의 신들을 모아 함께 제사를 지낸 곳이며 국가에서 기우제를 지낸 곳이기도 하다. 이렇게 참성단과 원도사는 국가에서 주도적으로 제사를 지낸 곳으로 일반적인 민간신앙과는 다른 성격을 가진 장소들이다. 물론 멀리 보면 국가에서 지정한 읍치성황사가 있기 때문에 성황신앙도 국가제사로 넣을 수 있지만 읍치성황사들은 원래 민간신앙과 밀접한 관련을 가지고 있고 대부분은 무속적 성격을 가진 민간신앙의 형태로 돌아가기 때문에 국가신앙의 범주에 넣을 수 없었다. 그래서 여기서는 미추홀구의 원도사와 강화의 참성단으로 인천의 국가신앙에 대해 살펴보고자 한다.

2. 미추홀구의 원도사(猿島祠)

1) 원도사의 위치

제2경인고속도로의 종점 부근인 미추홀구 용현5동에 '낙섬'이라고도 불리는 작은 섬이 있었음을 기억하는 사람은 흔치 않다. 일제강점기 항만 확장의 일환으로 방조제가 건립되어 육지와 연결되었고, 1969년 경인고속도로의 개통이후에는 택지개발로 매립되어 지금은 그 흔적조차 찾기 힘들기 때문이다. 현재는 '낙섬길'이란 도로명만이 남아 있을 뿐이다. 그리고 지금은 낙섬 자리에 음식점이 들어섰다. 다만 음식점을 운영하시는 분께서는 원도사에 대해 잘 알고 계셨다.

[그림 45] 현재 원도사 터(음식점)

[그림 46] 원도사 터(음식점)에 있는 설명판

그러나 낙섬은 『신증동국여지승람』 이후로 인천의 각종 읍지류 자료에 원도(猿島)[2)]라고 빠짐없이 기록된 인천의 대표적 명소였고, 병자호란 때는 이 지역에 살던 이윤생이 병사를 모아 항전하다 순국하기도 했던 전적지이기도 하다.

이 섬이 가지는 중요한 역사적 의미는 1842년경에 쓰여진 『인천부읍지(仁川府邑誌)』에 나와 있다. 여기에는 다음과 같은 기록이 있어 이 섬이 조선시대 국가제사를 올리던 주요 제장(祭場) 중 한 곳이라는 점을 알 수 있다.[3)]

> **원도(猿島)**
>
> 부의 서쪽 20리에 있다. ○섬 안에 제도(諸島)의 신에 올리는 제단이 있어 봄과 가을로 산과 바다 강의 신에 제사를 올릴 때에는 수령이 친히 참여 했으나 지금은 폐지되었다. 다만 이곳에서 7차 기우제를 지냈다.[4)]

위의 기록에서 보는 것처럼 이 섬은 조선시대 지방관이 서해 여러

---

2) 이 섬의 명칭에 살펴보면, '원도(猿島)'는 『화도진도』에서는 '신도(申島)'라고 썼는데 이는 '申'이라는 글자가 12지 중 원숭이에 해당되기 때문에 '원도(猿島)'의 별칭으로 쓰인 것으로 생각된다. 또한 '申'은 방위상 서남서에 해당되며 대략 서쪽을 가리키고 있다. 이는 당시 인천도호부 관아의 기준으로 서쪽에 있었기 때문에 이러한 이름이 붙었을 것으로 생각된다. 낙섬은 말 그대로 멀리 떨어진 섬이라는 이름으로 인천도호부 관아서 비교적 멀리 떨어져 있었기 때문에 붙인 이름으로 생각된다.

3) 원도에 관한 기록은 16세기 중종조에 간행된 『신증동국여지승람』의 기록이 가장 빠르다. 하지만 이 기록에는 단지 원도에서 여러 섬에 신령을 모아서 제사를 지내는 내용만 있을 뿐 이후 상황에 대해서는 별다른 기록이 존재하지 않는다. 따라서 원래대로라면 『신증동국여지승람』의 기록을 인용하는 것이 옳겠지만 본 장은 서론에 해당하므로 원도사의 시작과 끝에 관한 기록이 있는 『인천부읍지(仁川府邑誌)』의 기록을 인용하여 원도사의 대략을 보여주고 이에 대한 자세한 설명은 본론에서 이야기하고자 한다.

4) **遠島**[在府西十二里. ○島中, 有諸島之神祭壇, 春秋, 岳海瀆行祭時, 守令親行, 今廢, 只行七次祈雨祭於此]

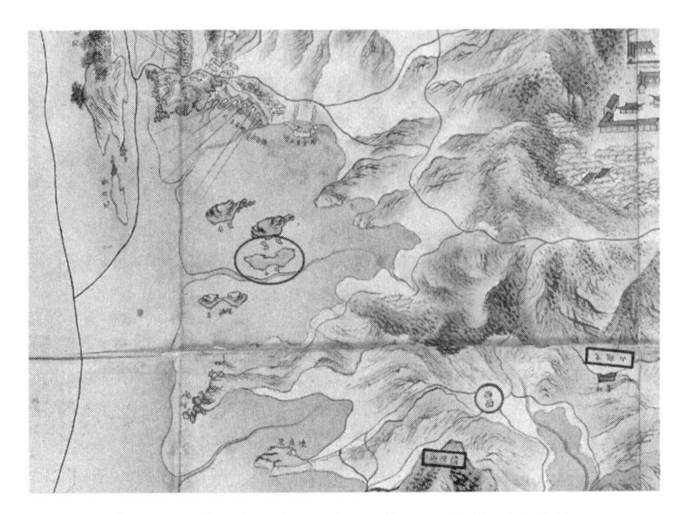

[그림 47]『화도진도』에 보이는 낙섬[신도(申島)]

섬들에서 모시던 신들을 모아 제사지내던 곳이었다. 하지만 왜 이곳에서 인천 근방의 여러 섬들의 신들을 모아 제사를 드리게 되었는지에 대해서는 보이지 않고 있다. 또한 언제부터 시작하여 언제 끝났는지에 대해서도 나오지 않고 있으며, 그 이유 또한 보이지 않는다. 이러한 양상은『인천부읍지』외의 기록들에도 동일하게 보이고 있어 당대에도 원도는 잘 알려진 제장이 아니었음을 보여준다. 하지만 인천지역사의 입장에서 원도는 국가의 제장(祭場)이었다는 점에서 의의를 가지고 있다.

2) 조선 초기 단묘(壇廟)의 정비와 원도사(猿島祠)

조선왕조는 기본적으로 성리학을 기본 이념으로 한 국가였다. 그러나 고려시대까지는 유교의 영향력이 그리 크지 않았고 다양한 민간신앙이 함께 공존하고 있었다. 따라서 조선은 건국하면서 성리학에 맞지

[그림 48] 옛날 낙섬의 위치(1948년 Norb-Faye 촬영)

않는 것들에 대한 배척 혹은 정비 작업을 실시하였다. 이 과정에는 필수적으로 사전(祀典)에 대한 정비가 필요하였다. 이는 조선왕조가 통치의 근본으로 삼은 성리학을 모든 백성의 생활에도 적용하고자 하려는 의도이며, 이렇게 유교 특히 성리학의 영향력이 강해짐에 따라 고려시대의 사전과는 그 체계가 달라지게 된다.

[표 3] 『고려사』, 「예지(禮志)」에 나오는 제사 분류

종류	분류
大祀	환구, 방택, 사직, 태묘, 별묘, 경령전, 여러 왕릉
中祀	적전, 선잠, 문선왕묘
小祀	풍사, 우사, 뇌신, 영성, 마조, 선목, 마사, 마보, 사한, 여러 주와 현의 문선왕 묘에서 지내는 제사
雜祀	

위의 표를 통해서 알 수 있는 것처럼 고려의 사전(祀典)체계에는 악(岳)·해(海)·독(瀆)에 대한 제사가 들어가 있지 않았다. 단지 대사(大祀), 중사(中祀), 소사(小祀)에 속하지 않는 잡사(雜祀) 부분에 일부 들어가 있을 뿐이었다. 즉 고려 때는 악·해·독 및 산천(山川)에 대한 제사가 아직 체계적으로 정리된 것이 아니었던 것이다. 그러나 조선왕조는 이러한 사전을 개편하여 악·해·독 및 산천을 정식으로 사전에 올리도록 한다.[5]

이러한 조선왕조의 제사에 대한 편제 중 원도와 관련하여 주목할 만한 것으로 세종 19년(1437) 3월 13일의 실록 기사가 주목된다. 이 기록은 예조에서 악·해·독 및 산천의 단묘(壇廟)와 신패(信牌)의 제도를 정하는 것에 대한 내용인데, 여기에는 단순히 단묘와 신패를 제정하는 것뿐만 아니라 제사를 중사(中祀) 혹은 소사(小祀) 등으로 편제할 지가 나와 있다. 여기서 주목할 점은 바로 여러 섬들의 제사를 한 지역에 모아서 하도록 한 조치이다.[6] 이에 대한 기록을 소개하면 다음과 같다.

---

5) 『태종실록』 권25, 태종 13년 6월 8일(을묘) 2번째 기사 참조.
"삼가 당(唐)의 『예악지(禮樂志)』를 살펴보니, 악진해독(岳鎭海瀆)은 중사(中祀)이고, 산림천택(山林川澤)은 소사(小祀)입니다. 『문헌통고(文獻通考)』의 송제(宋制)에서도 악독(岳瀆)을 중사로 하였고, 본조(本朝)에서도 전조(前朝)의 제도를 이어받아 산천의 제사는 아직도 등제(等第)를 나누지 아니하였으니, 경내(境內)의 명산 대천(名山大川)과 여러 산천[諸山川]을, 바라건대, 고제(古制)에 의하여 등제를 나누소서." (一, 謹按唐『禮樂志』, 岳鎭海瀆爲中祀; 山林川澤爲小祀, 『文獻通考』, 宋制亦以岳瀆爲中祀。本朝承前朝之制, 山川之祀, 未分等第。境內名山大川及諸山川, 乞依古制分等第。)

6) 이러한 조치는 비단 세종 19년(1437)에만 행해졌던 것은 아니다. 이미 세종 12년(1430)에도 각도산천단묘순심별감(各道山川壇廟巡審別監)의 보고를 통해서 단묘(壇廟)와 신패(信牌) 제도 정비와 각 지역의 제사를 한 곳으로 모으는 시도들이 있었음을 알 수 있다. (『세종실록』 권49, 세종 12년 8월 6일 기사 참조)

① 인천군의 자연도(紫燕島)·수심도(水深島)·용류도(龍流島)·고도(孤島)【이상은 같은 군(郡)의 땅이다】, 송가도(松家島)·장봉도(長峰島)·검대도(黔對島)【이상은 강화의 땅이다】, 소홀도(召忽島)·영흥도(靈興島)·독우도(犢牛島), 【이상은 남양의 땅이다】 용매도(龍媒島)【연안의 땅이다】, 구음도(苟陰島)·어울도(馭鬱島)·미정도(彌正島)·마전도(麻田島)·구상도(構桑島)·대인도(大忍島)【이상은 여러 도에 있는 것으로서 소재처를 알 수 없다】 상항의 여러 섬들은 원도(猿島)의 단에 모셔다가 치제(致祭)하였는데, 위의 여러 섬에 있는 것 가운데 타관에 있는 것은 각각 소재관에 보내어 사전에 고쳐 기록하고, 소재를 알 수 없는 섬은 도태(淘汰)하여 버릴 것.[7)]

② 함길도(咸吉道). …(중략)… 말응도(末應島)·미물곶(未勿串)·성도(聲島)·북도(北島)·서도(鼠島)·저도(猪島)·고비도(古非島)·갈도(葛島)·소도(小島)·웅망도(熊望島)·송도(松島)·골성(骨城) 이상 여러 섬은 주산인 말응도의 단에 이끌어 제사지내고, 위판 열 둘에는 각각 제도지신(諸島之神)이라고 썼는데, 청하건대, 각각 아무 섬의 신[某島之神]이라고 쓰고, 또 한 읍내에서 치제하는 여러 섬이 많으면 10여 섬에 이르는데, 부득이하여 치제하고 있는 여러 섬 이외에, 그 나머지의 혁제(革除)할 만한 곳은 혁제할 것.[8)]

③ 안변부(安邊府)의 정도(井島)·학포열도(鶴浦列島)·익곡성(翼谷城)·익곡낭성(翼谷狼城)【이상은 본부의 땅이다】, 신도(薪島)·소의달성(小衣達

---

7) 仁川郡紫燕島、水深島、龍流島、孤島、【已上, 同郡地。】松家島、長峯島、黔對島、【已上, 江華地。】召忽島、靈興島、犢牛島、【已上, 南陽地。】龍媒島、【延安地】苟陰島、馭鬱島、彌正島、麻田島、構桑島、大忍島【已上諸道, 不知所在處。】上項諸島, 於**猿島**壇, 引請致祭。右諸島之在於他官者, 各送所在官祀典改錄, 汰其不知所在之島。

8) 末應島、未勿串、聲島、北島、鼠島、猪島、古非島、葛島、小島、熊望島、松島、骨城已上諸島, 引祭於主山。末應島壇位版十二, 各書諸島之神, 請各書某島之神。且一邑內致祭諸島, 多至十餘, 不得已致祭諸島外, 其餘可革處革除。

城)·초도(草島)【이상은 의흥(宜興) 땅이다】, 웅도(熊島)·안도(鞍島)·흑도(黑島)【이상은 영흥(永興) 땅이다】, 화도(花島)·산도(蒜島)【이상은 함흥(咸興) 땅이다】, 천도(穿島)【흡곡(歙谷) 땅이다】, 옹천(甕遷)·외저도(外猪島)·난도(卵島)【이상은 통천(通川) 땅이다】, 도비곶(道非串)·능도(菱島)·연도(連島)·미연도(未然島)·흑악소을벌(黑嶽所乙伐)·조창성(鳥槍城)·이산성(二山城)·실직판(實直板)·휴곡(休谷)·직악천현(直嶽遷峴)·이악(泥嶽)·돌도(突島)·내저도(內儲島)·눌도(訥島)·구수도(狗首島)·직부도(直父島)·외흘니곤(外屹泥坤)·산산(蒜山)·낭곶(狼串)·황도(荒島)·견인도(見人島)·사지포(史知浦)·도림성(道臨城)·두광(豆廣)·황술(荒述)·증미(甑尾)·황석자(黃石子)·해성(海城)·각산의 유성(杻城)·창성(槍城)·골목액(骨木額)·송산(松山)·탄항관(炭項關)·적술(賊述)·저산(猪山)·대사간봉(大沙間峰)·이을악(伊乙嶽)【이상은 여러 섬에 있는 것으로서 소재를 알 수 없다】 단의 위판 59개에 각각 안변부 모도지신(安邊府某島之神)이라 쓰고, 위의 여러 섬을 이끌어서 부내에서 제사하는 것이 온당하지 못하니, 청하건대, 해변 낭성포(狼城浦) 근처로 단을 옮겨서 치제(致祭)하고, 타도·타관에 있거나, 소재처를 알 수 없는 여러 섬은 이미 앞에서 의논하였음. 또 59도의 신을 한 곳에 합하여 제사하여 위판은 59인데, 전물(奠物)은 다만 소사 한 위만 베푸는 것이 심히 미안하니, 청하건대, 위마다 각각 전물을 베풀 것.[9)]

---

9) 安邊府井島·鶴浦·列島·翼谷城·翼谷狼城、【已上, 本府地。】薪島小衣·達城·草島、【已上, 宜興地。】熊島·鞍島·黑島、【已上, 永興地。】花島·蒜島、【已上, 咸興地。】穿島、【歙谷地】甕遷·外猪島·卵島、【已上, 通川地。】道非串、菱島、連島、未然島、黑嶽所乙伐、鳥槍城、二山城、實直板、休谷、直嶽、遷峴、泥嶽、突島、內儲島、訥島、狗首島、直父島、外屹、泥坤、蒜山、狼串、荒島、見人島、史知浦、道臨城、豆廣、荒述、甑尾、黃石子、海城、各山、杻城、槍城、骨木額、松山、炭項關、賊述、猪山、大沙、間峯、伊乙嶽【已上諸島, 不知所在。】壇位版五十九, 各書安邊府某島之神。右諸島引祭府內未便, 請於海邊狼城浦近處, 移壇致祭。其在於他道他官及不知所在處諸島, 已議於前。且五十九島之神, 一處合祭, 位版五十九, 而奠物只設小祀一位, 甚爲未便, 請每位各設奠物。

④ 경상도. …(중략)… 고성현(固城縣)의 상박도(上樸島)·하박도(下樸島)·욕질도(褥秩島) 단은 합하여 한 단으로 만들고, 위판은 하나는 상박도 호국지신, 하나는 하박도 호국지신, 하나는 욕질도 호국지신이라 쓰고, 위의 제사하는 곳이 세 섬에서 통하여 바라보이는 곳이 아니니, 바다에 가깝고 통하여 바라보이는 곳을 택해서 옮겨 배설하여 단을 합하고, 세 섬의 신위판을 각각 배설하고 전물(奠物)도 각각 베풀어 치제하고, 모두 호국 두 글자를 삭제할 것.[10)]

이러한 세종 19년(1437)의 기록에서 나타나는 섬 제사의 양상을 정리하면, 첫째로 섬의 신들을 모아 제사지내는 지역들이 해안에 위치하고 있다는 사실 외에 별다른 공통점이 보이지 않는다는 것이다. 인천에 있는 원도(猿島)의 경우 사람이 살지 않는 무인도이나, 위에서 언급된 말응도(末應島)는 『신증동국여지승람』에 의하면 목장과 봉수가 있었던 비교적 큰 규모의 섬이었고,[11)] 낭성포(狼城浦)는 섬이 아닌 포구이다. 이러한 점을 통해 이들 섬 제사를 한 곳에 합사시키는 장소에는 뚜렷한 공통점이 없다는 것을 알 수 있다. 다만 경상도의 경우를 볼 때 "바다에 가깝고 통하여 (바다가) 바라보이는 곳에 단을 만든다"고 하고 있어 교

---

10) 慶尚道: 國行: 蔚山郡亏弗山, 小祀廟位版, 塗紙書亏弗山之神, 所在官行祭。固城縣上樸島、下樸島、褥秩島壇, 合爲一壇。位版一上樸島護國之神, 一下樸島護國之神, 一褥秩島護國之神。右祭所, 非三島通望處, 擇近海通望處, 移排合壇, 各設三島之神版, 各設奠物致祭, 皆除護國二字。

11) 말응도(末應島) 흑도(黑島)라고도 한다. 본부 동쪽 90리 지점에 육지와 연해있으며, 목장(牧場)이 있다.(『신증동국여지승람』 함경도(咸鏡道) 영흥대도호부(永興大都護府) 산천조)

말응도 봉수(末應島烽燧) 북쪽으로는 정평의 도안현(道安峴)과 응하고, 남쪽으로는 문천(文川)의 황석재(黃石岾)와 응한다. 금상(중종) 5년에 진술산과 고령인성의 두 봉수를 폐지하고 이곳으로 옮겨 합쳤다.(『신증동국여지승람』 함경도(咸鏡道) 영흥대도호부(永興大都護府) 봉수조)

통이 편리한 지역과 경관이 좋은 곳이 단묘 설치의 원칙으로 삼았음을 알 수 있다.

두 번째로는 이렇게 여러 섬을 한 곳에 모아 제사 지내는 곳은 전라도 지역을 제외하고 경기도와 함길도 및 경상도 지역으로 국한되고 있다는 점이다. 이러한 양상이 일어난 이유에 대해서는 현재 뚜렷이 알 수는 없고 다음과 같이 추측해 볼 수 있다. 첫째로 경기도와 함길도, 경상도 지역이 전라도보다 더 섬들이 많기 때문이 아니라 전통과 유래와 관련이 있을 것으로 생각되고,[12] 둘째로는 전라도 지역에 비해 경기도, 함길도, 경상도 지역의 섬들에 신단이 예로부터 많이 있었지만 생각보다 아주 영험한 곳은 많지 않았기 때문으로 생각된다.

한편 위의 섬 제사는 중사나 소사에 속하지 않는 지방에서 치제하는 민간신에 대한 제사이다.[13] 이러한 섬 제사에 관한 기록들은 모두 소사 다음에 나오는 것들이면서도 이것이 소사에 속한다고 말하지 않고 있다. 그런데 세종 7년(1425)에 편찬된 『경상도지리지』를 보면 지역에 따라 '國行祭所'와 '守令行祭所'라는 표현이 나온다. 해석하자면 '나라에서 제사지내는 곳', '수령이 제사지내는 곳'라는 의미인데, 이 두 가지 표현을 통해서 조선시대 국가에서 제사지내는 곳과 수령이 제사지내는 곳이 나뉘어 있다는 것을 알 수 있다. 그런데 『경상도지리지』를 보면 국가에서 제사지내는 곳으로 분류한 문경현의 주흘산은 소사(小祀)에 이름이 있고, 수령이 제사지내는 곳으로 분류한 가은현의 재목산(梓木山)은 소사에 이름이 없다. 그리고 『세종실록』 19년 3월 13일의 기록을

12) 허홍식, 『한국신령의 고향을 찾아서』, 집문당, 2006, 197~198쪽.

13) 세조 19년에는 중사와 소사에 실린 산천단묘 뿐만 아니라 지방에서 치제하는 민간신도 수록되었다. (허홍식, 앞의 책, 189쪽.)

보면 소사로 분류된 곳에는 소재관이 제사를 지낸다고 하고 있다. 이런 점을 보면 '나라에서 제사를 지내는 곳'은 주로 소사에 이름이 올라간 지역이며 중앙에서 소재관을 보내 제사를 지내는 곳이고, 수령이 제사를 지내는 곳은 소사에 이름이 올라가지 않은 곳으로 생각된다. 그런데 원도사는 이름이 소사에 올라가 있지 않다. 이런 점을 보면 원도사는 국가차원의 제사의식이 벌어지는 곳이 아니라 지방수령이 치제하는 곳이라고 볼 수 있다.

또한 이들 지역은 기본적으로 관리가 제사지내기 위해 가기 좋은 곳에 위치했던 곳으로 보이는데, 원도의 경우 썰물이 되면 관리가 배를 이용하지 않고 도보로 이동할 수 있었으며, 낭성포 역시 안변부에서 비교적 이동하기 가까웠던 곳으로 보이고, 말응도 역시 인근 관아에서 이동하기 편한 곳에 위치한 곳에 있었던 곳으로 생각된다. 그리고 이렇게 여러 섬들의 제사를 한 곳에 모아서 하는 것은 주변 다른 지역에 비해 원도, 말응도, 낭성포가 영험하였기 때문으로 생각된다.[14)]

이러한 점들로 미루어 볼 때 세종 19년(1437) 조선왕조는 수도와 발상

---

14) 이와 관련하여 다음의 기록이 주목된다.

"무산·증격산 이외의 그 나머지의 여러 산과 섬들은 모두 영험이 없는데 전물(奠物)만을 허비하는 것은 온당하지 아니하오니, 마땅히 여러 산과 여러 섬들의 제사는 폐지하고 다만 무산과 증격산만을 사전(祀典)에 기록하고 본 고을에서 치제(致祭)하는 등의 것은 윗 조항의 국사당에 단을 배설하고 합제(合祭)하게 하며, 무산(務山)을 무산(霧山)으로 고치고, 무산신과 증격산신의 위판을, '무산지신(霧山之神)', '증격산지신(甑擊山之神)'이라 고쳐 쓰자고 한 것은 윗 조항과 같이 아뢴 그대로 시행하되, '무(務)'자는 그전대로 두소서."

務山、甑擊山外, 其餘諸山諸島, 皆無靈驗, 而虛費奠物, 未便。宜革諸山諸島之祭, 唯務山、甑擊山, 錄於『祀典』, 本官致祭之類, 於上項國師堂, 設壇合祭, 而務山改以霧山, 霧山神、甑擊山神, 位版改書曰: '霧山之神。'·'甑擊山之神。' 右條依所申施行, 務字仍舊。(세종실록 권49 세종12년 8월 6일 갑술)

지 지역의 여러 섬들에서 행해지던 제사를 국가의례로 편입하기 위해 인위적으로 이 지역의 신들을 관리하기 편한 관아인근 지역에 합사(合祀)시킨 것으로 보인다. 그렇게 편제되어 국가가 주도하고 수령이 직접 지내는 제사가 거행되던 곳 가운데 한 곳이 바로 원도였던 것이다.

3) 원도사(猿島祠)의 의례 양상

(1) 국가제사로서의 위상

원도에서 어떤 신을 모시고 어떤 방식으로 제사를 올렸는지에 대해서 자세히 알 수 있는 방법은 현재로서는 없다. 추측할 수 있는 것은 고려때 까지 악(岳)·해(海)·독(瀆) 및 산천(山川)에 대한 제사는 일반적으로 잡사(雜祀)에 속하여 사전(祀典)과 다른 체계로 구성하였거나 계승하였을 가능성이 있다.[15] 당시에는 모든 지역의 명산대천에 대한 제사가 수록된 것도 아니어서 대부분 명산대천에 관한 제사들은 민간에서 이루어졌다. 따라서 원도에서 올리던 제사 역시 조선 태종과 세종에 의해 정식으로 사전체제에 포함되기 전에는 민간에서 무속의례에 의해 이루어졌을 것이다. 이렇게 민간에서 무당이 제관(祭官)이 되어 행하던 의식을 세종 19년 제도를 정비하면서 국가차원의 제사로 수용되고 유교식으로 바꾼 것으로 추정된다.[16]

하지만 이렇게 세종 때 원도에서 올리던 제사가 국가제사로 편제되었음에도 불구하고 다음의 표를 통해 알 수 있는 것처럼 실제 조선왕조

15) 허흥식, 앞의 책, 140쪽.

16) "소재관이 제사를 행하는 데는 헌관(獻官)은 제복을 입고, 집사와 교생(校生)은 유관(儒冠)을 쓰게 할 것.(所在官行祭則獻官着祭服, 執事校生, 令着儒冠。)"이라는 기록을 통해 이들 제의가 유교식으로 바뀌었음을 알 수 있다.

의 사전에는 기록되어 있지 않았다. 먼저 왜 실제로 사전에 이름이 올라가지 못했는지에 대해서 살펴보도록 하겠다.

[표 4] 『세종실록』, 「五禮」와 『國朝五禮儀』의 辨祀

분류	『세종실록』「五禮」 辨祀	『國朝五禮儀』 辨祀
대사(大祀)	사직(社稷), 종묘(宗廟)	사직(社稷), 종묘(宗廟), 영녕전(永寧殿)
중사(中祀)	풍운뢰우(風雲雷雨): 산천(山川)과 성황(城隍)도 붙여 제사한다. 악·해·독(嶽海瀆): 지리산(智異山), 삼각산(三角山), 송악산(松嶽山), 비백산(鼻白山), 동해(東海), 남해(南海), 서해(西海), 웅진(熊津), 가야진(伽倻津), 한강(漢江), 덕진(德津), 평양강(平壤江), 압록강(鴨綠江), 두만강(豆滿江) 선농(先農)·선잠(先蠶)·우사(雩祀) 문선왕(文宣王)·조선(朝鮮) 단군(檀君)·후조선(後朝鮮) 시조(始祖) 기자(箕子)·고려 시조(高麗始祖)	풍운뢰우(風雲雷雨) 악·해·독(嶽海瀆) 선농(先農)·선잠(先蠶)·우사(雩祀) 문선왕(文宣王)과 역대 시조
소사(小祀)	영성(靈星) 명산대천(名山大川): 치악산(雉嶽山), 계룡산(鷄龍山), 죽령산(竹嶺山), 우불산(于弗山), 주흘산(主屹山), 전주성황(全州城隍)은 전라도에 있고, 금성산(錦城山), 목멱산(木覓山), 오관산(五冠山), 우이산(牛耳山), 감악산(紺嶽山), 의관령(義館嶺), 영흥 성황, 장진명소(場津溟所), 양진(楊津), 장산곶(長山串), 아사진송곶(阿斯津松串), 청천강(淸川江), 구진익수(九津溺水), 덕진명소(德津溟所), 비류수(沸流水) 사한(司寒)·마조(馬祖)·선목(先牧)·마사(馬社)·마보(馬步)·칠사(七祀)·영제(禜祭)	영성(靈星) 노인성(老人星) 마조(馬祖) 명산대천(名山大川) 사한(司寒), 선목(先牧), 마사(馬社) 마보(馬步), 마제(禡祭), 영제(禜祭) 포제(酺祭), 칠사(七祀), 독제(纛祭) 여제(厲祭)
기고(祈告)		사직(社稷), 종묘(宗廟), 풍운뢰우(風雲雷雨), 악·해·독(嶽海瀆), 명산대천(名山大川), 우사(雩祀)

속제(俗祭)		문소전(文昭殿), 진전(眞殿), 의묘(懿廟), 산릉(山陵)
주현제(州縣祭)		사직(社稷), 문선왕(文宣王), 포제(酺祭) 여제(厲祭), 영제(禜祭)

위의 표를 통해서 알 수 있는 것처럼 조선시대 사전에 악·해·독은 중사(中祀)에 속한다. 하지만 그럼에도 불구하고 원도에서 지내는 제사는 위 『세종실록』, 「오례(五禮)」에 보이듯이 누락되어 있다.[17] 특히나 세종 19년(1437)의 기록은 악·해·독 및 산천(山川)의 제사를 정비하는 내용이므로 당연히 정비된 이후 조선왕조의 사전에 기재되어야 함에도 불구하고 위의 표에는 존재하지 않는다. 그러나 이러한 점은 비단 원도에 국한된 것이 아니라 낭성포와 말응도 등의 지역에도 해당되고 있다.

이렇게 조선시대에 악·해·독 및 산천의 제사를 정비하면서 원도, 낭성포, 말응도가 빠진 이유에 대해 추측해보자면 먼저 원도, 낭성포, 말응도 등은 악·해·독 및 산천의 제사로서 기본적으로 중사에 속하는 국제(國祭)로 분류해야 하지만 비교적 중요성이 낮았고, 주변 섬들의 신들을 모아 제사지내는 것이므로 중앙정부가 아니라 지방제사에 속한 것으로 취급했을 가능성이 있다. 이는 기본적으로 변사(辨祀)에 기록된 제사들이 왕의 명의로 지내는 제사로만 이루어져 있어서 지방관이 주관하는 제사는 빠질 수밖에 없다는 점에서 추정이 가능하다. 이러한 점은 위의 [표 4]에 나오는 제사들도 마찬가지라고 할 수 있다. 따라서 지방관이 주관하는 지방의 제사는 위의 변사에 기록되지 않았던 것으

17) 국조오례의 변사에 별도로 제장에 대한 설명이 없는 것으로 보아 『세종실록』, 「五禮」의 변사의 내용과 동일한 것으로 생각된다.

로 생각된다.

(2) 원도에 모여진 섬 신앙의 성격

다음으로 원도에 모셔진 신들에 대한 신앙의 성격에 대해 살펴보도록 하겠다. 비록 세종 19년(1437)에 악·해·독 및 산천에 대한 제도를 정비하면서 무속신앙에 가까웠을 의식이 유교식으로 바뀌었지만 이는 형식의 변화일 뿐 그 신격이 바뀐 것은 아니다. 따라서 본래 원도에 있는 신들의 성격은 일반적으로 서해안의 섬들에 퍼져 있던 민간신앙과 유사했을 것으로 추정된다. 하지만 현재 원도에 모인 신들에 대한 신앙의 성격에 대한 정보는 전해오지 않는다. 따라서 일반적으로 섬에서 모시던 민간신앙을 통해 추정할 수밖에 없다. 따라서 이와 관련하여 아래의 기록은 주목할 만하다.

> 또한 본 섬의 풍속(風俗)이 오직 귀신(鬼神)만을 숭상하여 음란한 일을 일삼으니, 비록 일곱 자식을 둔 아녀자도 안심하고 집에 있을 수 없다. 그리고 인가(人家)에서는 기도와 제사가 끊이질 않아 북을 치는 푸닥거리가 겨울도 없고 여름도 없으니, 요즈음 이 곳의 풍습을 말할 것 같으면 침을 뱉어도 특별한 것이 되지 못한다. 어찌 백성들만 그러하겠는가. 진(鎭)의 장수들까지 화극(畵戟)을 들고 신을 맞이하며 관아에서 굿판을 벌이고도 부끄러움을 모른다. 이러한 풍습은 진(鎭)을 세운 초기에 성황당(城隍堂)을 세운데서 유폐(流弊)가 나온 것이니 참으로 쓴웃음이 나온다.[18)]

---

18) 「白翎島誌」, 『雪壑先生文集』 권2, 雜著.

“且本島風俗, 惟鬼神是尙, 淫亂是事, 雖七子之母, 猶不能安其室, 而人家祈禳不絕, 坎坎擊鼓, 無冬無夏, 此間風習言之, 可唾不特。豈氓爲然, 至於鎭帥, 亦畵戟迎神, 設會公堂, 而猶不知其非。蓋此俗出於, 創立之初爲城隍作祠, 而流弊之此。誠可哂也。

위의 기록은 광해군 12년(1620)에 쓰여진 이대기(李大期)의 『백령도지(白翎島誌)』에 나오는 것으로 조선시대 서해안 지역 섬에서의 민간신앙 모습 일부를 보여 준다. 여기서 말하는 성황당은 현재 백령도 진촌(鎭村)에 있는 당개 성황당을 말한다. 『동아일보』 1928년 8월 29일 도서순례 기사에 의하면 당개 성황당에는 왕대통을 성황신으로 모시고 있었다고 한다.

백령도의 성황당은 위의 기록에서 백령진을 세우면서 만들어졌다고 하고 있는데 백령진 자체가 고려 초 처음 세워진 이후 없어졌다 세웠다를 반복했던 진(鎭)이었다. 그렇기 때문에 '진(鎭)을 세운 초기'라는 말 자체가 언제인지 모호할 수 있다. 하지만 『백령도지』가 광해군 2년(1610)에 이대기에 의해 쓰여진 책이기 때문에 '진을 세운 초기'라는 것은 광해군 때 이항복의 건의로 백령진이 다시 만들어진 광해군 1년(1609)일 가능성이 있다. 그래서 위의 기록을 보면 광해군 1년(1609)에 백령진이 다시 만들어지면서 진촌에 당개 성황당이 생긴 것으로 볼 수도 있다.

이렇게 관에서 주도하여 세워진 성황사를 읍치성황사라고 부르는데, 읍치성황사는 일반적으로 관에서 새로 만드는 것이 아니라 기존의 신당 중 하나를 관에서 성황사로 인정한 것이다. 즉 백령진을 새로 만들면서 당개 성황당에 세워진 것이 아니라 기존의 신당이 읍치성황사인 당개 성황당이 된 것이다. 따라서 위의 『백령도지(白翎島誌)』의 기록은 이미 백령도에도 민간신앙의 중심인 신당이 있었고 이것이 지금의 당개 성황당으로 이어지게 되었다는 것을 보여주는 것이다. 특히 백령도가 섬이라는 점과 그 앞바다가 예로부터 풍랑이 세고 항해하기 힘든 환경을 지니고 있다는 점을 생각해본다면 당개 성황당에서는 섬주민들이 주업인 농업 및 어업의 풍요 뿐만 아니라 항해의 안전을 기원했을 것으로 보인다.

이런 점을 생각해 보면 각 지역에 성황사가 설치되기 전에 이미 한국의 여러 섬들에도 다양한 민간신앙이 있었다고 볼 수 있다. 그런데 이러한 섬의 민간신앙은 현재 남아 있는 서해안 섬들의 동제(洞祭) 및 당제(堂祭)와 같은 마을 단위의 집단 민속의례를 통해서 확인된다. 예를 들면, 전라남도 무안군 지역의 지도(智島)의 경우 제당(祭堂)이 산 위에 있는데 대부분 당목(堂木), 당숲, 자연석축의 제단형태로 되어 있으며,[19] 일반적으로 풍년 및 개인적인 기복이 중심이기는 하지만 지역에 따라서는 당신(堂神)에게 제사를 지내야 뱃길이 무사하고 풍어가 든다고 믿는 경우도 있다.[20] 하의도(荷衣島)의 경우에도 동제(洞祭)를 지내는 제당(祭堂)이 덕봉산 중턱, 당산의 산등성, 상주막산의 옥녀봉, 망매산 등에 위치하고 있다.[21] 이렇듯 한국 서해안 섬 신앙의 경우 대부분의 제당들이 산에 위치하고 있으며 모두 풍농 및 풍어, 개인적인 기복을 포함하는 복합적인 지역신앙의 모습을 하고 있는데, 이러한 모습은 원도에 모인 신들에 대한 신앙의 경우도 마찬가지였을 것으로 생각된다.

이와 같이 섬에 존재하는 민간신앙의 양상을 볼 때, 곧 섬의 민간신앙은 기본적으로 산신신앙(山神信仰)일 가능성이 있다. 특히 『설문해자』에도 "海中往往有山可依止曰島"라고 기록하고 있듯이 중국에서도 예부터 섬을 바다에 있는 산으로 인식하고 있음을 알 수 있어 이러한 관념이 사전(祀典)에 반영되었음을 짐작할 수 있다. 이러한 점은 "여러 섬은 주산

19) 이종철·선영란·김삼기, 「智島地域의 信仰民俗」, 『도서문화』 5, 목포대학교 도서문화연구원, 1987, 34쪽.

20) 이종철·선영란·김삼기, 앞의 논문, 44쪽.

21) 이종철·선영란·오미순, 「新安郡 長山島·荷衣島의 信仰民俗」, 『도서문화』 3, 목포대학교 도서문화연구원, 1985, 62~68쪽,

(主山)인 말응도의 단에 이끌어 제사지내고"라는 기록과도 관련이 있다. 이 기록에서도 섬을 산으로 인식하고 있는데 이러한 점은 세종 19년(1437)에 거론된 섬들의 경우도 대부분 마찬가지라고 생각된다. 따라서 섬은 하나의 산으로서 인식되었으며 이들은 모두 사전에서 명산대천에 속하였고, 이러한 차원에서 벌어지는 의례는 민간에서도 비록 유교식 의례지만 큰 거부감은 없었을 것으로 생각된다.

(3) 원도의 기우제

마지막으로 『인천부읍지』의 기록을 보면 폐지된 이후에 이곳에서 기우제를 7번 올린 것으로 오해 할 수 있는데, 조선시대에는 기우제를 악·해·독 및 명산(名山)과 대천(大川)에서 올리는 것이 원칙[22]이었으므로 기우제를 올렸다는 것은 폐지 이후의 기록이 아니라 폐지 이전의 기록이라고 할 수 있다. 이를 단적으로 보여주는 것이 바로 『중종실록』에 나오는 중종 22년(1527) 5월 28일의 기사이다. 여기에서 중종은 기우제를 지내려고 예조에게 어디서 언제하면 좋을 지를 묻고 있다. 이에 예조에서 올린 글에 "원도에는 여러 섬의 신단(神壇)이 있으니 이상 여러 섬에 대해서는 원도에서 치제(致祭)하십시오"[23]라고 하여 원도에서 폐지 이전부터 왕이 보낸 근시(近侍)에 의한 기우제가 거행되었음을 보여주고 있다. 따라서 원도에서는 봄과 가을의 정기적인 제사 외에도 가뭄이 들면 기우제가 거행되었다는 것을 알 수 있다.

---

22) 『국조오례의』의 '길례(吉禮)' 항목에도 악(岳)·해(海)·독(瀆) 및 산천(山川)에 기우제를 지낸다고 나와 있으며『조선왕조실록』에도 이와 같은 사례가 다수 보이고 있다.

23) 『중종실록』 권59, 중종 22년 5월 28일 갑진조. "… 猿島有諸島神壇, 以上諸島, 於猿島引請致祭. …"

그런데 이러한 원도의 기우제와 관련하여 현재 인천광역시 역사자료관에서 출간된 『역주 인천부읍지』에는 “只行七次祈雨祭於此”를 기우제를 7번 지낸 것으로 해석하고 있다.[24] 하지만 당시 조선시대에는 기우제차(祈雨祭次)라고 하여 기우제를 지내는 순서가 있었다. 따라서 앞의 기록은 원도가 기우제를 지내는 순서로 7번째에 해당되었다는 말이라고 할 수 있다.

하지만 처음부터 원도가 7차 기우제로 정해진 것은 아니었던 것으로 보인다. 조선 초기만 해도 수, 당, 고려의 제도가 기우제 연차에 중요한 전거였고, 여기에는 여러 산천에 기우제를 올리는 것이 1차 및 3차에 해당되고 있지 7차에는 없다. 하지만 숙종 5년(1679)에는 풍운뇌우산천이 3차와 7차에 들어가고 있어[25] 대략 이 무렵에 7차 기우제장으로 원도가 들어간 것으로 생각된다. 또한 “단지 여기서 7차 기우제를 거행했다.”는 기록을 통해 3차와 7차 모두 여기서 기우제를 지낸 것이 아니라 7차 기우제만 원도에서 거행했음을 알 수 있다.

4) 조선 후기 국가제사의 변화와 원도사(猿島祠)의 폐지

이렇게 원도에서 지내던 제사는 『신증동국여지승람』, 『만기요람』, 『증보문헌비고』등에는 다음과 같은 기록이 나오고 있어 이후 계속해서 제사를 지내고 있었던 것으로 생각된다.

① 원도(猿島): 가운데 여러 도신(島神)들의 제단이 있고 봄가을로 수령

---

24) 『譯註 仁川府邑誌』, 인천광역시 역사자료관, 2004, 13쪽.

25) 최종성, 『기우제 등록과 기후의례』, 서울대학교출판부, 2007, 84쪽, 표 3-13.

(守令)이 직접 집행하여 악신(嶽神)·해신(海神)·독신(瀆神)에게 제사한다.[26)]

–『만기요람(萬機要覽)』 군정편 4 해방(海防) 서해 남부[西海之南]

② 원도(猿島): 부 서쪽 12리 되는 곳에 있으며 섬 가운데에 여러 섬의 신제단(神祭壇)이 있는데, 봄 가을에 악(岳)·해(海)·독(瀆)에 제사를 지낼 때에 수령이 친히 행한다.

–『신증동국여지승람』 제9권
「경기(京畿) 인천도호부(仁川都護府)」 산천조

③ 원도사(猿島祠): 여러 섬의 신령을 이 섬에서 합하여 제사지내며 봄 가을에는 본 고을에서 제사를 드린다.

–『신증동국여지승람』 제9권
「경기(京畿) 인천도호부(仁川都護府)」 사묘조

④ 원도(猿島): 서쪽으로 12리 지점에 있다. 섬 가운데 여러 섬의 신제단(神祭壇)이 있어 봄가을로 악해독(岳海瀆)에 제사를 행하였는데, 수령(守令)이 친히 행하였다.

–『증보문헌비고』 제33권 「여지고」21 관방9 경기 인천

위의 기록을 통해서도 알 수 있듯이 조선 중기의 기록에는 계속 제사를 지낸 것으로 나와 적어도 이후 계속해서 인천도호부사에 의한 정기적인 제사가 있어왔던 것으로 생각된다. 하지만 헌종 7년(1841) 이후에 편찬된 읍지에는 서론에서 언급한 바와 같이 모두 폐지되고 기우제를 지낸 것으로만 기록되어[27)] 적어도 1840년 이전에 원도에 대한 제사가

26) 猿島, 中有諸島神祭壇。春秋嶽海瀆行祭時。守令親行。

27) 今廢, 只行七次祈雨祭於此

없어진 것으로 추정된다.

이렇게 1840년 이후의 읍지들에서 모두 폐지된 것으로 나오는지 그 이유에 대해서는 정확히 알 수 없고, 단지 추정하자면 임진왜란 이후 사전(祀典)체제의 재편성과 관련이 있을 것으로 생각된다. 그렇다면 조선후기 사전체제는 어떻게 재편되었을까?

첫째, 임진왜란으로 많은 제사시설들이 불타거나 훼손되었으며 전후에 복구된 것은 일부에 지나지 않았다는 점이다.[28] 이러한 임진왜란의 여파는 단순히 서울지역에만 한정된 것이 아니라 인천도 마찬가지였던 것으로 보인다.[29] 당시 원도는 섬이었기 때문에 피해 정도는 아주 심하지 않았을 것으로 보이지만 무엇보다 임진왜란으로 각 지역의 제단이 파괴되어 전체적인 국가제사 시스템에 문제가 발생하였다. 이러한 점은 조선후기 사전체제의 변화를 가져오는 한 원인이 되었으며 이후 원도사(猿島祠) 폐지에 일정한 영향을 미쳤을 것으로 생각된다.

두 번째로 생각할 수 있는 것은 조선 후기 국가 제향에서 왕실의 비중이 커지고 나라에서 제사를 지낼 능(陵)·원(園)·묘(墓)의 숫자가 계속 증대했다는 점이다. 조선 후기에 들어서면서 선왕 및 선비의 기신제에 대한 제향일이 증가하였고 후대로 갈수록 나라에서 제사지내어야 할 왕릉이 들어나게 된다. 여기에는 사친이나 왕세자의 원묘(園墓)도 증가하여 제향 때면 늘 제관(祭官)이 부족한 사태가 발생하게 되었다.[30]

---

28) 이영춘, 「朝鮮後期의 祀典의 再編과 國家祭祀」, 『한국사연구』 118, 한국사연구회, 2002, 200쪽.

29) 이러한 모습은 『선조실록』의 26년 6월 5일(무자) 10번째 기록에 나와 있는 "왜노에게 침탈당한 도와 침범당하지 않는 도에 대한 상세한 기록"을 통해서도 알 수 있다. 여기서 일본군에게 분탕질을 당하거나 점거된 적이 있는 지역으로 '인천'이 나오고 있어 임진왜란 때 인천지역도 어느 정도 피해를 입었음을 짐작할 수 있다.

이 두 가지 원인 외에도 관리들의 제관으로 차정되는 것을 꺼리거나 거부하는 사태가 조선 후기에 나타나게 되는데 이러한 양상은 결국 사전의 재편으로 이어졌고 결국에는 각 지방의 단묘(壇廟)에도 영향을 미친 것으로 보인다. 결국 원도사(猿島祠)가 폐지된 것에는 이러한 조선 후기의 변화가 중요한 원인이었던 것으로 보인다.

5) 원도사와 청황패놀이

원도사와 관련된 민속으로 청황패놀이라는 축제가 알려져 있다. 청황패놀이에 대해 간단히 설명하자면, 매년 3월 삼짇날과 10월 상달 첫 오일(午日) 수령과 지방 유지들이 지켜보는 가운데, 마을 주민들이 어부를 상징하는 청패(靑牌)와 농부를 상징하는 황패(黃牌)로 나뉘어 시합을 한다. 각 패는 각종 깃발을 비롯한 황패틀과 청패틀을 앞세우고 관원의 복장을 한 패장(牌長)의 지휘 아래 싸움을 벌이며, 싸움은 어느 한쪽이 이기는 것이 아니라, 항상 양쪽 모두가 이기는 것으로 끝난다고 한다. 이렇게 승패를 정하는 것은 풍어와 풍농을 함께 기원하는 것이 목적이기 때문이라고 한다.[31)]

이러한 청황패놀이는 일반적으로 인천문화원 김진엽 부원장에 의해 발굴되어 1983년 제64회 전국체전에서 재현된 것이라고 한다. 이후로 청황패놀이는 『한국세시풍속사전』(2006), 『한국민속대백과사전』(folkency.nfm.go.kr) 등에 인천의 전통놀이로 소개되고 있다. 그런데 이러한 청황

---

30) 이욱, 「조선후기 제관(祭官)의 차정(差定)의 갈등을 통해 본 국가 사전(祀典)의 변화」, 『종교연구』 53, 한국종교학회, 2008, 139쪽.

31) 『한국세시풍속사전-겨울편』, 국립민속박물관, 2006, 44쪽.

패놀이는 『인천부읍지』를 비롯한 조선시대 및 근대 기록에는 전혀 보이지 않는다. 조선시대 원도사에 대해 기록한 『인천부읍지』에는 수령이 봄과 가을에 정기적으로 제사지냈고 기우제를 지냈다는 기록은 보이지만 청황패놀이를 했다는 기록은 전혀 보이지 않는다. 물론 문학산의 안관당제의 경우도 『인천부읍지』에 실리지 않았기 때문에 『인천부읍지』에 없다고 해서 원도사에서 조선 조정에서 정한 유교식 제의외에 민간제의가 없다고는 말할 수 없다. 다만 그것이 과연 청황패놀이라고 할 수 있는지는 명확하지 않다.

더군다나 『인천문화원43년사』(1997)에 의하면 청황패놀이는 전통적으로 전승되어 오던 놀이가 아니라 인천문화원 부원장이었던 김진엽의 창작물임을 밝히고 있다. 이 책에 따르면 김진엽 부원장은 서울 태생이며 인천에서는 1950년대부터 거주해왔다고 한다. 다만 그의 외가가 송도 유원지 부근이었으며 외조부로부터 원도사제에 대해 여러 가지를 들은 일이 있었다고 한다. 그리고 1983년에 인천에서 전국체전이 열리게 되자 교육위원회는 부평고등학교에서 식전행사로 민속게임을 펼칠 수 있는 준비를 하라고 하게 된다. 그러자 체육교사인 이태훈이 김진엽 부원장을 찾아갔고 김진엽은 외조부한테 들었던 원도사제와 그 마지막에 벌어졌던 놀이를 떠올리며 청황패놀이에 대한 구상을 하였다고 한다. 그리고 자신이 쓴 대본 첫머리에도 "어떠한 놀이를 어떠한 형태로 꾸며서 놀았는지 전하는 문헌이나 구전이 전혀 없어 소상히는 알 수 없다."고 적어 놓았다고 한다.[32] 이런 점을 보면 청황패놀이는 전통적으로 원도사에서 벌어지던 전통놀이가 아니라 1980년대에 만들어진 창

---

32) 『인천문화원43년사』, 인천문화원, 1997, 187쪽.

작물이라고 생각된다.

물론 그렇다고 원도사에서 민간제의가 없었다고는 말할 수 없을 것이다. 원도사제는 기본적으로 주변 섬의 신들을 원도로 모아서 벌어지던 유교식 제의인데 그 주변 섬의 신들이라는 것도 결국 민간신앙의 대상들이었던 것으로 생각된다. 그리고 앞서 성황신앙의 경우에서 알 수 있듯이 조선시대에는 민간에서 벌어지는 무속제의를 유교식으로 바꾸고자 노력했지만 대부분 실패하고 원래의 무속제의로 돌아가는 경향이 있다. 따라서 원도사제의 경우 수령에 의한 제의가 끊긴 시점부터 원도사제도 무속제의로 바뀌었을 가능이 있다고 생각된다. 강화도 외포리 곶창굿의 경우에서 볼 수 있듯이 무속제의에는 마을 사람들이 참여하는 축제가 벌어진다. 그렇기 때문에 수령이 참여하는 원도사제가 폐지된 이후부터 원도사에서 무속제의와 함께 마을 사람들이 참여하는 축제가 있었을 가능성이 있다. 아마도 김진엽이 들었다는 원도사제 마지막에 벌어진 놀이가 무속제의에서 벌어지는 축제였을 것이다. 그러나 김진엽도 원도사제에서 벌어진 놀이형태의 축제를 정확히 기억하지 못한 것으로 보이며 그렇기 때문에 청황패놀이를 창작한 것으로 보인다.

무엇보다 청황패놀이를 보면 어부를 상징하는 청패와 농부를 상징하는 황패를 들고 시합을 하다가 양쪽이 모두 이기는 것으로 끝낸다고 했는데, 일반적으로 시합을 해서 승부를 내는 놀이들은 모두 이긴 쪽이 풍년이 들거나 풍어가 들기 때문에 무승부로 끝내는 경우가 없다. 그리고 풍어와 풍년을 함께 기원하기 위해 승부를 내는 놀이를 하는 경우도 거의 존재하지 않는다. 대개 어촌마을에서는 풍어를 기원하고 내륙 농촌마을에서는 풍년을 기원하는 마을 굿을 벌이는게 보통이다. 더군다나 원도에 모셔진 신들은 주변 섬들의 신들이었다. 이것은 원도사제의 성격이 풍어나 항해의 안전들을 기원하기 위한 것에 가깝지 풍년을 기원하는 것까지 포함하기는 힘들다고 생각된다.

3. 강화도의 참성단

1) 강화도와 단군

참성단은 일반적으로 단군과 관련이 있는 유적으로 전해온다. 이러한 전승은 아래의 기록을 통해서 알 수 있듯이 적어도 고려시대부터 전해오고 있었다.

> 마니산(摩利山)
> 부(府)의 남쪽에 있으며, 산꼭대기에 참성단(塹星壇)이 있다. 세상에 전하기를 단군(檀君)이 하늘에 제사하던 제단이라 한다.[33]
>
> -『고려사』 양광도 강화현

이러한 참성단 외에도 삼랑성 역시 단군과 관련된 유적으로 전해온다.

> 전등산(傳燈山)
> 일명 삼랑성(三郎城)이다. 세상에 전하기를 단군이 세 아들을 시켜 쌓은 것이라 한다.[34]
>
> -『고려사』 양광도 강화현

33) **有摩利山**[在府南, 山頂有塹星壇. 世傳, 檀君祭天壇.]
34) **傳燈山**[一名三郎城, 世傳, 檀君使三子, 築之.]

이처럼 강화도는 참성단과 삼랑성의 전승을 보면 단군과 밀접한 관련을 가진 지역으로 볼 수도 있다. 다만 참성단과 삼랑성의 이야기가 사실이라고 보기는 힘들다고 생각된다. 그 이유는 첫째로 강화도가 고조선의 영역에 있는지가 불분명하고, 둘째로는 『고려사』의 기록들은 모두 구전된 이야기가 기록된 것으로 보이는데 구전설화의 특성상 후대에 만들어졌을 가능성이 있기 때문이다. 그렇기 때문에 먼저 단군과 강화도와의 관계에 대해 살펴보고자 한다.

원래 단군과 강화도의 관계를 알기 위해서는 먼저 고조선의 영역에 대한 이해가 있어야 한다, 그러나 일단 기록에서는 고조선의 영역에 대해 구체적인 기록이 보이지 않는다. 고조선에 대한 비교적 빠른 기록이라고 할 수 있는 사마천의 『사기』에서도 고조선의 영역에 대한 내용은 보이지 않는다. 그렇기 때문에 고조선의 남방영역에 강화도가 들어간다고 보기는 어렵다고 생각된다. 더군다나 현재 강화도는 본래 여러 섬들로 구성되어 있었으며 고려시대부터 조선시대까지 간척사업을 통해 지금의 모습을 한 것이다. 사실 현재 알려진 고조선 영역이라고 하는 것도 비파형 동검 치 세형 동검과 지석묘의 분포지역인데 이것 또한 문제가 있다. 왜냐하면 아직까지 고조선의 유물이라고 할 만한 것이 발견되지 않았기 때문이다.[35] 따라서 고조선의 영역에 대한 문제는 아직까지는 확실하게 풀린 문제라고 할 수 없다.[36]

그리고 『삼국사기』에서는 "조선(朝鮮)의 유민들이 산골에 나뉘어 살

---

35) 북한에서는 고인돌과 팽이형 토기를 고조선의 유적 및 유물로 보고 있는데 이 또한 분명하지는 않다.

36) 그래서 예전부터 고조선에 대한 논쟁은 주로 고조선의 수도 즉 중심지의 위치를 가지고 이루어졌다.

면서 여섯 개의 마을을 이루고 있었다.",[37] "평양은 본시 선인 왕검의 택지였다."[38] 등으로 고조선에 대한 언급이 보이지만, 강화도에 대해서는 "해구군(海口郡)은 본래 고구려(高句麗) 혈구현(穴口縣)이었는데 바다 가운데에 있다. 경덕왕(景德王)이 이름을 고쳤다. 지금은 강화현(江華縣)이다."[39]라고 하는 것을 볼 수 있는데 여기서는 고조선에 대한 언급이 보이지 않는다. 더군다나 『고려사』에서 언급한 삼랑성도 축조기법으로는 고조선이 아니라 삼국시대에 만들어진 것이라고 한다.[40] 이런 점들을 보면 고려 전기까지만 하더라도 강화도의 단군 전승이 없었던 것은 아닌가라는 생각이 든다. 그러나 김성환은 『고려사』에 나오는 '두악 천녀 실덕불동우파이(頭嶽 天女 實德不動優婆夷)'를 언급하면서 "강화의 마니산이 서북지역을 대표하는 신격을 모신 곳 중 하나로 고려사회에서 이해되고 있음을 알려준다."라고 하고 있어[41] 강화도에 일찍부터 단군에 대한 전승이 있었을 것으로 보고 있다. 하지만 지금까지의 연구와 기록 및 유적들로 볼 때 강화도와 고조선 또는 강화도와 단군을 연결짓기는 어렵다는 것이 대부분이라고 볼 수 있다. 따라서 『삼국사기』와 『고려사』의 기록 및 지금까지의 연구를 종합해 보면 강화도의 단군 전승은 적어도 고려시대부터 형성된 것으로 생각된다.

---

37) 『三國史記』, 「新羅本紀」 赫居世居西干. "朝鮮遺民, 分居山谷之間, 爲六村。"

38) 『三國史記』, 「高句麗本紀」 東川王 21년(247) 2월. "平壤者, 本仙人王儉之宅也"

39) 『三國史記』, 「地理志」. "海口郡, 本高句麗穴口郡, 在海中. 景德王改名. 今江華縣. 領縣三。"

40) 이형구·노태천, 「강화도 삼랑성 실측조사 연구」, 『백제논총』 5, 백제문화개발연구원, 1996.

41) 김성환, 「강화도 단군전승의 이해와 인식」, 『인천학연구』 8, 인천학연구원, 2008, 125~126쪽.

2) 참성단 전승의 형성

강화도의 참성단이 언제 만들어졌는지는 분명하지 않다. 이는 고려 및 조선시대 사람들도 잘 몰랐던 것으로 보인다. 앞서 『고려사』에서도 "세상에 전하기를 단군(檀君)이 하늘에 제사하던 제단이라 한다."라고 할 뿐이었고 언제 만들어졌는지도 알려진 바가 없다. 다만 고려 원종(元宗) 5년(1264)에 고려에서 입조할 것을 요구하자 백승현이 "마니산(摩利山)의 참성(塹城)에서 친히 초제(醮祭)를 지내시고 또한 삼랑성과 신니동에 가궐을 만드셔서 친히 대불정오성도량(大佛頂五星道場)을 여시면 8월이 되기도 전에 반드시 응답이 있어 친조(親朝)를 중지시키실 수 있을 것입니다. 그리고 삼한(三韓)이 변하여 진단(震旦)이 됨으로써 대국(大國)이 와서 조공할 것입니다."라고 말했고 고려 원종이 "백승현과 내시(內侍)인 대장군(大將軍) 조문주(趙文柱)·국자좨주(國子祭酒) 김구(金坵)·장군(將軍) 송송례(宋松禮) 등에게 명하여 가궐을 만들도록 하였다."라는 기록에 처음 참성단이 등장하는 것을 통해[42] 13세기 이전에 참성단이 만들어졌을 것으로 추정한다.[43]

앞서 말한 것처럼 고조선과 강화도는 관련성이 적은 것으로 보이고 있고 참성단 및 삼랑성의 단군전승도 고려시대 만들어진 것으로 추정된다. 이러한 전승이 생기게 된 배경에는 고려의 강화천도와 관련이 있다고 보고 있다.[44] 해당 견해를 정리하자면, 고려는 몽골의 침략에 대항하

---

42) 『고려사』 열전 폐행(嬖幸) 백승현. "元宗五年, 蒙古徵王入朝, 勝賢又因金俊, 奏曰, "若於摩利山塹城, 親醮, 又於三郎城神泥洞, 造假闕, 親設大佛頂五星道場, 則未八月, 必有應, 而可寢親朝. 三韓變爲震旦, 大國來朝矣." 王信之, 命勝賢及內侍大將軍趙文柱·國子祭酒金坵·將軍宋松禮等, 刱假闕."

43) 서영대, 「강화도의 참성단에 대하여」, 『한국사론』 41·42, 서울대학교 국사학과, 1999, 218쪽.

기 위해 고려 고종 19년(1232) 6월에 강화도로 천도를 했고 고려조정은 강화도가 새로운 도읍지로서 적합하다는 필요성 때문에 만들어진 것으로 보고 있다. 특히 당시에는 고려에서 단군의 존재가 새롭게 부각되고 있었고 고려인들의 결속을 다지는데 단군의 중요성이 재인식되고 있었다고 한다. 이러한 분위기 속에서 백승현을 비롯한 몇몇 사람들이 강화의 유적을 단군과 연결시키면서 강화천도의 당위성을 선전했고 그 결과 참성단과 삼랑성 등이 단군 유적으로 여겨지게 된 것으로 보고 있다.

또한 참성단에 단군 전승이 형성된 것은 당시 고려시대에 유행하던 풍수지리설과도 관련이 있다고 한다. 고려 원종에게 마니산 참성단에 초제를 지낼 것을 건의한 백승현은 풍수를 업으로 하는 사람이었다. 당시 단군은 풍수도참설과 밀접한 관련이 있었고 단군과 관련된 지역은 길지(吉地)로 여겨졌다고 한다. 그리고 몽골의 침입으로 말미암아 강화도로 천도하면서 풍수지리가들은 참성단과 삼랑성을 주목하게 되고 이들을 단군과 연결시키면서 만들어진 것으로 보기도 한다.

3) 참성단의 형태

참성단의 형태에 대해서는 『세종실록지리지』에 처음 보이는데 그 내용은 다음과 같다.

> 꼭대기에 참성단(塹星壇)이 있는데, 돌로 쌓아서 단의 높이가 10척이며, 위로는 모지고 아래는 궁글며, 단 위의 사면(四面)이 각기 6척 6촌이

---

44) 서영대, 앞의 논문, 1999, 218~222쪽; 서영대, 「참성단의 역사와 의의」, 『단군학연구』 19, 단군학회, 2008, 128~129쪽.

고, 아래의 너비가 각기 15척이다.[45]

-『세종실록지리지』 강화도호부

여기서 주목할 내용은 "위로는 모지고 아래는 궁글며[上方下圓]"라는 내용이다. 여기서 '방(方)'은 사각형으로 『세종실록지리지』에 나오는 참성단의 형태를 그림으로 그리면 [그림 49]처럼 된다.

그런데 참성단의 모습은 고대 중국에서 비롯된 동양의 천체관념과 상반된 모습을 보이고 있다. 고대 중국의 수학 및 천문학 문헌인 『주비산경(周髀算經)』에는 "천원지방(天圓地方)"이라는 표현이 있는데 해석하면 "하늘은 둥글고 땅은 모나다."라는 뜻이다. 이 말대로라면 참성단은 위가 둥글고 아래가 네모의 모습을 하고 있어야 한다. 이런 점을 보면 참성단의 모습은 반대라고 볼 수 있다.

그런데 『주역』 태괘(泰卦)는 건하곤상(乾下坤上)의 모습을 하고 있다. 여기서 건(乾)은 하늘을 뜻하고 곤(坤)은 땅을 뜻하기 때문에 하늘이 아래에 있고 땅이 위에 있은 형태를 하는 것이다, 태괘가 이런 형태를 한 것은 하늘의 양기는 위로 올라가는 성질이 있고 땅의 음기는 아래로 내려가는 성질이 있기 때문에 건과 곤의 위치가 바뀜으로서 서로 섞이며 조화를 이룬다는 것이다.[46] 물론 참성단의 "상방하원(上方下圓)"이 『주역』 태괘의 영향을 받았는지는 알 수

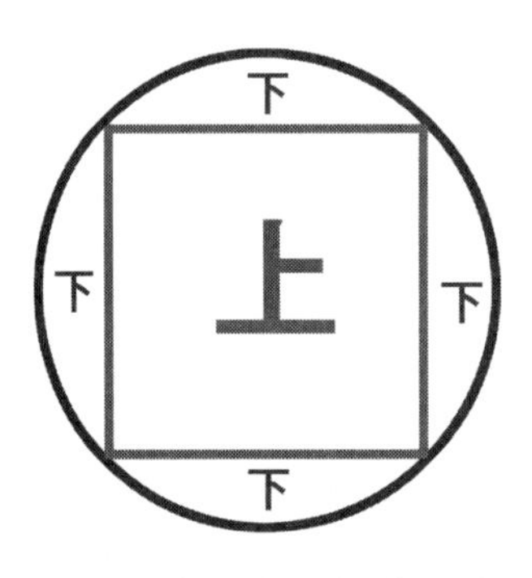

[그림 49] 상방하원(上方下圓)

45) 山頂有塹星壇, 壘石築之, 壇高十尺, 上方下圓。壇上四面, 各六尺六寸, 下廣各十五尺。
46) 서영대(1999), 앞의 책, 232쪽.

[그림 50] 참성단

없다.

그러나 위의 사진들에서 알 수 있듯이 현재 참성단에서는 "上方下圓"은 잘 관찰되지 않는다. 그런데 1911년도와 2004년도의 참성단 실측도를 보면 "上方下圓"이 보인다. 여기서는 [그림 52]에 해당되는 제단이 있는 부분이 4각형이고 그 아래가 동그란 부분이 있다는 것을 확인할 수 있다. 이를 1911년과 2004년 참성단 실측도에 표기하면 다음과 같다.

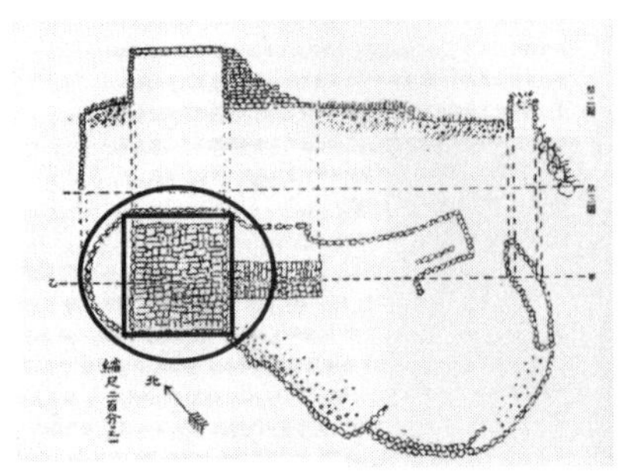

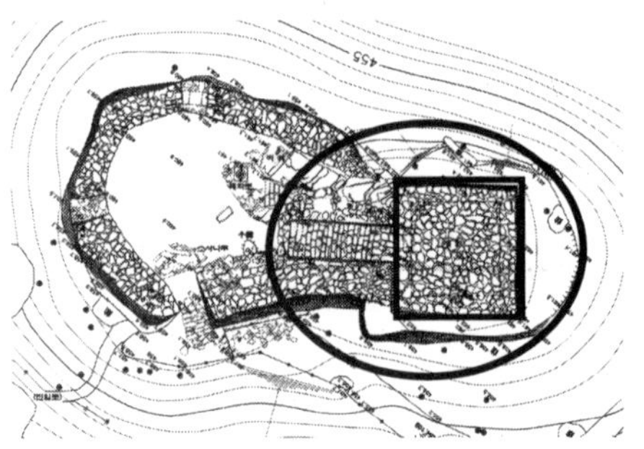

[그림 51] 1911년 실측도 [그림 52] 2004년 실측도

그런데 참성단은 진흙과 같은 접착성 기능을 하는 재료를 이용하지 않고 돌을 적당한 크기로 다듬어 쌓았기 때문에 돌이 무너져 내리는 일이 자주 있었다.

> 마니산(摩利山) 참성(塹城) 동면(東面) 중봉(中峰)의 큰 돌이 무너졌는데, 길이와 넓이가 각각 5척(尺)쯤 되었다.[47)]
>
> –『태종실록』 태종 11년 10월 24일

> 강화부에 있는 마니산(摩利山)의 참성대(塹城臺)가 종소리처럼 울어 소리가 10여 리 밖에 들리더니, 얼마 후에 큰 돌이 무너졌다.[48)]
>
> –『세종실록』 세종 8년 2월 23일

위에서 보는 것과 같이 붕괴사고가 자주 있었기 때문에 관리를 보내 조사하게 하였으며[49)] 마니산에 괴이한 일이 생기지 말라는 '해괴제(解怪

---

47) 摩利山塹城東面中峰大石崩, 長廣各五尺許。

48) 江華府 摩利山 塹城臺鳴如鐘, 聲聞十餘里, 俄而大石崩。

49) 『태종실록』 태종 11년 10월 24일.

[그림 53] 참성단 중수비

[그림 54] 중수비

祭)'를 올리기도 했다.[50] 또한 이렇게 자주 무너졌기 때문에 숙종 43(1717)에는 참성단을 중수(重修)하는 일도 있었다. 특히 1717년에는 중수한 이후 마니산에서 함허동천으로 가는 길에 중수비를 세워 기념하였었다.

4) 참성단 초제의 양상

초제(醮祭)는 별에 대한 도교식 제사로 한국에서는 고려시대부터 국가제사로서 참성단에서 벌어졌다. 이러한 초제는 앞서 언급한 『고려사』의 내용대로 풍수지리가였던 백승현의 건의를 고려 원종이 받아들여 거행하면서 국가가 주도하는 국가제사의 형태로 이루어지게 된다. 다만 그 구체적인 양상은 보이지 않는다. 더군다나 당시에는 고려가 몽골과 전쟁을 하는 중이었고 수도가 강화도였기 때문에 마니산에서 왕이 친히 초제를 했던 것으로 보인다. 그래서 만약 고려가 계속 초제를 했다면

50) 『세종실록』 세종 8년 3월 8일.

개경에서 따로 제관을 선출하여 보냈을 것으로 추정한다. 따라서 참성단에서 벌어진 초제의 양상은 조선시대 기록에 구체적으로 나온다. 먼저 조선시대 참성단 초제에 대한 기록 몇 가지를 살펴보도록 하겠다.

> 산기슭에 재궁(齋宮)이 있는데, 예로부터 매년 봄·가을에 대언(代言)을 보내어 초제(醮祭)를 지내었다. 금상(今上) 12년 경술에 비로소 2품 이상의 관원을 보내기 시작하였다.[51]
>
> –『세종실록지리지』 강화도호부

> 22일. 나아가 향사를 보고, 그대로 이른 아침[早飯]을 함께 먹었다. 아침[朝飯]을 먹은 뒤, 사창으로 옮겨 좌기하였다. 또 동헌에 와서 주다례(晝茶禮)를 행하고, 그대로 낮밥[午飯]을 먹은 뒤에 향사는 마니산으로 출발하였다. 나 역시 헌관(獻官)으로 뒤따라 서둘러 갔다. 밤이 깊어 재실(齋室)에 들어가 분향과 절을 한 후에 향사를 만나보고 거처로 갔다. 전사관(典祀官) 이장윤(李長胤)은 제물을 감독하는 일로 겨를이 없어 서로 볼 수 없었다. 이날 아침 광진수령이 돌아갔다.
>
> –『선조강화선생일기』 선조 8년(1575) 을해년 9월

> 24일. 이른 아침에 전사관과 함께 향사를 보고 아침을 같이 먹었다. 낮밥[午飯]을 함께 먹은 뒤에 각각 견여(肩輿)를 타고 산으로 올랐다. 산길은 매우 험준하였는데 재실에서 참성(塹城)까지 거의 10리쯤 되는 길이 마치 하늘로 놓여있는 계단을 향하는 것 같아서 걸음걸음이 잘못되고 헛디딜까 마음과 정신이 두려워서 조심스러웠다. 제단에 도착하여 제사를 지내니 이미 밤 2경쯤이었다. 횃불을 들고 다시 내려와 재실에 도착하니 피곤하고 힘든 것이 비할 바가 없었다. 밤은 이미 반이 지났다. 윤원룡(尹

51) 山麓有齋宮。舊例, 每春秋遣代言設醮, 今上十二年庚戌, 始遣二品以上。

元龍)이 와서 보았다.

-『선조강화선생일기』 선조 8년(1575) 을해년 9월

위의 내용들을 좀 더 정리하자면 다음과 같다.[52] 먼저 제관은 관리 중에서 임명하였으며 행향사(行香使), 헌관(獻官), 전사관(典祀官)으로 구성되어있다. 이 중에서 행향사는 단장의 역할을 하는 사람으로 세종 12년(1430) 이래로 2품 이상의 관리가 임명되었으나 정3품이 임명되는 경우도 있었다. 헌관은 부단장의 역할을 하는 사람으로 일반적으로는 종4품직이 임명되었으며 『선조강화선생일기』를 보면 주변의 지방관이 담당하는 경우도 많았던 것으로 보인다. 전사관은 초제의 실무자로서 제단 안팎의 청소 및 제기와 제물에 관한 일을 맡았는데 『선조강화선생일기』를 보면 종6품~종9품에 해당하는 관리가 담당했다.

이러한 제관들은 중앙에서 임명하며 국가에서 제사에 사용할 향과 축문을 받아서 참성단으로 향한다. 그리고 도착날짜는 미리 공문으로 참성단이 있는 강화부에 통지한다. 제관들 중에 전사관은 다른 제관들보다 미리 강화부에 도착하여 제사 준비를 하며, 제관에 지방관이 포함될 경우 따로따로 출발하여 강화부에 집결한 다음 하루를 자고 참성단으로 출발한다.

참성단으로 출발하여 바로 초제를 올리는 것이 아니라 참성단 아래에 있는 재궁(齋宮)에 도착하여 1박을 하며 제사 준비를 한다. 재궁은 지금은 천재암지(天齋庵址)라고도 부르는데 강화군 화도면 문산리 산 64-2에 위치하고 있다. 재궁에 있는 동안 제관들은 언행을 삼가며 심

52) 이상의 내용은 서영대(2008), 앞의 책, 129~139쪽을 정리하였다.

[그림 55] 참성단 금표

[그림 56] 천재암궁지

신을 깨끗이 한다.

다음 날이 되면 점심을 먹고 산길을 걸어 참성단으로 가게 된다. 다만 지금의 참성단으로 올라가는 길은 크게 화도면 상방리에서 계단으로 만든 길과 단군로라고 하는 꼬불꼬불한 산길로 올라가는 방법과 화도면 선수리 마로니에펜션에서 올라가는 방법이 있지만 조선시대에는 이와는 달랐던 것으로 보인다.

현재는 천제암궁지에서 마니산 쪽으로 올라가는 길은 보이지 않는다. 하지만 조선시대에는 천제암궁지에서 하룻동안 준비를 하고 다음 날 마니산 정상으로 올라갔기 때문에 천제암궁지가 있는 문산리에서 출발했던 것으로 보인다. 그리고 참성단에 도착하는 한밤중에 의례를 거행했던 것으로 보인다.[53] 앞선 조선 전기 기록은 『세종실록지리지』와 『선조강화선생일기』에서는 초제를 치루는 내용이 없지만 조선 후기 이형상이 지은 『강도지』에는 아래와 같이 조선시대 참성단 초제에 대해 구체적으로 기록해 놓았다.

53) 별에게 지내는 제사이기 때문에 일부러 한밤중에 도착한 것으로 생각된다.

참성단

마니산의 정상에 있다. 세간에 전하기를 단군이 하늘에 제사 드리던 곳이라 하며, 우리나라에서도 고려의 옛 관습에 따라 별에 제사 드리고 있다. 단상에 장막을 치고, 나무로 된 신주는 없다. 다만 지방(紙榜)에 4상제의 위호를 쓰고, 단 아래에는 성관(星官) 90여 위를 두고 제사를 지내며 제사를 마치면 지방을 불태운다. 봄, 가을로 제사를 드릴 때 소격서 관원이 40일 전에 내려와 술을 빚고 소찬(素饌)을 행하는데, 이는 도가(道家)의 예와 관련이 있고, 명산 등에 행하는 예가 아니다. 임진년(1592) 후 폐지하였다가, 인조 16년(1638)에 예조에서 계하(啓下)하여 지방에 관을 보내 옛 제사에 의거해 치제(致祭)하도록 하였다. 유수 김신국이 조목조목 상세하게 계문을 올려 예조에서 복계(覆啓)하기를 '일이 안정되기를 기다려 소격서를 다시 설치하기로 정한 뒤에 마땅히 수도 안과 밖에서 제사 드리는 것을 일시에 병행하도록 해야 하지만 지금 잠시 마니산의 위판을 명산의 예에 의해 먼저 만들고, 혹은 집을 짓고, 혹은 장막을 설치한 후 모두 『오례의』를 따라 행할 것'이라 하였다. 행회를 베푸는 것이 지금에 이른다. 향과 축문은 서울에서 내려주고 있다.[54)]

–『강도지』 사단(祠壇)

밑줄 친 내용이 마니산 초제에 대한 내용인데 이를 정리해보면 다음과 같다. 첫째로 제단은 크게 상단과 하단으로 구성되어 있는데 상단에 장막을 치고 신주를 만들지 않았다. 그리고 나무로 만든 신주 대신에 종이로 만든 신위인 지방(紙榜)을 만들어 4상제의 위호를 쓴다. 여기서

54) **塹城壇**[在摩尼山上頂, 世傳檀君祭天處, 我朝仍高麗之舊醮星于. 此而設帳於壇上且無木主. 只以紙榜書四上帝位號, 下壇設星官九十餘位祭畢焚之. 春秋行祭時, 昭格署官員前期四十日下來, 釀酒以素饌行之, 此涉於道家事而非名山等例也. 壬辰後中廢, 仁祖十六年戊寅, 禮曹啓下行關, 使之依前致祭. 留守金藎國枚擧啓聞, 禮曹覆啓, 內待事, 定昭格署復設後, 當復內外醮祭一時竝行, 今姑以摩尼山位版, 依他名山例爲先造成, 或建宇, 或設幕一從五禮儀設行事. 行會至今. 仍之香祝自京下來]

4상제라는 것은 도교에서 말하는 4어(四御)를 가리키는 것으로 본다. 4어(四御)라는 것은 호천금궐지존옥황대제(昊天金闕至尊玉皇大帝)·중천자미북극대황대제(中天紫微北極大皇大帝)·구진상궁남극천황대제(句陳上宮南極天皇大帝)·승천효법후토황지기(承天效法后土皇地祇)를 말한다. 이들은 도교의 최고 신인 3청(三淸)을 보좌하며 천지만물을 지배하는 신이라고 한다.[55] 다음으로 하단에는 성관(星官) 90여 위를 두고 제사를 지낸다고 하였다. 그런데 여기서 말하는 '성관 90여 위'는 정확히 알 수가 없다. 둘째는 이러한 제사는 봄과 가을 두 차례에 걸쳐 이루어졌으며 제사는 도교와 관련이 있는 소찬(素饌)을 행하였다. 그리고 제사를 마치면 지방을 불태웠다. 이러한 과정에는 모두 소격서가 관련되어 있었다. 즉, 소격서에서 제관(祭官)을 보내 술을 빚거나 진설(陳設)에도 관여하였다. 그래서 『강도지』 기록에도 인조 16년(1638)에 예조에서 옛 제사에 의거해 치제하라고 했을 때도 강화유수 김신국이 소격서를 다시 설치하여 제사를 드려야 한다고 한 것이다.

이러한 참성단 초제는 도교의례라고 했지만 중국의 도교의례와는 다른 점도 보인다.[56] 첫째로 『고려사』, 「예지」 잡사에 의하면 "국가의 고사(故事)에, 때때로 하늘과 땅 및 경내의 산천에 대하여 대궐 뜰에서 두루 제사를 지냈는데, 이를 초(醮)라고 불렀다."라는 기록이 있다.[57] 하지만 참성단 초제는 대궐 뜰에서 벌어지는 것이 아니기 때문에 개념에 차이가 있던 것으로 보인다. 둘째로 『고려사』에서는 중국의 재초(齋醮)와 관련

55) 馬書田, 『中國道教諸神』, 團結出版社, 1996, 12~17쪽.

56) 이하의 참성단 초제의 차이점에 대해서는 서영대, 「강화도 참성단의 제천의례」, 『우리 문화 속 단군 읽기』, 동과서, 2019, 175~176쪽을 참조하였다.

57) 『高麗史』, 「禮志」 雜祀. "國家故事, 往往遍祭天地及境內山川于闕庭, 謂之醮."

된 자료에서는 보이지 않는 삼계초, 태일 초 등의 명칭이 보인다. 셋째로 도교의 재초단(齋醮壇)은 일반적으로 천(天)·지(地)·인(人)을 상징하는 3단 구조이지만 마니산 참성단은 천(天)과 지(地)를 상징하는 2단 구조로 되어 있다. 넷째로 참성단 초제를 진행하는 제관은 도교의 승려라고 할 수 있는 도사(道士)가 아니라 국가가 파견한 관리였다. 이런 점들이 참성단 초제가 일반적인 도교의례와 다른 점이다.

5) 참성단 초제의 변화

이렇게 참성단 초제는 처음에는 도교식으로 제사를 드렸지만 조선 후기가 되면 완전히 유교식 제사로 바뀌게 된다.[58] 그 과정을 살펴보면 다음과 같다. 조선왕조에서는 일찍부터 참성단 초제를 폐지해야 한다는 주장이 있어 왔다. 예를 들면, 『세종실록』 세종 14년 3월 19일 기록에 예조판서 신상(申商)이 "신이 또 마니산(摩利山)의 초단(醮壇)을 보니 매우 비루(卑陋)하여서 제사지내는 곳으로는 마땅치 못하였습니다. 또 서울의 소격전(昭格殿)에서 제사하고 있으니 번거롭고 더럽히는 것같이 생각됩니다. 비옵건대, 마니산의 초제는 폐지하게 하소서."[59]라고 주장하였고, 중종 때는 영사 신용개와 장령 공서린(孔瑞麟) 등이 마니산 초제를 없애라고 했던 적이 있다. 당시 초제를 폐지론자가 내세운 이유로는 첫째로 초제는 일종의 제천(祭天)로 생각했기 때문이다. 제천은 중국의 천자만이 지낼 수 있기 때문에 중국의 제후국을 표방하는 조선이 지내면 안

58) 이하의 조선 후기의 참성단 초제 대한 내용은 서영대, 앞의 논문, 177~181쪽을 참조하였다.

59) 臣又見摩利山醮壇甚卑陋, 不宜祭所, 且於京中昭格殿祭之, 似爲煩瀆, 乞罷摩利山醮禮。

된다는 것이었다. 둘째는 초제가 유교의례가 아니라 도교의례라는 점이다. 이러한 주장들에도 불구하고 참성단 초제는 모두 당시 임금이던 세종과 중종의 반대에 의해 없어지지 않고 선조 때까지 계속되었다.[60] 그러나 이렇게 신하들의 반대에도 불구하고 유지되던 참성단 초제는 임진왜란으로 인해 일시적으로 중지되게 된다. 그리고 앞서 본 것처럼 결국 인조 16년(1638)에 옛 제사를 부활시키는 가운데 강화유수 김신국의 건의로 다시 부활하게 된 것으로 보인다.

그런데 부활한 참성단 초제는 이전과 같은 도교의례가 아니라 유교의례였다. 즉 임진왜란을 기점으로 참성단 초제는 도교의례에서 유교의례로 변화한 것이다. 이러한 사실을 반영하는 것이 바로 참성단 제문이다. 인조 16년 이후 발견되는 참성단 초제 제문 중에서 가장 오래된 것은 숙종 22년(1696) 11월부터 숙종 24년 10월까지 강화유수로 있었던 이이명(李頤命, 1658~1722)이 쓴 「마니산기우제문」이다. 그런데 이 제문의 내용이 유교식으로 쓰여져 있다. 이것은 참성단 초제가 17세기 말 어느 시기에 유교식으로 변화한 것을 보여준다.

이러한 참성단 초제가 유교식으로 바뀐 이후 정확히 언제 없어졌는지는 알 수 없다. 1932년 박헌용이 만든 『속수증보강도지』에 의하면 "당(堂)과 암자는 모두 폐지된 지 이미 오래되었고, 제전(祭田)은 군청에서 관리한다. 지금으로부터 7년 전 갑자년에 대종교(大倧敎) 사교(司敎) 강우(姜虞)가 폐지된 당(堂) 터에 단을 쌓고 의암단(依巖壇)이라 하면서 매년 음력 3월 15일(대황조어천일)과 10월 3일(대황조강세일)에 제를 올린다고 한다."[61]라고 하여 언제 없어졌는지 알 수 없고 초제에 쓰이는 재정을

60) 『중종실록』 중종 11년 10월 21일.

61) 『속수증보강도지』 제6장 제2절 참성단.

담당하던 제전을 강화군청에서 관리한다고 하였다. 아마도 한일합방이 되면서 완전히 중지된 것으로 추정된다.[62] 하지만 광복이후 참성단의 초제는 부활하여 현재 개천대제라는 이름으로 행사가 치루어지고 있다. 다만 현재 행해지는 초제는 도교식으로 치루어지지 않고 유교식으로 치루어지고 있어 조선 후기의 전통을 이은 것으로 볼 수 있다.[63]

6) 참성단 초제의 의의

이러한 참성단 초제는 유교국가인 조선에서 벌어지는 도교의례였다는 점에서 특이한 의례라고 할 수 있다. 이처럼 참성단 초제는 임진왜란으로 중간에 중지된 적은 있어도 성리학 사상을 가진 신하들의 반대 속에서도 나중에는 유교식으로 바뀌어 계속 이어져 내려온 국가제사였다. 이러한 참성단 초제는 앞서 말한 것처럼 본래 국가가 주도하는 도교의례라는 점에서도 특이하지만 원구단이 아닌 강화도 마니산에서 벌어지는 제천의례라는 점에서도 의의가 있다. 조선왕조는 왕조를 개창한 이후 자신들을 중국의 제후국이라고 하여 의도적으로 제천의례를 하지 않고 있었다. 하지만 초제는 별을 대상으로 제사를 지낸다는 점에서 제천의례라고 할 수 있고 국가에서는 이를 제관을 보내 진행하였던 것이다. 그래서 비록 왕이 주도하는 제천의례는 아니지만 조선왕조 내내 진행된 국가적인 제천의례라는 점에서 중요한 의미를 가진다고 생각된다.

---

62) 서영대는 참성단 초제가 사라진 시기를 1908년을 전후한 시기로 보았다. (서영대, 앞의 논문, 181쪽.)

63) 서영대, 앞의 논문, 181쪽.

VI

이주민 신앙

1. 개요

여기서 이주민 신앙이라는 것은 지금은 인천에 정착하였으나 기본적으로 인천 외의 다른 지역에서 전래된 신앙이라는 뜻이다. 이러한 외래 신앙의 대표적인 것으로 화교 신앙을 대표하는 의선당과 황해도민들이 인천으로 이주하면서 전래된 서해안 풍어제가 있다.

이들은 각각 역사적 배경을 가지고 있다. 의선당의 경우는 임오군란과 화교의 이주와 관련이 있다. 역사적으로 한반도에 중국인들이 이주해 온 것은 적어도 고조선 및 삼한시대부터 있었던 것으로 보인다. 대체로 중국에서 전란이 있을 때마다 피신처로서 가까운 한반도가 선택되는 경우가 많았으며 그 과정에서 많은 중국의 문물들이 전래되기도 하였다. 그러나 이들은 시간이 지나면서 한반도인들과 동화되어 정체성을 잃고 사라졌지만, 임오군란 이후 정착한 화교들은 현대에 이르기까지 정체성을 유지하며 한국사회의 구성원을 이루고 있다. 그리고 이러한 화교들의 정신적 중심에 의선당이 있었던 것이다.

다음으로 서해안 풍어제에 대해 살펴보면, 6·25전쟁이 일어난 이후 많은 황해도민들이 자유를 찾아 남쪽으로 이주했는데 상대적으로 황해도와 가까운 교동도, 강화도 등 현재 인천지역에 편입된 지역에 많이 살기 시작했다. 이후 이 사람들이 지금의 인천지역으로 넘어오면서 황해도 지역에서 행해지던 풍어제가 인천에 전래된 것이다. 특히 기원이 되는 전설을 보면 지금의 연평도 및 백령도 등 옹진군 지역과 밀접한 관련을 가지고 있다는 것을 알 수 있다. 이러한 서해안 풍어제는 비록 황해도 지역을 대표하는 문화이지만 지금은 인천에 정착하여 인천을 대표하는 굿이 되었다.

2. 화교와 의선당

1) 임오군란과 화교의 이주

의선당은 인천시 화교협회에서 지정한 지정문화유산 제1호로서 이는 인천시 화교들에게 있어서 매우 중요한 의미를 가진 종교시설이라는 것을 보여준다. 그렇기 때문에 의선당에 대해 살펴보기 전에 먼저 임오군란과 화교의 인천 이주의 대해 살펴보아야 한다.

한국에 화교가 들어오기 시작한 것은 임오군란 때였다. 물론 그 전부터 중국인이 한반도 국가들로 들어온 것은 아니었다. 대표적으로 위만의 경우도 연나라 사람이었는데 그가 기자조선으로 왔을 때 기자 조선의 준왕은 그를 한나라와의 접경지역에 한나라 망명자들로 구성된 군대의 지휘관으로 임명하기도 하였으며,[1)]『삼국지』에서는 진한(辰韓)을 ‘진한(秦漢)’이라고도 하는데 이는 옛날에 진(秦)나라에서 망명해온 사람이라고 하는 등 근대 이전부터 중국인들의 한반도 이주는 있어 왔다.[2)]하지만 근대 이전에 집단 이주는 별로 없고 개별적인 이주 혹은 망명이 있었다. 이러한 일들은 고려 및 조선에서도 계속 이어졌다. 그렇기 때문에 이들은 결국 금방 한반도 사회에 동화되었고 자신들의 정체성을 잃어 한반도의 주민으로 살게 된다. 하지만 근대 이후에 들어온 중국인들 즉 화교들은 이와는 달랐다. 이들은 지금까지도 자신들의 정체성을 지키며 살고 있기 때문이다.

이러한 화교가 조선에 들어온 것은 근대 동아시아의 국제 정세와 관련이 있다. 1842년 영국와의 아편전쟁에서 패하고 맺은 남경조약과 1856년 애로호 사건을 통해 벌어진 제2차 아편전쟁을 통해 맺은 천진조약 및 북경조약은 동아시아의 조공책봉질서에도 영향을 미치게 된다. 1871년 청나라와 일본은 평등한 관계의 청일수호조규를 체결했고 일본은 1875년 운요호 사건을 계기로 조선과 강화도 조약을 맺는다. 이러한

---

1) 『三國志』, 「魏書東夷傳」 韓. "그 뒤 20여년이 지나 [중국에서] 陳[勝]과 項[羽]가 起兵하여 天下가 어지러워지자, 燕·齊·趙의 백성들이 괴로움을 견디다 못해 차츰 차츰 準에게 亡命하므로, 準은 이들을 서부 지역에 거주하게 하였다. 漢나라 때에 이르러 盧綰으로 燕王을 삼으니, 朝鮮과 燕은 浿水를 경계로 하게 되었다. [盧]綰이 [漢을] 배반하고 匈奴로 도망간 뒤, 燕나라 사람 衛滿도 亡命하여 오랑캐의 복장을 하고 東쪽으로 浿水를 건너 準에게 항복하였다. [衛滿]이 서쪽 변방에 거주하도록 해 주면 中國의 亡命者를 거두어 朝鮮의 藩屛이 되겠다고 準을 설득하였다. 準은 그를 믿고 사랑하여 博士에 임명하고 圭를 下賜하며, 百里의 땅을 封해 주어 서쪽 변경을 지키게 하였다.(二十餘年而陳·項起, 天下亂, 燕·齊·趙民愁苦, 稍稍亡往準, 準乃置之於西方. 及漢以盧綰爲燕王, 朝鮮與燕界於浿水. 及綰反, 入匈奴, 燕人衛滿亡命, 爲胡服, 東度浿水, 詣準降, 說準求居西界, (故)[收]中國亡命, 爲朝鮮藩屛. 準信寵之, 拜爲博士, 賜以圭, 封之百里, 令守西邊.)"

2) 『三國志』, 「魏書東夷傳」 韓. "辰韓의] 노인들은 代代로 傳하여 말하기를, '[우리들은] 옛날의 망명인으로 秦나라의 苦役를 피하여 韓國으로 왔는데, 馬韓이 그들의 동쪽 땅을 분할하여 우리에게 주었다.'고 하였다.(其耆老傳世, 自言古之亡人避秦役, 來適韓國, 馬韓割其東界地與之.)"

[그림 57] 조미수호통상조약 체결지

상황속에서 청나라는 스스로 나서서 조선과 미국이 조미수호통상조약을 맺도록 하였다. 그리고 2월 후에 임오군란이 일어나고 청나라는 이를 진압하기 위해 3000명의 군대를 파견하였으며 폭동을 진압한 이후에는 대놓고 속국(屬國) 혹은 속방(屬邦)이라는 말을 쓰며 조선의 종주권을 강화하게 된다.

그리고 1882년 10월 '조청상민수륙무역장정'이라는 장정을 맺게 된다. 이 장정은 기존의 조공무역과 개시무역을 해로와 육로를 통한 근대적 무역으로 전환했다는 의미를 가진다. 그런데 이 장정은 그러한 의미만 있는 것이 아니라 화교와 관련된 의미를 가지기도 한다. 이는 다음의 장정 4조의 구절을 통해 알 수 있다.

[그림 58] 연무당 터(강화도조약 체결지)

> 양국 상인이 피차 개항한 항구에서 무역을 할 때에 법을 제대로 준자한다면 방을 세내고 방을 세내어 집을 지을 수 있게 허가한다. …(중략)… 조선상인이 북경에서 규정에 따라 교역하고, 중국 상인이 조선의 양화진과 서울에 들어가 영업소를 개설할 경우를 제외하고 각종 화물을 내지로 운반하여 상점을 차리는 것은 허가하지 않는다. …(이하 생략)

위 내용을 보면 중국 상인들의 무역 및 거주를 정식으로 허가한 것을 볼 수 있다. 이 구절은 화상(華商)에게 조선에서 무역 및 상업활동을 할 수 있는 법적 근거를 마련했으며 아울러 조선에서의 거주를 가능하게 한 근거이기도 했다. 이후 '조청상민수륙무역장정'을 근거로 하여 화상의 상업활동의 본거지라고 할 수 있는 청국전관조계가 논의 끝에 설치되게 된다. 이러한 조계지역은 인천, 부산, 원산에 설치되었지만 정식으로 조약을 체결한 것은 인천만 유일했다.[3] 나머지는 별도의 조약은 체결하지 않았지만 자연스럽게 청국조계로 불리게 된다. 그리고 청국조계로 화상(華商)들이 대거 이주하여 자신들의 공동체를 만들면서 한국 화교의 역사가 시작된다.[4]

2) 의선당의 건립

의선당은 언제 누가 만들어졌는지 아무도 모른다. 의선당 밖에 있는 안내문에는 1893년경에 만들어졌다고 하였지만 인천사이버차이나타운 홈페이지에서는 100년 전 황합경(黃合卿)이라는 스님에 의해 창건되었다고 한다.[5]

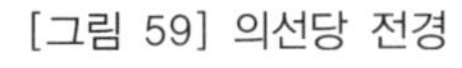

[그림 59] 의선당 전경

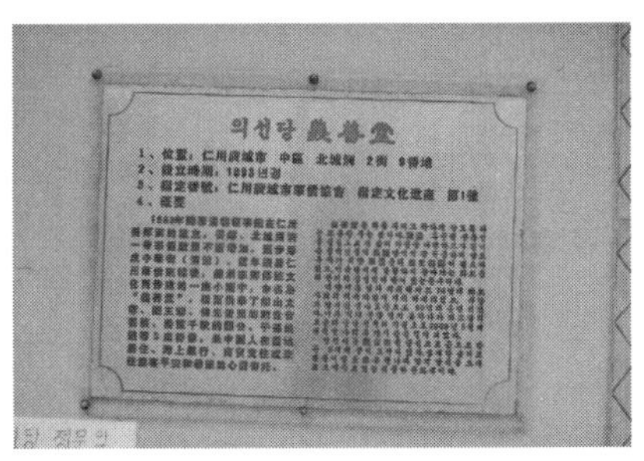

[그림 60] 옛 의선당 안내문

3) 조선과 청나라는 1884년 4월 2일 '인천구화상지계장정'을 맺었다.

4) 이정희, 『한반도 화교사』, 동아시아, 2018, 18~22쪽을 참조하였다.

5) 박현규, 「인천화교 의선당의 모습과 민간신앙 조사」, 『역사민속학』 29, 한국역사민속학회, 2009, 235쪽; 현재 '인천사이버차이나타운 홈페이지'는 연결되지 않고 있다.

이처럼 건립연대에 차이가 보이기는 하지만 대체적으로 개항기에 화교의 이주와 함께 의선당이 만들어진 것으로 보인다. 이에 대해 박현규는 의선당 본전에 있는 "供奉當今皇帝萬歲萬歲萬萬歲"라는 위패와 의선당에 걸린 편액 중에서 가장 연도가 빠른 것이 1916년(민국5)에 만들어진 점을 들어 1884년 인천개항 이후 어느 정도 시간이 흐른 다음에 건립되었을 수도 있고 늦어도 1916년 이전에 만들어졌다고 보고 있다.[6)]

그런데 박현규 이후 의선당에 대해 조사한 이정희에 의하면 의선당은 본래부터 지금의 위치에 있었던 것은 아니라고 한다. 그는 화교분들의 증언과 의선당의 토지대장을 조사한 결과 의선당은 본래 1893년 화도진 근처의 작은 묘우(廟宇)에서 시작하여 이후에 지금의 자리로 옮긴 것이라고 한다. 특히 토지대장을 분석해보면 현재 의선당의 건축물은 1927년 12월 이후에 건축된 것으로 보인다고 한다. 또한 1928년부터 기증된 편액의 규모가 커지는 것을 보면 지금의 의선당 건물은 1928년에 만들어졌을 가능성이 높다고 한다. 그래서 원래 화도진에 있던 의선당은 1928년에 지금의 자리로 옮겨오게 된 것으로 보고 있다.[7)]

그리고 이러한 의선당은 법사에 의해 관리되었다고 한다. 그리고 그 초대 법사가 황합경(黃合卿)인데 합경(合卿)은 도호(道號)이고 이름은 경집이라고 한다. 이러한 황경집은 1946년 팔순이 될 때까지 법사로 지낸 것으로 보이며, 이후 2대, 3대에 이르고 있다고 한다.[8)]

---

6) 박현규, 앞의 논문, 235~236쪽.

7) 이정희, 「조선화교의 민간신앙과 비밀결사: 거선당과 의선당을 중심으로」, 『사회와 역사』, 한국사회사학회, 2018, 44~48쪽.

8) 이정희, 앞의 논문, 55쪽.

3) 구조 및 모습

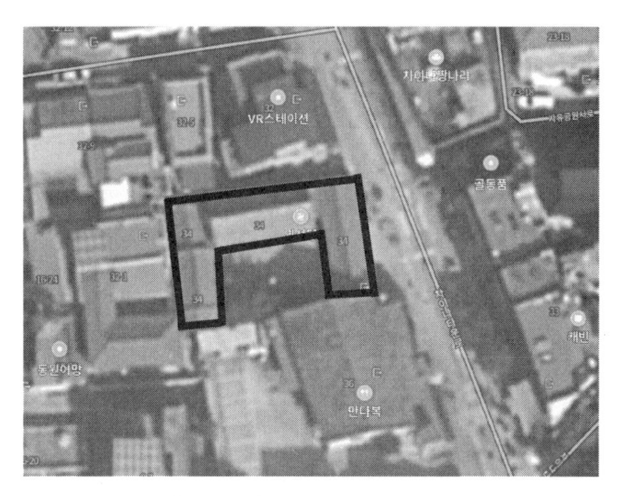

[그림 61] 의선당의 항공사진

의선당의 항공사진을 보면 다음과 같은 모습을 하는 것을 볼 수 있다. 사진에서 볼 수 있는 것처럼 의선당은 아래로 'ㄷ'자 형태를 하고 있는데 도로 쪽에 건물처럼 보이는 것은 입구이고 실제 건물은 입구와 연결되어 있는 본전 1개뿐이다. 그리고 건물 앞 바당에는 석탑이 하나 있다.

이러한 의선당은 정면 5칸, 측면 1칸 짜리 본전으로 구성되어 있다. 여기에 5개의 신단으로 꾸며져 있으며 각 신단에는 흙으로 만든 신상들이 있다. 신상들은 각각 관음신, 관우신, 마조신, 용왕신, 호선신(胡仙神)이다. 내부 벽면에 '불(佛)'이라는 글자가 있어서 불교계통이 아닌가도 생각하게 하지만 신들의 종류를 보면 관음보살만 불교 계통의 신이고 나머지는 모두 도교의 신들이다. 이런 점을 보면 대체로 의선당은 도교 계통의 신을 중심으로 한 화교의 민간신앙의 제당이라고 볼 수 있다.

[그림 62] 의선당 입구

[그림 63] 의선당 본전

[그림 64] 내부 탑

[그림 65] 벽에 있는 '佛'이라는 글자

4) 제의 대상

앞서 언급한 것처럼 의선당에는 관음신, 관우신, 마조신, 용왕신, 호선신(胡仙神)을 모시는 신단들이 있다. 이러한 제의 대상에 대해 하나씩 살펴보면 다음과 같다.

① 관음신단

사진에는 잘 안보이지만 관음신단에는 관음보살이 염주를 들고 있고 오른쪽에는 보현보살이며 왼쪽에는 문수보살이 있다. 먼저 관음보살에 살펴보면 다음과 같다. 관음보살은 관세음보살이라고도 하며 인도에서는 아발로키테스바라(Avalokitesvara)라고 불리는 불교의 연민과 자비의 화

[그림 66] 관음신단

신이다. 그는 본래 무념무상의 깨달음을 얻었음에도 불구하고 열반에 들어가지 않고 고뇌하는 자들의 구원자로 남기를 원했다고 한다.[9] 이러한 관음보살은 대부분 왼손에 연꽃을 든 젊은 미남자로 묘사된다고 한다.[10]

그러나 불교가 중국에 전래된 이래로 점차 중국화하게 된다.[11] 특히 중국의 정토종이 시작된 이래 관세음은 점차 남자에서 여자로 변화하였고 초나라 장왕의 3녀 묘음이 관세음보살이라는 설명이 생기게 된다. 그리고 관세음보살이 살았다는 보타산은 본래 인도에 있는 산이었지만 중국인들을 이를 절강성 주산군도 매잠도로 옮긴다.[12]

---

9) 아서 코트렐, 도서출판 까치 편집부 옮김, 『그림으로 보는 세계신화사전』, 도서출판 까치, 1995, 123쪽.

10) 아서 코트렐, 도서출판 까치 편집부 옮김, 앞의 책, 124쪽.

11) 마서전 지음, 윤천근 옮김, 『중국의 삼백신』, 민속원, 2013, 478~483쪽.

12) 전해오는 이야기에 따르면 당나라에 인도의 승려가 매잠도의 조음고동(潮音古洞)에

이러한 관음신앙은 이후 중국의 민간신앙으로 자리잡았는데 특히 바닷가 지역에서 해양 보호신으로 널리 알려지게 된다.[13]

다음으로 문수보살은 인도에서는 만주스리(Manjusri)라고 불리며 불교에서 지혜를 관장하는 보살로서 괴로움에 허덕이는 중생을 깨달음으로 인도하는 존재이다.[14] 보통 보현보살과 함께 부처의 양옆에 배치된다. 당나라 이전의 문수보살은 젊은 남자아이의 모습을 하였지만 송나라 이후에는 중국의 아름다운 부인상으로 변한다. 문수보살은 청색 사자에 타는데 이것은 용맹한 지혜를 표현한 것이다.[15]

마지막으로 보현보살은 불교에서 부처님의 이덕(理德)과 정덕(定德) 및 행덕(行德)을 담당하는 보살이다. 이러한 보현보살은 불경에 따라 남자 또는 여자로 표현한다. 그래서 불경에 따라서 관음보살, 대세주(大勢主), 문수보살과 친형제라고 하기도 하고 묘장왕의 둘째 딸이며 관세음보살과 자매로 표현한다. 한편 보현보살상을 보면 당나라 이전에는 남자몸에 여자의 얼굴을 하였지만 송나라 이후에는 여자의 몸에 여자의 얼굴을 한 것이 대부분이라고 한다. 또한 보현보살은 코끼리를 타고 있는 것을 볼 수 있는데 일반적으로 이 코끼리는 머리 하나에 6개의 이빨을 가진 흰 코끼리이다. 이러한 코끼리는 보살의 화신이며 위력을 가진 영혼을 표시하며 '愿行廣大, 功德圓滿'[16]을 상징한다고 한다.[17] 그

서 열손가락을 태우는 정성을 표시하면서 관세음보살을 예배하니 동굴안에 광채가 번지면서 관음보살이 현신(現身)했다고도 하고, 당나라 때 어떤 승려가 오대산에서 관음상(觀音像)을 가지고 오는데 배가 이 곳에 이르자 저절로 정지한 채 움직이지 않으므로 보타사(寶陀寺)를 세우고 불상을 모셨다고도 한다.

13) 박현규, 앞의 논문, 240쪽.

14) 아서 코트렐, 도서출판 까치 편집부 옮김, 앞의 책, 102쪽.

15) 마서전 지음, 윤천근 옮김, 앞의 책, 509~510쪽

16) '서원에 따른 행동이 넓고 크게 행하여지며 공덕이 가득하다.'는 뜻.

리고 이러한 보현보살을 모시는 산은 아미산이다. 아미산은 본래 도교의 성지이지만 거사(居士)들에 의해 점차 보현도장으로 발전시켜나갔다고 한다.[18]

② **관우신단**[19]

의선당의 관우신단을 보면 가운데 관우가 붉은 얼굴과 긴 수염을 하고 오른손 옆에 청룡도가 있으며, 좌우에 두 명의 시종들이 있다. 그리고 시종 옆에 각각의 흑백의 얼굴을 한 장군상이 있는데 이는 각각 관우를 측근에서 보좌하던 주창과 관평이라고 한다.

관우는 도교에서는 관성제군(關聖帝君)이라고 부르는 신이다. 중국 후한 말에 장비와 함께 처음부터 유비를 옆에서 보좌하며 강력한 무력을 행사하던 장수로서 충절의 상징이다. 관우가 민간신앙의 대상이 된 것은 그의 죽음과도 관련이 있는데 당시 형주지역을 담당하던 관우가 조비의 위나라를 공격하다가 오나라 손권의 부하 여몽의 공격으로 이릉에서 안타까운 죽음을 당한 것이 계기가 된 것으로 알려져 있다. 이후 관우는 민간숭배의 대상이 되었으며 송나라 때 이르러 국가로부터 충혜공(忠惠公)이라는 봉호를 받으며 국가제사의 대상이 된다. 그래서 이후 관우는 강태공을 대신하여 무신(武神)으로 대우 받으며 왕(王), 제(帝), 성(聖), 천(天) 등의 칭호가 붙으며 격상하게 된다.

이러한 관우는 민간에서 운명과 봉록을 관장하며 과거의 급제를 돕고 병을 치료하며, 재앙을 제거하고 사악한 것을 내쫓거나 피할 수 있게

17) 마서전 지음, 윤천근 옮김, 앞의 책, 514쪽.
18) 마서전 지음, 윤천근 옮김, 앞의 책, 515쪽.
19) 마서전 지음, 윤천근 옮김, 앞의 책, 400~404쪽.

[그림 67] 관우신단

해준다고 믿었으며, 재물을 늘려주고 상업을 보호해주는 신으로 여겼다. 한마디로 특별히 한 분야에 특화된 신이 아니라 인간의 다양한 소원을 들어주는 신으로 받아들여졌던 것이다. 그렇기 때문에 중국에서도 민간신앙을 대표하는 묘(廟) 중에서 가장 많은 수를 차지한다고 한다. 북경의 경우, 200개가 있으며 이는 북경 내의 묘 중 10분의 1을 차지하는 것으로 압도적인 숫자를 자랑한다고 한다.

③ 마조신단

마조신단에는 가운데에 해신낭낭(海神娘娘) 혹은 천후(天后)으로도 불리는 마조가 관모를 쓰고 양손에 규(圭)를 들고 있는 모습으로 있고 좌우에 주생낭낭(註生娘娘)과 반진낭낭(瘢疹娘娘)이 있다.[20] 전설에 의하면

20) '낭낭(娘娘)'은 원래 황후나 왕비를 가리키는 말이었지만 부녀자를 높이는 말로도

[그림 68] 마조신단

마조의 이름은 임묵(林默)이며 북송 초 복건지역 포전현 미주도에 살았다고 한다. 그녀는 하급관리인 임원의 딸이었으며 해변에서 살아 헤엄에 익숙하였다고 한다. 그래서 항상 해상에서 조난을 당한 상인이나 어민들을 구조하였고, 천기를 읽을 줄 알아 화복(禍福)을 예언하였으며, 의약에 조예를 갖추어 사람들을 간병하고 치료하였다고 한다. 이러한 임묵은 평생 결혼도 하지 않고 사람들을 구하는 일에 전력을 다하였으며 결국 그 과정에서 불행하게 죽음을 맞이하게 되었다고 한다. 사람들은 그녀의 죽음을 받아들이지 못하고 신선이 되어 하늘로 올라갔다고 생각하였으며 사당을 지어 그녀를 기념하였다고 한다. 그리고 그것이 최초의 해신묘(海神廟)가 되었다고 한다.[21]

쓰인다. 즉 여기서 '낭낭(娘娘)'은 마조와 주생, 반진 등의 여신들을 높이는 말로 쓰인 것이다.

21) 마서전 지음, 윤천근 옮김, 앞의 책, 144~145쪽.

이후 해상에서 위험한 상황에 빠진 배들은 임묵의 혼령이 나타나 도와 무사할 수 있었으며 심지어 관병이 해적을 소탕하는 일을 도와주었다고 한다. 이렇게 되자 조정에서는 마조를 신으로 책봉하여 '보국호성(輔國護聖)', '호국비민(護國庇民)', '굉인선제(宏人善濟)' 등의 이름을 내려주었고 이러한 일은 송나라에서 청나라에 이르기까지 계속되었다고 한다.[22]

마조 옆에 있는 신들을 살펴보면 먼저 '주생낭낭'은 한국의 삼신할미처럼 아이를 점지해주고 보살펴주는 신으로 성황묘, 도교사원 등에서 많이 모시고 불교사찰에서도 종종 볼 수 있다고 한다. 또한 주생낭낭 옆에는 안질을 치료해주고 먼 곳의 있는 사물을 볼 수 있는 안광낭낭(眼光娘娘)이 있다. 다음으로 '반진낭낭'은 천연두를 막아주는 여신이며 그 옆에 있는 이광낭낭(耳光娘娘)은 귀의 질병을 치료해주고 먼 곳의 소식을 전해주는 여신이다. 이렇게 마조 옆에 여신들이 모시는 모습은 중국 텐진의 천후궁(天后宮)에서도 살펴볼 수 있다.[23]

④ **용왕신단**

용왕신단의 중앙에는 검은 얼굴에 수염을 길게 늘어뜨리고 면류관을 쓰고 용포를 입은 용왕이 있고, 오른쪽에는 사람의 재물을 담당하는 재물용왕이 있으며, 왼쪽은 호로병을 들고 사람의 질병을 치료하는 약사용왕이 있다. 용은 중국에서 비를 부르고 만물을 이롭게 하는 동물로 여겨진다. 이는 도교경전인 『태상동연신주경(太上洞淵神呪經)』, 「용왕품(龍王品)」에 의하면 "가뭄이 들고 흉년이 들어모 두 어찌할 바를 모를 때 원시천존(元始天尊)이 오색구름을 타고 내려와 용왕들과 함께 가르침

22) 마서전 지음, 윤천근 옮김, 앞의 책, 145쪽.
23) 박현규, 앞의 논문, 242쪽.

[그림 69] 용왕신단

을 주고 중생을 구했으며 큰 비를 내려 날씨가 습윤해 졌다."고 하는 것을 통해서도 알 수 있다. 그리고 『태상동연신주경(太上洞淵神呪經)』, 「용왕품(龍王品)」을 보면 여러 용왕의 이름이 다양하여 용왕도 여러 종류가 있는 것을 알 수 있다.

그러나 이러한 용왕은 단순히 도교의 신이라고 보기 어려운 면들이 존재한다. 일반적으로 중국에서 용을 신성하게 여긴 것은 맞지만 대체로 용신을 가리킬 뿐이고 여러 용왕들이 존재하는 경우는 보이지 않는다. 다시 말해 중국에서 용이라는 개념은 있어도 용왕이라는 개념은 없다고 할 수 있는 것이다.

현재 우리가 알고 있는 용왕이라는 존재는 불교 용왕을 가리키는 것으로 보고 있으며 이는 곧 나가(Naga)를 가리킨다. 나가는 본래 중국의 용이 아니라 인도의 킹코브라를 신격화시킨 것으로서 원래는 뱀이다. 인도 신화에 따르면 나가는 창조신 브라흐마의 아들인 다크샤의 딸이자 현자 카사이파의 아내인 카드루로부터 태어났다고 한다. 이러한 나가는 하천 및 바다 밑에서 사는 물의 신이다. 이러한 나가는 불교와도 관련이 깊은데 불교설화에서 나가는 7일동안 폭풍우 속에서 명성하고 있는 석가모니 부처를 감싸고 목부분의 주름을 우산처럼 펴서 가려주었다고 한다.[24] 이 때문에 불교가 중국으로 전래되면서 나가는 용왕으로 번역된 것으로 보인다. 특히 인도의 나가는 하나의 종족으로 취급된다. 이런 점들로 인해 현재 중국의 용왕 및 용왕전설은 중국에 불교가 전래되면서 인도계통의 용왕신앙이 들어왔고 이것이 중국의 도교와 토착신앙과 결합된 것으로 볼 수 있다.[25]

⑤ 호선신단

호선신단에는 청나라의 관모와 복장을 하고 망토를 두르고 있는 호선태야상(胡仙太爺像)이 있으며 그 좌우에 청나라의 복장을 한 시종이 있다. 그런데 여기서 말하는 호선(胡仙)은 호선(狐仙)으로써 보가선(保家仙)의 일종이며, 의선당에 모셔진 호선태야는 호삼태야(胡三太爺) 또는 호산태야(胡山太爺)라고도 불린다. 보가선은 주로 만주 즉 지금의 중국 동북지방 농촌에서 숭배받는 존재로 주로 여우, 뱀, 고슴도치, 족제비, 쥐 등이 대상이 된다. 중국 동북지역의 보가선은 호선조태야(胡仙祖太爺), 호선조태내(胡仙祖太奶), 호선대태야(胡仙大太爺), 호선대태내(胡仙大太奶) 등 매우 다양하다. 여기서 태야(太爺)라는 것은 보가선 중에서 지위가 높은 사람을 가리키며, 호선태내(胡仙太奶)와 호산태내(胡三太奶)가 여성신선을 가리키기 때문에 태내(太奶)는 여성신선을 가리키는 말

---

24) 아서 코트렐, 도서출판 까치 편집부 옮김, 앞의 책, 92~93쪽.
25) 박현규, 앞의 논문, 243쪽.

[그림 70] 호선신단

로 쓰인 것으로 보인다. 이러한 호선태야의 정체에 대해 일설에는 명말 청초에 산동지역에서 활동한 호역양(胡嶧陽, 약 1639~1718)을 가리킨다는 말도 있으나[26] 확실하지는 않다.

5) 의선당의 성격과 특징

의선당의 성격을 특정 종교에 의거하여 설명할 수는 없다. 하지만 의선당에 모셔진 신들을 보면 중국 민간신앙에서 중요하게 여겨지던 신들이 거의 모두 있다는 것을 알 수 있다. 대표적으로 관음과 관우는 중국의 대표적 민간숭배의 대상이고 용왕과 마조는 주로 바닷가에 사는 중국인들이 많이 모시던 신이었으며, 호신의 경우는 주로 산동 및 동북지역의 농촌지역의 사람들의 숭배대상이었다. 이처럼 의선당은 여

26) 박현규, 앞의 논문, 245쪽.

러 지역의 중국민간신앙의 대상들을 모아 놓은 곳으로 생각된다. 이는 중국 화교의 출신지하고도 관련이 있다고 생각된다. 일반적으로 인천 화교는 산동성 및 화북성 출신이 많다. 또한 마조에서 알 수 있듯이 내륙 및 해안 지방의 사람들도 인천에 와서 정착했을 것으로 추정된다. 이렇게 산동성의 중국인을 중심으로 다양한 지역에서 살던 사람들이 인천에 정착하면서 자신들의 안녕과 복을 기원할 장소가 필요해서 만든 곳이 의선당이라고 볼 수 있다. 이렇게 이러한 의선당에 다양한 신격이 모셔진 이유는 이러한 인천의 화교의 출신을 반영하기 때문이라고 할 수 있다. 여기에 의선당의 종교적 의미가 있다고 생각된다.

그리고 의선당은 단순한 민간신앙과 관련된 사원은 아니었던 것으로 보인다. 인천에는 의선당이 있지만 서울에도 이와 비슷한 '거선당'이라는 사원이 존재한다. 의선당과 거선당은 모두 '선당(善堂)'이라는 공통점을 가지고 있다. 선당은 청나라때 중국 각지에 설립되어 빈곤한 사람들과 과부 등 불우한 사람들 돕는 활동을 펼쳤으며 이러한 활동은 근대에 들어서도 마찬가지였다고 한다. 그리고 의선당과 거선당 역시 불우한 화교들을 경제적으로 도와주고 고향이 아닌 곳에서 사망한 화교의 장례를 치루어주었다고 한다. 이렇게 불우한 화교를 위에 만들어진 선당이 중국의 민간신앙의 신들을 모시고 제사들 지내는 현상을 '배신선당(拜神善堂)'이라고 하는데 의선당 역시 이러한 속성을 가지고 있다고 보고 있다.[27)]

마지막으로 의선당에는 재가리(在家裡)라는 비밀결사단체의 지부가 설치되었다. 재가리는 청나라 때 만들어진 회원 상호간의 상부강조를 목적으로 만들어진 단체이다. 하지만 재가리는 1934년 조선총독부 경무

---

27) 이정희, 「조선화교의 민간신앙과 비밀결사: 거선당과 의선당을 중심으로」, 『사회와 역사』, 한국사회사학회, 2018, 54쪽.

국에 의해 치안유지법 위반으로 폐쇄명령을 받는다. 그 이유는 재가리와 사이가 좋지 못한 화교 2명이 공산주의 혹은 공산당과 재가리가 관련이 있다고 허위 사실을 유포했기 때문이라고 한다. 이러한 이유로 재가리는 해산되고 대신 이름을 달마불교회로 바꾸게 된다.[28]

3. 황해도민과 서해안 풍어제

1) 황해도민의 이주와 전래

황해도 지역에서 전해오던 풍어제는 한국전쟁을 전후로 하는 시기에 다수의 황해도민들이 인천에 정착하면서 전해지게 된다. 황해도민의 인천지역 정착에 대해서는 김정숙의 연구가 현재 유일하므로 김정숙의 석사학위논문을 내용을 중심으로 살펴보고자 한다.[29]

해방 이후 북한이 공산화되면서 재산의 몰수와 식량난, 경제난 등으로 인해 수많은 북한 사람들이 월남하게 된다. 이렇게 월남한 사람들 중에서 지금의 경기도 지역과 지리적으로 가까웠던 황해도민들이 많았다. 이는 1960년대 인구조사 결과에서도 알 수 있는데 이에 의하면 황해도민은 31.62%, 함경남도민은 23.19%, 평안남도민은 22.29%, 평안북도민은 17.62%, 함경북도민은 5.27%로 황해도민의 비중이 높았다. 이후 6.25전쟁이 일어나자 황해도민의 숫자는 더욱 늘어서 전쟁중 월남한 사람들 중 65%가 황해도민이었다고 한다.

28) 이정희, 앞의 논문, 61~64쪽.

29) 황해도민의 인천으로의 이주와 정착에 대해서는 김정숙, 「仁川市 황해도민의 정착과 정체성 형성」, 한국교원대학교 석사학위논문, 2007을 참고하였다.

이러한 황해도민들은 전쟁 중 남한 각지에 분산 수용되었으며 이를 계기로 서울, 인천, 경기도, 전라도, 충청도, 경상도 등지로 퍼져 나가게 된 것으로 보고 있다. 당시 황해도민들이 인천으로 온 경로를 보면 크게 3가지가 있었다. 첫 번째는 기차 및 도보를 이용한 경의선 경로이고 두 번째는 옹진 및 해주를 거처 인천시와 강화로 오는 해로이고, 세 번째는 은율·송화·장연지방으로부터 군수송선 및 민간인 선박으로 군산 및 목포를 거쳐 인천시로 오는 경로이다. 이러한 경로를 통해 남한 지역으로 내려온 황해도민들은 주로 서울 및 경기지역에 몰려 살았는데 이는 고향인 황해도 지역과도 가까웠기 때문으로 보인다. 특히 인천의 경우 월남한 북한 주민들이 집중분포하고 있었는데 이는 북한과 지리적으로 가까웠기 때문에 잠시 머물다가 돌아갈 생각을 했기 때문이라고 한다. 무엇보다 인천이 상공업도시로 발전하면서 일자리가 많아지자 그대로 정착하게 되었던 것이다.

인천에 황해도민이 들어오면서 정착촌이 생기기 시작한다. 인천 동구의 송현동과 만석동이 대표적인 황해도민들의 정착촌이었다. 일반적으로 평안도에서 월남한 이주민들의 경우 교육 및 종교분야에서 활동을 했다면 황해도민들은 주로 상업분야에서 활동을 많이 하였다. 인천에 이주한 황해도민들은 용현시장이나 배다리 중앙시장을 중심으로 노점상을 하면서 상업활동을 하였으며 결국에는 점포를 내어 그 지역에 정착하게 된다. 특히 옛날에는 배다리 자유시장 및 신포시장 부근은 집값이 쌌기 때문에 정착하기도 쉬었다. 그래서 중앙시장의 전성기였던 1956년부터 60년대와 70년대의 상인 중 대부분은 북한에서 월남한 사람들이었고 그 중의 절반이 황해도민이었다고 한다. 그 외에도 송현시장, 용현시장의 상인의 절반 이상이 황해도민이었을 정도로 인천에서 황해도 사람들은 상업적으로 큰 성공을 거두고 있었다. 그리고 현재 정착촌에 남아 있는 황해도민들은 인천을 제2의 고향으로 여기며 자신들을 이북에 고향을 두고 있는 남한사회의 정착민으로 인식하고 있다.[30)]

이러한 황해도민들이 인천에 정착하면서 황해도민들의 문화도 인천에 정착하게 된다. 대표적으로 황해도 은율군에서 전해오던 은율탈춤과 서해안 풍어제가 대표적이다. 여기서 서해안 풍어제는 황해도 해주 및 옹진, 연평도에서 매년 행해져왔던 것이다. 특히 서해안 풍어제가 인천에 정착하는 데에 있어 황해도 연백군 출신이었던 김금화 만신의 역할이 컸다고 한다.[31)] 김금화 만신은 무속에 대한 방대한 지식과 경험을 가지고 있어서 이를 책으로 내기도 했고, 2004년 3월 23일 강화도에 서해안 풍어제 전수관 금화당(錦花堂)을 건립하고 '사단법인 서해안 풍어제 배연신굿 및 대동굿 보존회'를 발족시켜 황해도 해안지역에서 전승되던 서해안 풍어제가 인천에서 보존 및 전승되도록 하였다.

2) 지리적 배경

먼저 풍어제의 배경으로 언급되는 되는 황해도 특히 용연반도 장산곶의 지리적 배경에 대해 살펴보도록 하겠다. 후술하겠지만 배연신굿의 기원 설화의 내용 중에 "장산곶 앞 바다는 바닷물이 멍석말이하듯 빙빙돌아 휩쓸리는 곳으로 그 전부터도 배들이 이곳을 지나갈 때는 돼지 한 마리씩을 바다 속에 넣어주고 배의 안전을 빌었는데"라는 구절이

---

30) 사실 그럴 수밖에 없는 것이 현재 70대 이하의 황해도민들 중에는 출생만 황해도에서 하고 학창시절과 사회생활을 전부 남한사회에서 한 사람들이 대부분이다.

31) 조영천, 「서해안 풍어제의 배연신굿의 연구」, 한국교원대학교 교육대학교 음악교육전공 석사학위논문, 2004, 10쪽.

있다. 이것은 장산곶에서 벌어지던 풍어제가 단순히 고기를 많이 잡게 해달라는 의식이 아니라 특히 백령도 일대에서는 항해상의 안전도 기원하는 굿이기도 했다는 것을 보여준다.

이러한 점은 장산곶 앞바다를 백령도와 공유하고 있기 때문에 백령도와 관련된 기록에서도 자주 보이고 있다. 대표적으로 다음의 『백령도지』의 기록에도 이러한 점이 잘 나타나고 있다.

> 만일 왕래하는 수로(水路)의 경계를 말하자면, 반드시 바람을 기다리다가 도달해야 하는 곳이 있으니 대개 장연(長淵)의 장산곶(長山串) 줄기이다. 북쪽으로 가로질러 끊어진 곳이니, 본 섬의 두모진(頭毛津) 언덕과 남쪽으로 서로 응대하고, 그 사이의 거리는 불과 10여 식(息) 밖에 되지 않으며, 양 쪽 해안이 하나의 골짜기로 끼어있다. 이 때문에 북해(北海)의 조수(潮水)가 북으로부터 기울고, 서양(西洋)의 조수는 서쪽으로부터 흐르니, 양수(兩水)가 서로 부딪쳐 모이고 교차하고, 또 조석(潮汐)이 진퇴하여 서로 부딪쳐 파랑(波浪)에 놀라고, 천성(天成)이 엷고 험한(險悍)이 모인 것을 말로써 표현하기 불가하다. 이 때문에 육지로부터 들어오고, 섬으로부터 나가는 것은 모두 바람을 기다려야 하는데, 들어오는 데에는 동·서·북 삼풍이 모두 들어와야 하나 북풍은 곧고, 동서풍은 가로진다. 나가는 데에는 남풍은 순풍이나 동·서·북풍은 역풍이니, 오직 들어오는 때에는 가로질러야만 들어오나 단지 빠르지는 못하다. 만일 배를 타고 건너려면 별서강(別西江)으로부터 왕래하는 자가 중도에 풍세가 불순함을 만나면 반드시 이 섬에 배를 대고 진퇴를 기다린다.[32]
>
> –『백령도지』

---

32) 至若往來水路之際, 必候風而渡者, 蓋長淵之長山串一支, 橫截於北, 本島之頭毛津一岸, 相對於南, 而其間相距, 不過十餘息, 兩岸挾而爲一壑。故北海之水, 自北而傾, 西洋之水, 自西而注, 兩水相衝, 匯而交, 又潮汐進退, 與之相激, 則驚波駭浪, 薄天成綜險悍, 不可形而言也。是故自陸而入, 自島而出者, 俱待風, 入者, 東西北三風皆渡, 而北直而東西橫, 出者, 南風順而東西北逆, 惟入者, 橫亦可渡而但行不速。若登舟之

위의 기록에서도 알 수 있듯이 백령도 주변을 비롯한 장산곶 앞바다는 물길이 험난한 곳이었다. 그래서 이러한 점은 아래의 조선시대 기록들에도 보이고 있다.

> 장산곶(長山串)
>
> 곧 불타산의 서쪽 지맥이다. 돌로 이루어진 봉우리가 뾰족뾰족 서서 구름사이를 이어 바다 가운데로 들어갔는데 봉만(峯巒)이 위이(逶迤)하고 동학(洞壑)이 심조(深阻)하다. 곶 끝까지는 백여리나 되는데 그 뾰족하게 나간 곳에 두 바위가 수십 장이나 높이 서 있으며 또 두 바위가 물가에 섰는데 이름을 염옹암(鹽瓮巖)이라고 한다. 조수를 따라 나오기도 하고 들어가기도 하는데 물의 기세가 거슬러 돌아서 돌이 굴고 폭포가 떨어지는 것같이 험하며 배가 지나가다 자주 엎어져 들어간다. 이 때문에 장산곶 이북에서 조세의 해상 운송을 포기하였다.[33]
>
> -『대동지지』 17권 장연

> 백령도(白翎島)는 원래, 고구려의 곡도(鵠島)였는데 고려조에서 백령진(白翎鎭)이라 하고, 현종조에 진장(鎭將)을 두었다. 공민왕 때에는, 물길이 험난하므로 육지로 나와서 문화현 동촌 가을산(文化縣東村加乙山)에 임시로 우거하게 하였으며, 나중에는 땅이 협착하다 하여 진장을 폐지하고 문화현에 예속시켰다가, 공양왕 때에는 파하여 직촌(直村)으로 하였다.[34]
>
> -『신증동국여지승람』 황해도 강령현

渡, 自別西江往來者, 中路遭風勢不順, 則必依泊此島而進退。

33) **長山串**[卽佛陀山之西支。石峯嵯峩蔟立, 連雲斗入于海中, 峯巒逶迤, 洞壑深阻, 至串末爲百餘里, 其角尖處有二岩屹立數十丈, 又有二岩立于水中, 名鹽瓮巖。隨潮出沒, 水勢洄轉, 有嶕石濤瀧之險, 舟行其間纍致覆沒。以此廢長山以北之漕運。]

34) 白翎島, 本高句麗鵠島, 高麗稱日白翎鎭, 顯宗置鎭將, 恭愍王時, 以水路艱險, 出陸僑寓文化縣東村加乙山, 尋以地窄, 廢鎭將, 屬文化縣, 恭讓王時, 省爲直村。

> 신용개가 아뢰기를, "식량을 나르는 일도 부득이해서 하는 것인데, 곡식을 나르는 자가 다들 가기를 즐기지 아니하여 황해도 장산곶[長山串]까지 가서는 다 바람 때문이라 핑계하고 더 가지 않아서 중도에 뭍에 내리는 폐단이 없지 않으니, 황해도 도사(黃海道都事)에게 일러서 바람의 형편을 보아 보내게 해야 합니다."하였다.[35)]
>
> –『중종실록』 12년 8월 5일

이처럼 장산곶 앞바다는 물길이 험난한 곳으로 예부터 알려졌으며 이점은 서해안 풍어제에도 영향을 준 것으로 추정된다. 그리고 장산곶은 현재 가 볼 수 없기 때문에 지리적 환경을 정확히 알 수 없지만『대동지지』에 "고행성(古行城) [불타산 위에서 장산곶(長山串)까지 산허리를 따라가며 혹은 돌로 쌓고 혹은 흙으로 쌓았는데, 군데군데 남은 터가 있다.]"[36)]라는 기록을 보면 산줄기 끝 높은 곳에 있었던 것으로 보인다.

3) 서해안 배연신굿

(1) 기원

서해안 풍어제는 크게 배연신굿과 대동굿으로 나뉘어 있다. 이 두 굿은 황해도 해주와 옹진군 일대 및 연평도에서 전해지는 것들로서 황해도 연백군 출생인 김금화 만신이 인천에 정착하면서 전해지게 되었다. 여기서 배연신굿은 섣달 그믐, 정월, 이삼월 등의 시기에 배 위에서 배와 선원의 안전, 풍어를 기원하는 굿이고, 대동굿은 풍어를 기원하는

---

35) 用漑曰, 運糧一事, 亦出於不得已也。運穀者, 皆不樂歸, 行至黃海道 長山串, 皆托風逗遛, 不無半途下陸之弊。可諭黃海道都事, 使之觀風候逆順, 而送之也。

36) 古行城[自佛陀山上至于長山串, 從嶺齋戒, 石築或土築, 往往有遺址]

마을제의이다.

이 중 기원이 전해지는 것은 배연신굿 뿐이다. 그리고 배연신굿의 유래에 대해서는 크게 두 가지가 있다. 하나는 임경업 장군으로부터 기원했다는 것이고, 또 하나는 백령도 앞 장산곶 앞바다와 관련된 이야기이다.

① 조선시대의 임경업 장군이 전쟁임무를 수행하기 위해서 병사들을 거느리고 연평도로 건너갈 때 무도에서 병사들이 굶주리고 지쳐서 더 이상 나아갈 수가 없게 되었다. 이때에 임경업 장군은 땜습이라는 곳에서 병사들을 시켜 산에 가서 뽀르스 나무(일종의 가시나무)를 꺾어 오게 한 후 물골에다 이 나무들을 세워 놓고 임경업 장군이 손수 주문을 외우니까 조기들이 이 가시나무에 하얗게 걸려 들었다. 임경업 장군은 이 조기로 병사들을 배불리 먹여서 땜습이란 곳을 무사히 지나갔다. 그 이후로 뱃사람들은 임경업 장군을 숭배하여 옹진군 일대의 각 섬마다 당을 짓고 임경업 장군을 신으로 섬겼다. 그때부터 모든 배에서도 임 장군신을 섬겼는데 여기에서부터 배연신굿이 시작되었다.[37)]

② 백령도 건너편의 가장 뾰족하게 내민 장산곶 앞 바다는 바닷물이 멍석말이하듯 빙빙돌아 휩쓸리는 곳으로 그 전부터도 배들이 이 곳을 지나갈 때는 돼지 한 마리씩을 바다 속에 넣어주고 배의 안전을 빌었는데 여기에서부터 배연신굿이 비롯되었다.[38)]

위에서 보는 바와 같이 서해안 풍어제의 배연신굿의 기원은 주로 황해도 지역에서도 연평도와 백령도 지역에서 전해오고 있다는 것을 알

37) 하효길, 『서해안배연신굿 및 대동굿』, 화산문화, 2002, 14쪽.
38) 하효길, 앞의 책, 14쪽.

수 있다. 이것은 서해안 풍어제가 황해도 해안 전체가 아닌 주로 인천광역시 옹진군으로 분류되고 있는 서해 5도 일대에서 발생한 것으로 볼 수도 있을 것이다.

그런데 하효길은 이 두 가지 설화 중에서 배연신굿의 기원담으로 보는 것은 장산곶 앞바다가 나오는 ②번 설화이다. 그 이유는 배연신굿이라는 것은 곧 뱃고사에 해당되기 때문이라고 한다.[39] 그리고 하효길에 의하면 "서해안 일대의 뱃고사는 동해안 지역이나 남해안 지역에 비해 제물·참여자 등에서 규모가 커지고 그 중의 뱃고사는 농악기를 치고 주민들의 춤판이 벌어져 단순한 뱃고사를 넘어 마을 일부의 축제적 성격을 띠기도 한다."라고 하면서 ②번 설화가 배연신굿의 기원 설화라고 보고 있다.[40] 그리고 그는 "뱃고사→뱃굿→배연신굿"으로 변화했을 가능성을 언급하고 있다.[41]

이러한 하효길의 주장을 보면 현재 인천에 전해지는 서해안 풍어제는 백령도 맞은편 용연반도에서 전승되던 서해안 풍어제였던 것으로 생각된다. 특히 『신증동국여지승람』에 의하면 "**장산곶사(長山串祠)** 사전(祀典)에, 대천(大川)으로 소사(小祀)에 실려 있는데, 봄·가을로 향축을 내려보내어 제사드린다."라고 하고 있어[42] 장산곶에는 예전부터 신을 모시는 사당이 있었던 것으로 추정된다. 배연신굿의 기원 설화를 보면 본래 서해안 풍어제 중에서 배연신 굿은 이러한 장산곶에서 벌어지던 전통적인 무속행사였을 것으로 보인다.

---

39) 하효길, 앞의 책, 14쪽.

40) 하효길, 앞의 책, 14~15쪽.

41) 하효길, 앞의 책, 15쪽.

42) 『新增東國輿地勝覽』 黃海道 長淵縣 祠廟. "**長山串祠** 祀典以大川載小祀, 春秋降香祝致祭"

그런데 『신증동국여지승람』에는 장산곶사(長山串祠)가 사전(祀典)에 소사(小祀)로 기재되어 있지만, 배연신굿의 기원설화를 보면 장산곶사도 처음부터 관에서 설치한 곳이 아니며 그 이전부터 민간신앙과 관련이 있는 장소였던 것으로 보인다. 이후 조선시대 사전(祀典)을 정비하면서 민간에서 기도하고 무속적 제의가 벌어지던 장산곶사가 편입된 것으로 생각된다. 그리고 장산곶사가 사전에 편입되면서 종교의식도 무속신앙적인 것에서 유교식으로 바뀌었을 것으로 보이지만, 배연신굿의 기원설화를 보면 유교식 제의도 잘 지켜지지 않았을 가능성이 있다.

(2) 순서 및 내용[43)]

① 선주댁 성주석

배연신굿을 하는 선주집에서 제물을 준비하여 성주상을 차려 놓으면 무당이 선주 집안의 운수와 평안을 기원해주는 의식이다.

② 부정물림과 부산(또는 불산)띄우기

부정물림이란 굿이 시작되기 전에 사실상 선장이 총 지휘하는 가운데 무당과 함께 제물을 차리는 것을 도와주고 난 뒤 배에서 내려오면 남은 선원들이 자체적으로 배의 부정을 푸는 의식이다. 이 때 선장 생활을 오래한 늙은 사람이 주동적 역할을 한다.

이러한 부정물림이 끝나면 무당들이 다시 배에 올라가게 되고, 무당과 맷사람들이 짚으로 둥그렇게 만든 부산[44)]에 음식을 조금씩 넣어 불을 붙여 바다에 던지며 무당은 배에 있는 모든 부정이 물러가라고 기원

43) 하효길, 『서해안배연신굿 및 대동굿』, 화산문화, 2002를 참고하였다.
44) 불산이라고도 부른다.

한다. 이것을 '부산띄우기' 또는 '불산띄우기'라고 한다.

③ **신청울림**

본격적으로 굿이 시작되면서 굿청 안의 여러 부정한 잡귀·잡신·주당 들을 물리치는 의식으로 신령들에게 굿의 시작을 알린다는 의미도 가지고 있다.

④ **당맞이**

신청울림 후에 배연신굿을 위해 마을의 당산에서 당산신을 맞이하여 배의 굿청에 모시는 의식이다. 다른 이름으로는 상산맞이라고도 한다. 그리고 여기서 모시는 당산신이 배연신굿에서 가장 중요한 주신이라고 볼 수 있다.

여기서는 임경업 장군 및 몇몇 신령님들을 청하여 굿을 하고 옆에 세워두었던 뱃기 또는 장군기에 무당이 신이 내리도록 축복하면 깃발이 흔들리는데 그것이 신이 내린 징표라고 한다. 그러면 선원과 선주가 술을 한 잔씩 음복하고 무당은 깃발에 신의 징표인 깃손을 묶어 다시 옆에 세워놓는다. 그리고 무당과 그 곳에 모인 사람들이 북과 징을 치면서 에밀량(배치기 소리)을 하면서 한바탕 놀고 깃발에 신을 모셔 배에 돌아온다고 한다. 그리고 배에 돌아와서 다시 배치기를 하고 다음 단계로 넘어가게 된다.

⑤ **부정거리**

당맞이가 끝나고 바로 부정거리로 넘어간다. 부정거리는 배 안의 뜬귀와 모든 부정을 정화하는 굿거리이다.

⑥ 초부정·초감흥거리

부정풀이를 하면서 계속 이어지는 굿으로 부정을 씻고 굿청을 정화하면서 모셔온 여러 신령들을 즐겁게 놀려주고 좌정시키는 굿거리이다.

⑦ 영정물림거리

모든 영정을 대접하고 질병과 근심 및 액운 등을 걷어 내는 굿이다. 여기서는 선원들을 뉘한 잦은 만세 및 긴노래, 축원 등이 나온다.

⑧ 소당제석거리

소당제석거리는 육류와 생선 등 비린 것을 일체 금하고 몸을 정하게 한 다음에 산신제석·용궁제석·사해용왕제석 등을 청하여 대접하고 놀면서 배와 선원들을 잘 도와달라고 기원하는 굿이다. 이 굿에서 특이한 것으로 '무감선다.' 혹은 '무관선다.'라는 것이 있다. 이것은 무당이 굿에 들어가기 전에 사공이 먼저 무복을 입고 절을 하고는 한바탕 춤을 추는 것이다. 그리고 그 다음에는 선주가 다시 그 옷을 입고 춤을 추고 선원들도 분향을 하며 재배를 하였으며 고기도 많이 잡고 무사하게 벌이를 잘하게 해달라고 기원한다. 이러한 의식들이 끝나고 나서 사제무가 굿에 들어간다. 그리고 이 소당제석거리가 끝나야 생선과 고기를 먹을 수 있다.

⑨ 먼산장군거리

이 의식은 여러 지역의 장군신들을 불러 위용을 칭송하며 위해주는 굿이다. 여기서 모셔지는 장군신들은 최영 장군·남경사또 병마장군·경대옥의 사신장군·김유신 장군·이순신 장군 등이다.

⑩ 대감놀이거리

재물을 관장한다는 대감신들을 받들면서 풍요를 기원하는 굿이다.

⑪ 영산할아뱜·할먐거리

영산들을 날 놀게해서 즐겁게 해주는 굿이다. 여기서는 사제무가 할먐 역으로 나오고 영자가 할아뱜으로 나와서 서로 아주 익살스럽게 재담과 사설을 늘어놓으며 진행하는 연극적인 의식이다.

⑫ 쑹거주는거리

사제무가 선주와 선원에게 복을 주고 배의 안전을 기원하는 의식이다. 여기서는 사제무의 축원이나 만세받이 외에도 뱃사람들과 같이 부르는 쑹거타령이나 배치기 등의 노래를 부르기도 한다.

⑬ 다리발용신거리

용신과 여러 잡신들을 위로하고 대접하여 풀어먹이는 굿이다. 이 굿은 배와 물을 서로 연결하는 다리발에서 사제무와 서원들이 서로 오르내리다가 부딪치면서 서로 길을 비키라고 실랑이를 하다가 화해를 청하는 연극적인 의식이다.

⑭ 강변굿거리

배연신굿의 마지막 단계로 띠배에 제물과 별상을 실어 바다로 띄워 보내는 송신(送神)의 의미를 가진 굿이다.

4) 서해안 대동굿

(1) 서해안 대동굿의 개념과 특징[45)]

서해안의 황해도 해주·옹진·연평도와 평안도 지역에서는 풍어를 기원하는 마을 굿을 대동굿이라고 부른다. 원래는 서해안 배연신굿과 별개의 제의였지만 1985년 배연신굿과 함께 묶여 국가무형문화재 제82호 서해안 풍어제로 지정되었다.[46)]

대동굿이 벌어지는 시기는 음력 정월 또는 2월이며 지역에 따라 매년 혹은 2년 또는 3년, 길게는 10년 간격으로 벌어진다. 이렇게 대동굿이 벌어지는 간격이 다른 이유는 황해도 옹진 및 연평도 지역에서 벌어지는 매우 큰 굿이기 때문에 비용이 많이 들어가기 때문이다. 그래서 경제적 형편에 따라 매년 하기도 하고 2~3년 또는 10년 간격으로 하기도 하는 것이라고 한다.

여기서 마을 제의를 대동굿이라고 하는지는 분명하지 않다. 대동(大同)은 한자어로 『여씨춘추(吕氏春秋)』, 「유시람(有始览)」에 의하면 "천하만물은 한 사람의 몸이니 이것을 대동(大同)이라고 부른다."[47)]라고 한다. 이것은 천하만물의 조화 또는 평화를 가리키는 것으로 만약 대동굿이 이러한 의미와 관련이 있다면 조화 혹은 평화를 기원하는 굿이라는 뜻을 가질 수 있다. 실제로 대동굿을 하기 위해서는 마을 주민들이 참여가 절대적이며 마을 주민들이 합심하여 매년 혹은 2~3년에 한 번씩 치루기 때문이다. 그래서 하효길은 대동굿의 '대동'을 "크다는 의미를 지니면서도 모두 힘을 합친다는 데 더 의미를 두는 것으로 볼 수 있다."

---

45) 하효길, 앞의 책, 80~82쪽.

46) 지금은 '서해안배연신굿 및 대동굿'으로 등록되어 있다.

47) 天地万物, 一人之身也, 此之谓大同。

고 하였다.[48]

(2) 순서와 내용[49]

서해안 풍어제 중에서 대동굿은 크게 준비 단계와 굿으로 나눌 수 있다.

① 준비단계

- 음력 정월 초하룻날 마을 유지와 선주들이 상의하여 좋은 날로 대동 날을 받고 제관과 제의를 준비한다.
- 제관과 제의 준비를 맡은 '소염'이라고 불리는 사람들을 선정한다.
- 굿에 쓰일 꽃을 만들고 굿당을 꾸민다.
- 제비뽑기를 통해 사제무를 정한다.

② 굿의 순서와 내용[50]

순서	이름	내용
1	신청울림	굿을 하기 위해 신을 청하기도 하고 보내기는 굿거리
2	상산맞이	당신을 맞이하는 굿
3	세경굿	당신을 맞아 마을의 가가호호를 돌며 각각의 평안과 재복을 기원해주는 굿
4	부정굿	부정을 씻고 굿당을 정화하는 굿
5	감흥굿거리	청배한 여러 신들을 즐겁게 놀려주고 제단에 좌정시키는 굿
6	초영정물림거리	온갖 영정을 부르고 우환, 질병, 근심 등 모든 액운을 멀리 보내는 굿

48) 하효길, 앞의 책, 82쪽.
49) 하효길, 앞의 책, 82~143쪽의 내용을 요약 정리하였다.
50) 배연신굿과 달리 순서가 복잡하여 표로 정리하였다.

7	복잔내림	제상에 술잔을 올려 놓고 축원을 한 뒤에 제관과 선수에게 술잔을 내리는 의식
8	제석굿거리	제석님을 맞아 명과 복 및 재수를 기원하는 굿.
9	성주거리	제비원에서 솔씨를 받아 심고 자란 나무를 베어 터를 닦고 집을 짓는 굿
10	소대감놀이거리	덕담과 재담을 늘어놓고 난봉가 등을 부르면서 제관 일행의 복을 빌어주는 굿
11	말명거리	말명이 방아를 찧으러 오도록 청하고 명과 복을 기원함.
12	사냥거리	제물로 쓰일 소와 돼지를 잡기 전에 어르는 굿
13	성수거리	여러 신장님, 장군님, 신령님들을 즐겁게 해주고 제관과 소염들 및 마을을 축원해 주는 굿
14	타살거리	제물로 쓰이는 고기의 꼬리 달린 뒷다리 하나, 앞다리 하나를 남겨 놓은 뒤 내포 일체를 다 삶아 놓고 여러 감흥을 청배하여 놀림.
15	군웅거리	타살굿에 이어 진행되는 굿
16	먼산장군거리	각 지역 모든 장군들을 불러들여 용맹과 위용을 칭송하여 위하는 굿
17	대감놀이굿	벼슬을 한 대감놀이로 연극에 가까운 굿거리
18	뱃기내림	배 주인의 이름을 부르며 배의 안전과 풍어를 축원해 주는 굿
19	조상거리	조상님이 지옥을 면하고 극락으로 가도록 기원하는 굿
20	서낭목신거리	서낭목신거리를 불러 덕을 내려 액을 막아달라고 기원하는 굿
21	영산할아밤·영산할맘거리	만신이 공주를 모셨던 영산할아밤과 영산할맘을 대접하여 어촌의 안전을 기원하는 굿
22	뱅인영감거리	만신이 뱅인연감으로 가장하여 노는데 배가 풍파를 만나지 말고 풀 같은 데에 걸리지 말라는 굿
23	벌대동굿	각 잡신들을 풀어 먹이는 굿
24	강변용신굿	사공들의 안전과 풍어를 기원하고 바다에서 죽은 고혼을 위로해 주는 굿

5) 풍어제의 특징

서해안 풍어제의 양상을 보면 몇 가지 특징이 있다는 것을 알 수 있다.

첫째로 배연신굿과 대동굿 모두 풍어와 항해의 안전을 기원하는 성격을 가지고 있다. 이런 점은 배연신굿 전반에서 보일 뿐만 아니라 마을굿이라고 할 수 있는 대동굿에서 '뱃기내림', '뱅인영감거리', '강변용신굿' 등에서 볼 수 있다. 이것은 대동굿이 황해도 해안 어촌지역에서 행해지던 것이었기 때문으로 생각된다.

둘째로 배연신굿의 경우 다른 뱃굿이나 배치성처럼 배안에서만 이루어지지 않는다. 배연신굿을 살펴보면 선주 집안의 성주석에서 시작하여 마을의 당산에서 마을신을 모셔놓고 굿을 한다. 이러한 점은 마치 배연신굿이 마을신앙과도 관련이 있다고 보여지는데 아마도 대동굿처럼 해안 어촌지역에서 행해지는 굿이며 대동굿과도 관련이 있기 때문으로 생각된다.

셋째로 배연신굿과 대동굿 모두 연극적 성격을 가진 의식들이 많이 보이고 있다. 예를 들면, 배연신굿의 '영산할아뱜·할먐거리', '다리발용신거리'와 대동굿의 '영산할아밤·영산할맘거리', '뱅인영감거리' 등이다. 물론 굿에서 연극적인 의식이 보이는 것은 서해안 풍어제만의 특징은 아니다. 하지만 서해안 풍어제에서는 이러한 연극적인 굿거리가 다른 굿에서보다 많다는 점이 특징이라고 할 수 있다.[51] 그리고 이러한 점은 서해안 풍어제가 신령과 접하는 신비스러움과 연희적 요소가 잘 조화된 굿이라는 것을 보여준다.[52]

---

51) 하효길, 앞의 책, 157쪽.

52) 하효길, 앞의 책, 159쪽.

이외에도 하효길은 서해안 풍어제의 특징으로 서리화·봉죽·뱃기·장애발 등을 장식하는 점, 대동굿 내용 중의 '깃손받기', '뱃기경주', '띠배보내기' 등의 요소를 들고 있다. 여기서 서리화·봉죽·뱃기·장애발 등을 장식하는 것은 선주의 깊은 신앙심에서 비롯된 것이며 능력의 과시라고도 했으며, 깃솟받기는 선주들이 1년동안 모실 뱃신을 내림받는 것이고, 뱃기경주는 깃손을 받아 자기네 배에 먼저 가서 고사를 지내기 위한 경주이며, 띠배보내기는 바닷가에서 띠배에 별상을 실어보내는 것으로 다른 뱃고사에서는 볼 수 없는 것이라고 보고 있다.[53]

6) 서해안 풍어제의 의의

서해안 풍어제의 중요한 의의는 황해도 이주민들에 의해 인천에 전래되어 정착한 신앙이라는 점이다. 인천도 황해도 지역과 같은 서해안 지역에 속하고 인천의 제물포도 원래는 작은 어촌에 속했으므로 문화적으로 동일한 지역이라고 볼 수 있다. 더군다나 지금 인천광역시에는 과거 황해도 옹진군에 속한 서해 5도가 옹진군이라는 이름으로 속해있다. 그리고 인천 서구에는 황해도 도민회가 관리하는 황해도 출신들이 묻힌 공동묘지도 존재한다. 이렇게 인천광역시는 황해도와 밀접한 관련을 가지고 있다. 그렇기 때문에 본래는 황해도 지역에서 기원한 신앙이지만 인천에 정착하는데 별다른 거부감이 없었을 것으로 볼 수 있다. 그리고 서해안 풍어제는 지금은 인천의 대표적 무형문화재가 되었다.

이렇게 서해안 풍어제는 황해도민들에 의해 전래된 이주민들의 전통신앙이자 인천의 전통신앙이라는 의미를 가진다. 그리고 이는 근대 이

---

53) 하효길, 앞의 책, 159쪽.

후 인천이 다수의 이주민들에 의해 형성된 곳이라는 현대 인천지역이 가지는 측면을 보여준다.

VII

가신신앙

1. 개요

가신(家神)신앙은 집의 요소요소에 신들이 있으며 이들이 집안을 돌봐줄 것이라는 신앙이다. 그래서 가신신앙은 '가정신앙' 혹은 '가택신앙', '집안신앙'이라고 불리는 대표적 전통신앙이다. 이러한 한국의 가신신앙의 역사는 매우 오래된 것으로 보인다. 왜냐하면 중국 서진(西晉)의 진수가 쓴 『삼국지』, 「위서동이전」에 있는 삼한에 대한 기록 중에 다음과 같은 내용이 있기 때문이다.

> 弁辰은 辰韓 사람들과 뒤섞여 살며 城郭도 있다. 衣服과 주택은 辰韓과 같다. 言語와 法俗이 서로 비슷하지만, 귀신에게 제사지내는 방식은 달라서 문의 서쪽에 모두들 竈神을 모신다.[1]

1) 『三國志』, 「魏書東夷傳」 韓. "弁辰與辰韓雜居, 亦有城郭. 衣服居處與辰韓同. 言語法俗相似, 祠祭鬼神有異, 施竈皆在戶西."

여기서 말하는 변진은 변한 즉 지금의 경상남도 지역을 가리키며 조신(竈神)은 조왕(竈王)이라고도 불리는 부뚜막의 신이다. 이런 점을 보면 경상남도 지역에서는 고대부터 조왕신을 모셨다는 것을 알 수 있다. 그러나 이러한 경향은 경상남도 지역에 국한되지 않고 한국에서는 삼한시대 혹은 그 이전부터 가신신앙이 존재했다고 생각된다.

이러한 가신(家神)의 종류에 대해 이능화의 『조선무속고』에 의하면 다음과 같이 말하고 있다.

> 집에는 호신(戶神)이 있고, 부엌에는 조신(竈神)이 있고, 땅에는 토신(土神)이 있고 우물에는 우물신이 있으니 집안 내에 신이 없는 곳이 없다. 이들을 합쳐서 말하면 모두 가택신이다. 그리고 우리나라 풍속에서 집집마다 받드는 신의 이름으로는 성주신(城主神)·토주신(土主神)·제석신(帝釋神)·업왕신(業王神)·수문신(守門神)·조왕신(竈王神)이 있다.[2)]

이러한 가신신앙은 기본적으로 집안에 있는 신을 대상으로 한다. 하지만 집안에 신의 자리나 신체(神體)가 없고 밖에 있더라도 개별적으로 신으로 모시는 경우 가신신앙의 범주에 포함시키기도 한다. 또한 이러한 가신을 대상으로 하는 제의는 일정한 시기에 정기적으로 지내지만 가뭄이나 홍수 또는 집안에 안 좋은 일이 생겼을 때 등 필요에 따라서는 비정기적으로 제의를 지내기도 한다.[3)]

이러한 가신신앙 역시 인천에도 있었지만 인천의 동제와 마찬가지로

---

2) 『朝鮮巫俗考』第十八章 京城巫風及神祠 十一.家宅神. "戶有戶神, 竈有竈神, 土有土神, 井有井神, 家宅之內, 無處無神。合而言之, 皆家宅神也。然而我俗人家, 家家所奉之神名稱, 有城主神土主神帝釋神業王神守門神及竈王神。

3) 김명자, 「가신신앙의 역사」, 『한국민속사입문』, 지식산업사, 1996, 271~272쪽.

현재는 거의 남아있지 않다. 『인천남부종합학술조사』(인천광역시립박물관, 2003)를 비롯한 학술조사자료와 「강화도 가정신앙의 대상과 유형」(윤동환, 『실천민속학 연구』 17, 실천민속학회, 2011), 「강화군 교동도 가정신앙 전승의 다양성」(홍태한, 『도서문화』 35, 국립목포대학교 도서문화연구원, 2010) 등의 논문들을 종합해보면 대략 2000년대를 기준으로 인천의 가정신앙은 주로 인천의 남부지역과 강화도 및 교동도에만 남아있는 것으로 보인다. 여기서는 이러한 『인천남부종합학술조사』(인천광역시립박물관, 2003)과 강화도의 가신신앙에 대한 책 및 논문 내용을 토대로 하여 인천지역 가신신앙의 양상에 대해 살펴보고자 한다.

2. 남동구의 가신신앙

1) 남동구의 가신신앙 분포 지역

『인천남부종합학술조사』(인천광역시립박물관, 2003)에 따르면 2000년대 초반 남동구에 가신신앙이 분포하는 지역은 다음과 같다.

- 남동구 운연동 음실마을
- 남동구 장수동 만의골
- 남동구 도림동 도림마을

이 지역들은 모두 남동구에서도 동쪽 외곽지대에 위치한 곳으로 2000년대 초반만 하더라도 도시화된 인천의 남동구에서도 개발이 덜 이루어져 자연마을이 많이 남아 있었다. 그렇기 때문에 동제와 같은 전통신앙이 남아 있을 수 있었다. 하지만 지금 이 지역도 도심개발로 인해 자연마을이 사라져서 사실상 가신신앙의 흔적을 찾아볼 수 없는 상황이다. 사실 2003년도에 인천광역시립박물관에서 발간한 『인천남부종합학술조사』의 내용을 보면, 사람들이 교회에 나가거나 주택개량 등으로 생각이 바뀌면서 더 이상 가신을 모시지 않는 경우가 늘어나고 있다고 한다. 당시에도 아주 극소수만 집안에서 가신을 모시고 있었기 때문에 곧 사라질 신앙이라고 알고 있었다.[4)]

이러한 인천 남동구의 가신신앙은 사실 지금은 도시화 된 인천의 다른 지역의 가신신앙의 흔적이라고 보아야 한다. 왜냐하면 앞서 본 동막마을의 경우와 마찬가지로 남동구 역시 공단이 들어서고 도시화가 진행되면서 자연스럽게 남동구에 산재하던 대부분의 자연마을들은 사라졌다고 볼 수 있기 때문이다. 그러나 이러한 인천 남동구의 가신신앙들 역시 지금은 마을신앙의 소멸과 함께 사라져 존재하지 않는다.

2) 남동구 가신신앙의 양상

2000년대 초반 조사 당시 남동구 지역에서 가장 많이 발견되는 것이 터주가리였고 그 외에 엄양가리, 성주, 제석, 대감독 등이었다. 먼저 터주가리는 터주신을 가리키는데 이능화의 『조선무속고』에서 토주신(土主神)으로 집터를 주관하는 신이다. 남동구 지역에서는 이러한 터주신을 가을에 '불사시루' 혹은 '성주시루'를 쪄서 터주신에게 바치거나, 짚주저리로 모시는데 햇곡이 나오면 고사를 드리기도 한다고 한다. 그런데 이러한 터주가리는 단독으로 모셔지는 경우는 거의 없다. 운연동

---

4) 『인천남부종합학술조사』, 인천광역시립박물관, 2003, 583쪽.

음실마을에서는 업양가리와 함께 모셔지기도 하고 장수동 만의골에서는 대감독과 같이 모셔지기도 한다고 한다.

여기서 업양가리는 『조선무속고』에서 '업왕가리(業王嘉利)'라는 말이 있는 것으로 보아 업왕신(業王神)인 것으로 보인다. 『조선무속고』에서 "업왕은 제물의 신이다."[5]라고 하였고 그 기원에 대해 곡물을 쌓은 곳에서는 뱀이 서려 있거나 족제비를 흔히 볼 수 있는데 사람들이 이를 곡식을 지키는 신으로 본 것으로 생각하였다. 이러한 업양가리에 대해 운연동 음실마을에서는 가을에 터주가리와 함께 시루떡을 바치는데 이름을 '업양시루'라고 하였고 장수동 만의골에서는 집안에 아픈 사람이 있는데 이를 낫기 위해 터주가리와 대감독을 같이 모셨다고 한다.

그리고 대감독은 재물과 재복의 신으로 쌀이나 벼를 가득 담은 항아리를 대청마루 구석이나 창고에 모셔 놓는다고 한다. 이러한 대감독은 장수동 만의골처럼 터주가리와 함께 모셔지는 경우도 있지만 남동구 도림동 도림마을에서는 터주가리와는 별개로 대청마루에 모시기도 했다고 한다.

이 외에 남동구 운연동 음실마을에서는 집안에 문제가 있으면 전에는 부엌의 신인 조왕에게 치성을 드렸고 제석주머니도 발견할 수 있었다고 한다. 그런데 2000년대 초반에는 부뚜막이 아닌 가스로 밥을 해먹기 때문에 조왕을 모시지 않았다고 하며 제석주머니만 남은 상황이었다. 제석은 본래 불교의 제석천을 가리키며 그 정체는 인도의 최고신 '인드라(Indra)'이다. 그러나 무속신앙에서는 이러한 제석을 수용하며 삼불제석 등으로 모셨는데, 『조선무속고』에 의하면 쌀을 하얀 항아리

5) 『朝鮮巫俗考』第十八章 京城巫風及神祠 十一. 家宅神. "業王者財神之謂也。

에 담아 다락방에 안치하고 해마다 곡식이 있으면 햅쌀로 바꾸고 헌쌀로 백설기를 만들어서 나물반찬 및 술과 함께 제석에게 바쳤다고 한다. 여기서 쌀을 담은 하얀색 항아리를 제석항아리라고 했는데 제석주머니는 이러한 항아리 대신 주머니로 대신한 형태인 것으로 보인다.

3) 남동구 가신신앙의 특징

2000년대 초반 자료에는 남동구의 가신신앙이 3마을에 극히 일부만 남아있기 때문에 이것만 가지고 특징을 논하기에는 문제가 있다. 그럼에도 불구하고 조사된 자료를 중심으로 남동구 가신신앙의 특징을 몇 가지 살펴보면 다음과 같다. 첫째로 터주가리를 단독으로 모시는 경우가 드물다. 조사된 자료를 보면 터주가리를 단독으로 모시기보다는 업양가리 혹은 대감신 등과 함께 모시는 것을 볼 수 있다. 둘째로 대감신도 터주가리만큼 중요하게 여겨진 것을 볼 수 있다.

3. 영종도 및 용유도의 가신신앙

인천광역시 중구에 속하는 영종도 및 용유도의 경우도 가신신앙이 있었던 것으로 보이는데 2000년대 초반에서는 영종도에서만 일부 남아있는 것이 확인된다.

1) 영종도 및 용유도 가신신앙의 분포 지역

가신신앙이 존재하는 영종도 및 용유도의 경우 다수의 동제가 벌어졌던 곳으로 영종도에 인천국제공항이 건설되면서 신도시로 개발되기 전까지 자연마을이 늦은 시기까지 존재했던 곳이다. 이 중에서 2003년 기준으로 가정신앙이 확인된 곳은 영종도 송산마을과 용유도 남북동뿐이었다.

이러한 마을 중에서 가정신앙이 남아있는 곳은 2003년에 조사한 자료에 따르면 영종도 송산마을의 가정집과 경로당 뿐이었다. 이러한 송산마을은 장길목 남서쪽에 소나무가 울창한 87.3m의 송산 밑에 있는 마을이다. 송산이라는 이름은 단순히 특정 지역을 가리키는 말이 아니라 조선시대 궁궐이나 부속건물을 새로 짓거나 보수할 때 쓰기 위한 소나무를 심어 가꾸는 보호구역을 말하며 여러 지역에 분포하고 있었다. 이러한 송산의 소나무들은 일제강점기와 광복 후 땔감으로 쓰기 위해 많은 사람들의 남벌(濫伐)로 거의 남아있지 않았다고 한다.[6]

2) 영종도 및 용유도 가신신앙의 양상

『인천광역시 중구사』(2010)에서는 영종도 및 용유도의 가신신앙의 종류로 성주, 터주, 업, 재석(칠성), 대감, 조왕, 뒷간신, 개비대감(도깨비 대감), 벽감 등이 있다고 하였다.[7] 그런데 『인천광역시 중구사』(2010)에서는 정확히 어떤 지역인지는 나와있지 않고 2003년의 『인천남부종합학술조사』(인천광역시립박물관, 2003)에서는 영종도 송산마을에서 발견되었다고 하고 있다. 여기서는 『인천남부종합학술조사』 중심으로 설명하고자 한다.

---

6) 『인천광역시 중구사(상)』, 중구사편찬위원회, 2010, 152쪽.
7) 중구사편찬위원회, 위의 책, 652~654쪽.

① **터주가리**

먼저 터주가리는 터주신을 말하며 이능화의 『조선무속고』에서는 '토주신(土主神)'이라고 하는 신으로 집터를 주관하는 신이다. 이러한 터주가리의 경우 집집마다 다르기는 하지만 영종도 송산마을의 경우 짐승을 모시기도 하고 객사한 조상을 모시기도 하였다고 하고 경로당에서는 짚주저리를 덧씌우기도 하고 아니면 이전 것을 태우고 새로 씌우기도 한다고 한다. 또한 『인천광역시 중구사』(2010)에서는 정확히 어느 지역인지는 알 수 없으나 매년 10월에 터주가리에 대한 제사를 지내며 "터주 지신 할아버지, 할머니 김씨 대주 우리 아들 어디가나 불밝히고 물맑게 해주시옵소서"라고 빌기도 한다고 한다.[8)]

② **칠성**

칠성은 남두칠성 혹은 북두칠성을 말하는 것으로 비 또는 인간의 수명과 재물을 관장한다는 신(神)이다. 이러한 칠성은 영종도 송산마을의 경우 7자 3치의 천을 끊어서 창호지에 싸서 상자에 모셔둔다고 하며 고사를 드릴 때 백설기를 바친다고 한다. 또한 같은 마을 경로당에서 만난 분들에 의하면 쌀주머니 위에 종이 고깔로 모자를 씌우고 자손들의 명이 길게 되라고 위에 시렁을 만들어 명다리라고 하는 하얀 천을 상자에 넣어 올려 놓는다고 한다. 그리고 용유도 남북동에서는 쌀주머니로 칠성을 모신다고 한다. 이러한 칠성을 모시는 방식을 보면 제석과도 겹치는 것을 알 수 있다. 실제로 남동구 운연동 음실마을에서는 쌀을 담은 항아리로 제석을 모시는 것과는 달리 쌀을 담은 제석주머니를 집

---

8) 중구사편찬위원회, 앞의 책, 652쪽.

안에 걸어두는 것을 볼 수 있다. 그래서 영종도 및 용유도에서는 칠성을 제석과 동일시하여 '지석님'이라고 부른다고 한다.[9]

③ 성주

성주(城主)는 집의 건물을 수호하는 신으로 『조선무속고』에서는 "가택의 신을 모두 관할하는 신의 명칭이다."[10]라고 하였다. 이런 점을 보면 성주는 가신신앙에서 최고신의 위치에 있는 존재로 보인다. 이러한 성주신은 영종도에서는 안방 기둥에 모시는데 간혹 집안의 중시조를 성주로 모시는 경우도 있다. 그리고 햇곡식이 나면 날을 잡아 조상 및 칠성과 함께 고사를 드리며, 이때 조상과 성주에게 팥떡을 올린다고 한다. 또한 『인천광역시 중구사』(2010)에서는 어떤 지역인지는 모르지만 안방 입구에 붙인 창호지나 굿을 할 때 쓴 창호지를 접어서 신체(神體)로 삼아 기둥에 붙이는 곳도 있다고 한다.[11]

④ 대감

대감은 인간의 재복(財福)과 집안의 평안 및 번영을 담당한다고 믿어지는 신령으로 종종 다른 신령들을 "~대감"이라고 부르기도 한다. 예를 들면, 성주신을 성주대감으로, 문신(門神)은 수문장대감 등으로 부른다. 이러한 대감은 영종도 및 용유도 지역에서는 재수를 관장하는 신으로 여겨지고 있다. 신체(神體)는 두루마기 또는 대감벙거지이며 무당이 대감굿을 할 때 입은 것을 대바구니에 넣는다고 한다. 이러한 대감을

---

9) 중구사편찬위원회, 앞의 책, 653쪽.

10) 『朝鮮巫俗考』 第十八章 京城巫風及神祠 十一. 家宅神. "城主者, 統管家宅之神明."

11) 중구사편찬위원회, 앞의 책, 652쪽.

모시는 대감고사는 음력 섣달 그믐에 지내며 제물로는 팥시루떡, 삶은 돼지고기, 무나물, 북어 등을 쓴다고 한다.[12)]

⑤ **대감독**

대감독은 대감과 발음이 비슷하지만 형태가 전혀 다른 신으로 쌀이나 벼를 가득 담은 항아리를 대청 구석이나 광에 모셔 놓고 재물과 재복을 주는 가신이다. 영종도 및 용유도에서는 송산마을에서만 발견되는데 여기서는 벙거지와 대감복으로 남대감복(시아버님 대감독)과 여대감독(시어머님 대감독)을 모셨다고 한다. 대감독에는 가장 먼저 추수한 쌀을 넣어두었다가 쪄서 떡을 해서 고사를 지내고, 곡식이 떨어지면 다시 곡식을 넣었다고 한다.[13)]

⑥ **기타**

『인천남부종합학술조사』(인천광역시립박물관, 2003)에는 보이지 않지만 『인천광역시 중구사』(2010)에는 보이는 것으로 업, 조왕신, 뒷간신, 개비대감, 벽감 등이 있다. 이들은 어느 지역인지 기록하지 않아 분포 지역을 알 수 없으나 별도의 지역을 표시하지 않은 것을 보면 영종도와 용유도 전반에 분포한 것으로 생각된다. 여기서는 이들을 일단 하나로 합쳐서 설명고자 한다.

첫째로 업의 경우는 업왕신이라고도 하는데 재운을 관장하는 신이다. 신체(神體)는 두꺼비, 사람, 뱀, 족제비 등이며 종류에 따라 모시는 방식이 다르다. 예를 들면, 애기업인 경우는 백단지에 쌀을 담아 놓고 긴업인

12) 중구사편찬위원회, 앞의 책, 655쪽.
13) 『인천남부종합학술조사』, 인천광역시립박물관, 2003, 587쪽.

경우는 베를 담아 굴뚝 뒤에 둔다고 한다. 또한 돼지업인 경우는 검은 통을 담아 광이나 부엌에 두고 족제비업인 경우는 베를 담아 둔다고 한다.

둘째로 조왕신의 경우는 단지 굿을 할 때 조왕신을 위한 굿을 하는 정도이며 경기도 내륙처럼 매일 단지에 물을 갈아 주는 행위는 하지 않는다고 한다.

셋째로 뒷간신의 경우는 정기적으로 고사를 지내지 않으며 굿을 하거나, 동지 고사 때 음식의 일부를 뒷간에 뿌릴 뿐이라고 한다. 이외에도 뒷간을 새로 짓거나 헐어버릴 때 택일을 해야 한다거나, 받침돌을 함부로 옮기지 않는 금기도 존재한다고 한다. 또한 뒷간에서 넘어져 다치거나 빠지면 굿을 해도 잘 낫지 않기 때문에 떡을 해서 뒷간신에게 바쳤다고 한다.

넷째로 개비대감(도깨비 대감)의 경우 뒤곁 굴뚝 옆에 모시는 신이다. 그 신체(神體)의 모습은 무녀의 두루마기와 모자를 비닐로 포장해서 오목한 땅에 놓고 2~3뼘 길이로 초가지붕의 용구채처럼 틀에 덮어두는 형태라고 한다. 그 기원은 정확히 알 수 없으나 특별한 사연이 있는 집에서 굿을 하고 굿의 효험이 지속되어 집안을 잘 지켜줄 수 있도록 무녀의 두루마기와 검은 모자를 터주처럼 섬기게 되면서 집의 수호신이 된 것이라고 한다.

다섯째로 벽감이라는 것은 대청마루 벽에 4대조의 위패를 모시는 것으로 외부에 문을 달아 마치 조상이 집안에 사는 것처럼 꾸며 놓는다. 그리고 문의 테두리는 검은색을 칠하여 엄숙하게 보이도록 한다. 이렇게 벽감은 조상을 집안에 모시는 것으로 기제사 때 위패를 꺼내 제사를 지내는데 특이하게 뒤주를 제사상으로 이용한다.

4. 강화도의 가신신앙

1) 분포지역

강화도의 가신신앙에 대한 본격적인 조사는 김명자·장장식·홍태한·윤동환·염원희·유신영 등에 의해 이루어졌다. 조사 기간은 2009년 10월 4일부터 2010년 1월 18일까지이며 그 결과물로 『강화도의 가정신앙』 1·2(민속원, 2010)가 나오게 되었다. 2009년에서 2010년까지 조사한 자료에 따르면 강화도에서는 당시까지만 하더라도 가정신앙이 남아있는 곳은 강화도 전지역에 해당되고 있었다.[14]

[표 5] 강화도 가정신앙 분포지역

면	리	면	리	면	리
내가면	구하1리	서도면	불음도1리	송해면	솔정2리
	황청리		불음도2리		단산리
	외포리		주문도리		숭뢰2리
양사면	교산리	양도면	건평리	삼산면	상1리
	덕하3리		길정리		하리
	북성1리		도장리		석모1리
	북성리		삼흥리		매음1리
	인화리		인산리		매음3리
	인화2리		조산리		서검도리
	철산리		하일리		미법도리

14) 여기서 교동면은 제외한다. 왜냐하면 교동면은 행정구역상으로 강화도에 속해있기는 하지만 역사적으로 교동은 강화도와 밀접한 관계를 이루지 못했기 때문이다. 그래서 강화도의 가정신앙을 논하는데 있어서 교동은 제외하게 되었다.

면	리	면	리	면	리
하점면	망월리	강화읍	옥림1리	선원면	선행리
	부근리		옥림2리		연리
	삼거2리		갑곶리		금월2리
	신봉리		관청리		지산1리
	신삼1리		신문리	화도면	내리
	이강2리	길상면	온수리		덕포리
	장정2리		선두5리		동막리
	창후리		장흥2리		상방2리
	망월2리		초지리		장화리
	이강1리		동검리		흥왕리
불은면	오두리				
	고능1리				
	두운2리				
	두운리				

위의 [표 5][15]에서 알 수 있듯이 강화도의 가정신앙은 강화도의 대부분의 지역을 포함하는 것을 알 수 있다.[16] 이것은 적어도 2009년~2010년에 이르기까지 강화도에서는 아직도 가신을 모시는 집들이 있다는 것을 보여준다. 다만, 당시 조사내용들을 보면 대부분의 지역에서 가신신앙을 모시는 흔적들이 발견되었으나 가구 수로 보면 한 지역당 대략 1~2가구정도이기 때문에 전지역에 걸쳐 가신신앙을 모시는 집안이 많

15) [표 5]는 『강화도의 가정신앙』 1·2, 민속원, 2010의 내용을 토대로 하였다.

16) 이러한 지역들 중에서 심산면, 서도면은 강화도 본섬에 속하는 지역은 아니지만 바로 옆에 있는 섬이고 별도로 분류할 필요성이 없다고 판단되어 일단 여기서는 강화에 포함시켰다.

은 것은 아니라고 할 수 있다. 이러한 상황을 보면 강화도의 가신신앙도 당시에는 거의 전 지역에 분포하고 있지만 시간에 흐름에 따라 점차 사라질 가능성을 보여준다.

2) 가신의 양상과 특징

[표 6] 가신의 형태와 위치

가신 이름	가신의 형태	가신의 위치
칠성	무명천 7자 7치	안방 시렁(장롱 위)
지석(제석)	무명천 3자 3치, 고깔, 실 (바가지, 단지)	안방 시렁(장롱 위), 마루
별상(호구별상, 별상마누라)	벙거지와 쾌자, 엽전꾸러미	안방 시렁(장롱 위), 마루(거실), 건넌방
보물대감	벙거지	안방 시렁(장롱 위)
조상	사진, 신위	안방
성주	베(무명천), 한지, 단지	마루(대청)
대감	벙거지와 쾌자	마루(대청), 다락, 건넌방
벼슬대감	벙거지와 쾌자	마루, 광
걸립(걸립대감)	벙거지, 옷, 짚신, 베	마루, 현관, 앞마당
제장대감	벙거지와 쾌자	마루
주대감	벙거지	마루(거실)
사신대감	벙거지, 쾌자	광, 건넌방
군웅대감	주저리(항아리에 옷)	뒷마당
왕래대감	벙거지	부엌
식신대감	벙거지, 쾌자	안방, 부엌
살륭대감 (살림대감)	주저리(벙거지와 쾌자)	뒷마당, 집밖
몸주대감	벙거지와 쾌자, 주저리	마루, 부엌, 집밖

가신 이름	가신의 형태	가신의 위치
천대감	노란저고리와 빨간 치마	마루
목수대감	벙거지와 쾌자	부엌
장부대감	벙거지	신당
전안대감	벙거지와 쾌자, 홍띠	신당
천신대감(도깨비대감, 참봉대감)	벙거지, 주저리(벙거지와 쾌자)	부엌, 뒷마당, 굴뚝, 외양간, 집밖
목신대감, 김첨지대감	나무, 주저리	집밖
터주(터주대감, 텃대감)	주저리(벙거지와 쾌자 또는 항아리)	뒷마당, 집밖
번양대감	주저리	뒷마당
광대감	벙거지	광, 창고
배대감	벙거지와 쾌자, 건궁	배
방앗감대감	벙거지와 쾌자, 돈	정미소, 방앗간
기계대감(자동차대감)	건궁[17]	농기계창고
가게대감	건궁	가게(정육점)
주왕(조왕)	건궁, 벙거지, 주저리, 탱화	부엌, 싱크대
용궁칠성	단지	부엌
오씨 할머니	벙거지와 쾌자	부엌
업	주저리, 한지, 항아리	광, 부엌, 뒷마당
인업주	치마저고리	마루, 안방
긴대업(긴서낭)	벙거지와 쾌자, 독, 뱀	마루, 뒷마당, 배
우마걸립	한지	외양간
용신	건궁	우물
굴대장군	건궁	굴뚝
문신	엄나무	대문

가신 이름	가신의 형태	가신의 위치
목신타주	주저리(벙거지)	앞마당, 뒷마당
금할아버지	옷	마루
별상독	독, 항아리	마루의 별상 밑
진둥독(대감독, 진둥항아리)	독, 항아리	마루, 광, 부엌
성수말명(말명)	치마저고리	마루, 부엌
거북도초	돌, 주저리	뒷마당
미륵돌	돌	뒷마당
호서낭	주저리, 벙거지와 쾌자	뒷마당, 집밖
배성주	한지, 건궁	배의 기관실
소당애기씨(배애기씨)	색동저고리, 화장품 등	배의 기계방

위의 [표 6][18]을 보면 알 수 있듯이 강화도의 가신신앙을 보면 집안부터 집밖에 이르기까지 매우 다양한 곳에 가신들이 존재하고 있다는 것을 알 수 있다. 이를 대략 정리해보자면, 일반적으로 한방에는 칠성과 제석이 함께 있으며 다른 한쪽에 별상이 있고, 대청 혹은 마루에 성주와 대감의 신체가 있고, 부엌에는 조왕신인 주왕이 있고, 곡식을 저장하는 광에는 광대감이 있으며 뒷마당에는 터를 지키는 터주가 있다.[19]

그리고 위의 표를 보면 전통적인 가신뿐만 아니라 현대에 와서 새롭게 생긴 가신들도 일부 발견된다. 예를 들면, '기계대감(자동차대감)', '가게대감' 등의 이름과 '농기계창고', '가게(정육점)' 같은 장소에서 알 수

17) 신체가 없이 모시는 가신.

18) 윤동환, 「강화도 가정신앙의 대상과 유형」, 『실천민속학연구』 17, 실천민속학회, 2011, 234~236쪽.

19) 윤동환, 앞의 논문, 236~237쪽.

있듯이 일부 신들은 전통적인 가신이 아니라 현대에 들어서서 생겨난 신들이다. 이러한 신들이 존재하는 것은 가신신앙이 다른 민간신앙처럼 기복적 성격을 가지기 때문으로 보인다. 즉, 복을 빌어야 하는 장소나 대상이 새롭게 생겨남에 따라 새로운 숭배대상이 생기는 것이며 이런 점이 강화도의 가신신앙에서도 보이고 있는 것이다.

또한 대감신들이 많다는 점이 눈에 띈다.[20] '대감', '벼슬대감', '왕래대감', '식신대감', '목신대감', '사신대감' 등 강화도의 가신신앙에는 대감신들이 많이 있다. 이러한 강화도의 대감들은 주로 신체가 벙거지인 경우가 많고 모두 제물과 관련이 있다는 공통점이 있다. 그래서 이런 점을 보면 강화도에서 모시는 대감은 재물을 관장하는 신령이라고 볼 수 있다. 이러한 대감이 강화도에 많은 이유에 대해 홍태한은 "가정신앙의 신령이 일정한 공간과 관련이 있어서 대청의 대감이 집안 곳곳의 재물을 관장할 수 없다보니 집안 곳곳에 재물을 관장하는 신령들에 대감이라는 명칭을 붙인다. 대감은 대청에 봉안된 특정 신령의 명칭이면서 재물과 관련이 있는 모든 신령에 대한 통칭이다."라고 하고 있다. 즉 강화도의 대감들은 대부분 재물과 관련된 신이라고 볼 수 있다는 것이다. 그러나 '기계대감(자동차대감)'의 경우 가신의 위치가 '농기계창고'인데 이것은 농기계 혹은 자동차와 관련된 대감신인 것으로 추정된다. 이는 농기계를 통한 풍년을 기원하는 의미도 있었을 것으로 볼 수도 있지만, 그것보다는 자동차나 농기계의 안전을 기원하는 의미가 더 강한 것으로 추정된다.

그리고 강화도 대감의 신체는 다양하지만 이 중에서 벙거지가 많은

---

20) 이하 강화도의 대감신앙에 대한 내용은 홍태한, 「강화도 가정신앙 '대감'의 성격 연구」, 『도서문화』 36, 목포대학교 도서문화연구원, 2010의 내용을 참고하였다.

점이 눈에 띈다. 이러한 벙거지는 무당이 구입해준 것을 집에 모신 것이며 낡아 헤지면 무당들의 도구를 파는 만물상에서 다시 사기도 한다. 이런 점은 무당과 가신신앙의 연결점에 대감이 존재한다는 것을 보여준다. 일반적으로 가신신앙의 주체, 즉 가신신앙을 주도하는 것은 가정주부였지만 강화도의 경우는 가정주부뿐만 아니라 무당도 가신신앙의 주체가 된다. 특히 가신신앙과 관련된 의례는 무당이 전적으로 주도하고 있다. 그리고 벙거지의 경우에서 알 수 있듯이 무당이 구입해 준 것을 집에 모시는 점들을 보면 강화도의 가신신앙은 무당과 깊은 관련을 가지고 있다는 것을 알 수 있다. 이외에도 대청에 봉안된 대감은 안방에 봉안된 칠상 및 별상과 집 마루 중앙 기둥에 봉안된 성주와 대등한 지위를 가진다. 이는 강화도에서 대감신이 가신(家神) 중에서 위치가 상당하다는 것을 보여준다.

5. 교동도의 가신신앙

1) 분포지역

강화도뿐만 아니라 강화도 인근의 섬들에게도 가신신앙이 발견된다. 대표적으로 강화도에 속해 있지만 강화도와는 역사적으로 별개의 문화권을 가지고 있는 교동에도 가신신앙이 발견된다.

[표 7] 가정신앙이 발견되는 교동 지역

난정리	난정2리	고구2리
읍내리	무학리	동산리

봉소리	양갑리	대룡리
인사리	지석리	삼선2리
동산리	서한리	상룡리

위의 [표 7][21]에서 알 수 있듯이 교동의 가정신앙 역시 강화도와 마찬가지로 대부분의 지역에서 존재한다. 교동 지역은 인천지역 중 최외각에 속하는 지역으로 과거에는 강화도에서 배를 타고 들어갈 수 있는 지역으로 도시화가 거의 안된 지역이라고 할 수 있다. 지금은 강화도와 연륙교(連陸橋)로 연결되어 접근성이 높아지기는 했지만 여전히 교동은 과거의 모습을 간직하고 있는 지역이라고 할 수 있다.

그래서 이러한 교동지역은 2009년 10월부터 2010년 1월에 조사한 자료에 따르면, 약 100년 전 감리교가 전파되었음에도 불구하고 부근당 및 사신당과 같은 민속신앙들이 사라지지 않고 남아있으며 가신신앙 역시 남아있는 경우가 많았다고 한다. 예를 들면, 상주·별상·업·터주·대감 등의 신앙이 온전하게 남아 있으며 매년 정기적으로 의례가 거행되었다고 한다. 하지만 가옥구조의 변화로 인해 가신(家神)의 신체(神體)가 사라졌으며, 가신신앙을 끝내고자 하는 고령주부들의 요구로 없애버리는 경우가 많다고 한다. 특히 교동은 17개의 마을에 12개의 교회가 있다. 교동이라는 섬의 크기와 인구를 볼 때 매우 많은 축에 속한다고 할 수 있다. 그리고 교동에서 50대 이하의 사람들은 대부분 교회를 다니는 경우가 많다. 그래서 점차 교동의 가신신앙은 전승기반을 상실해가고 있는 것이다.[22] 따라서 2020년 현재 교동의 가신신앙에 대한 정확한

21) 『강화도의 가정신앙 1·2』, 민속원, 2010의 내용을 토대로 만들었다.

22) 홍태한, 「강화군 교동도 가정신앙 전승의 다양성」, 『도서문화』 35, 목포대학교 도서

현황은 알 수 없지만 점차 사라져 가고 있을 것으로 추정된다.[23)]

2) 양상

교동은 현재 행정구역상으로 강화군 교동면으로 강화에 속한 지역이다. 그렇기 때문에 교동의 가정신앙은 이러한 교동의 가신신앙은 2009년 10월 4일부터 2010년 1월 18일까지 강화지역의 가정신앙을 조사하면서 함께 조사되었으며 『강화도의 가정신앙』 1·2(민속원, 2010)에 교동의 가정신앙에 대한 조사자료가 들어가게 된다. 이후 조사에 참여한 홍태한은 「강화군 교동도 가정신앙 전승의 다양성」(『도서문화』 35, 국립목포대학교 도서문화연구원, 2010)라는 논문을 통해 교동지역의 가정신앙에 대해 별도의 논문을 작성하면서 교동지역의 가신신앙을 정리하였다. 여기서는 홍태한의 논문 내용을 중심으로 교동의 가신신앙에 대해 살펴보고자 한다.[24)]

① 칠성과 제석

칠성은 남두칠성 혹은 북두칠성을 말하는 것으로 비 또는 인간의 수명과 재물을 관장한다는 신(神)이고 제석은 불교의 제석천(帝釋天)에서 유래한 신으로 집안 사람들의 수명·자손·운명·농업 등을 관장하는 신이다. 이러한 칠성과 제석은 성격은 다르지만 교동에서는 이 둘을 같이 모시는 것이 특징이라고 할 수 있다. 예를 들면, 대부분의 집에서는 칠

문화연구원, 2010, 244~245쪽.

23) 홍태한, 앞의 논문, 238~239쪽.

24) 이하의 내용은 홍태한, 앞의 논문, 241~245쪽을 참조하였음.

성과 제석을 안방 장롱위에 모시기도 하고 칠성과 제석을 같이 이야기하기도 한다. 또한 신체(神體)의 모습도 같고 모시는 자리도 안방 장롱위라는 공통점을 가지고 있다. 이처럼 칠성과 제석은 교동에서는 구분되지 않는 모습을 보이고 있다.

이렇게 칠성과 제석을 동일하게 모시고 있기는 하지만 한편으로는 칠성을 좀더 중요시하는 모습을 보이기도 한다. 예를 들면, 칠성이 없다면 대감신을 모시실 수 없다고 하기 때문이다. 이런 점을 보면 교동에서는 칠성과 제석을 구분하지 않고 동급으로 여기지만 칠성을 좀더 중시하고 있는 특징을 보이고 있다.

② 마누라

교동에서 말하는 마누라는 호구별상을 말한다. 그래서 호구별상을 별상마누라라고 부르기도 한다. 호구별상은 천연두를 주관하는 신으로 호구별성(戶口別星)이라는 말에서 유래한 것으로 보인다. 이능화에 따르면 "어린아이가 천연두가 발병하는 날에는 즉시 종이로 기를 만들어 「강남호구별성사명기(江南戶口別星司名旗)」라고 써서 문짝 위에 걸어놓으며, 딱지가 완전히 떨어지기를 기다렸다가 무당을 불러 신을 보낸다."라고 한다고 한다.[25)]

여기서 호구별성(戶口別星)이라는 이름이 보이는데 이능화에 따르면 "호구(戶口)라는 것은 천연두의 신이 집집마다 사람마다 쫓아다니면서 하나도 빼놓지 않고 모두 천연두를 전염시키는 것을 말하는 것이다. 별성(別星)이라는 것은 사명을 지닌 특별한 객성(客星)을 말하는 것이다.

25) 『朝鮮巫俗考』. "兒痘發生之日, 卽造紙旗, 書曰江南戶口別星司名旗, 懸于門扉之上, 待落痂畢, 招巫送神。

세속에서 천연두신을 손님이라고 하는데, 이것을 번역하면 곧 객성이 된다."라고 하였다.[26)]

따라서 호구별성이라는 이름은 천연두가 집집마다 돌아다니며 전염병을 옮기는 손님이라는 의미로 쓰인 것으로 추정된다. 이후 별성은 왕위를 지키지 못했거나 왕위에 오르기 전 비극적인 죽음을 당했던 인물들을 평안과 재수의 신으로 신격화했을 때 사용되었던 '별상(別相)'이라는 말로 바뀐다고 한다.

그런데 교동에서는 이러한 마누라 즉 호구별상을 천연두의 신으로 생각하지 않는 것으로 보인다. 왜냐하면 호구별상을 잘 모시지 않는다면 송사와 시비에 휘말릴 가능성이 높기 때문에 가족의 화목을 위해서 잘모셔야 한다고 하기 때문이다. 이런 점을 보면 교동에서 호구별상 즉 마누라는 가정의 화목을 담당하는 신으로 바뀐 것으로 볼 수 있다.

③ 성주

성주(城主)는 집의 건물을 수호하는 신으로 교동에서는 대청 중앙에 성주대를 걸어 성주의 신체(神體)로 삼는다. 성주는 집안의 최고 신이지만 앞서 언급한 칠성보다 나중에 고사를 받는다고 한다. 이렇게 보면 성주가 칠성보다 못한 것으로 보이지만 교동에서는 다른 가정신은 없에도 성주만큼은 그대로 두는데 이는 성주가 집안의 신령들 중에서 가장 중요한 신이기 때문이라고 한다.

---

26) 其云戶口者, 謂痘神逐戶逐口, 不遺一人, 進行染痘也。其云別星者, 謂帶使命之特別客星也。俗云痘神日손님, 譯卽客星也。

④ **대감**

대감은 인간의 재복(財福)과 집안의 평안 및 번영을 담당하는 신으로 복을 관장하는 일반적인 신령의 이름이다. 이러한 대감신은 교동에서는 강화도와 유사하게 다양한 신령에 "~대감"라고 부르는 경향이 있다. 예를 들면, 터주를 '터주대감'이라고 하거나, 업을 '업양대감'이라고 하는 것을 볼 수 있다. 이러한 점을 보면 교동에서 '대감'이라는 말은 신령을 높여부를 때 사용하기도 하고 일반적인 재물과 복을 관장하는 신을 가리킬 때도 있다.

⑤ **광대감과 업**

광에 모시는 신을 광대감이라고 하고 업은 재운을 관장하는 신으로 업왕신이라고 한다. 광대감의 경우는 광의 위쪽에 벙거지를 한지로 싸서 걸어두는 식으로 모시며, 광대감 아래에 업신을 함께 모시기도 한다. 다만 광대감과 업을 항상 같이 모시는 것이 아니며 광대감의 경우 모시기도 안모시기도 한다고 한다.

⑥ **터주**

터주는 이능화의 『조선무속고』에서는 '토주신(土主神)'이라고 하는 신으로 집터를 주관하는 신이다. 교동에서는 터주를 집밖에 주저리로 모시는데 긴대업이나 족제비업신, 살륭대감등을 모시며 집 뒤뜰에 집을 지켜주는 큰 나무가 있다면 그 아래에 터주를 따로 모시고 목신터주라고 부른다고 한다.

결론

이상으로 인천의 전통신앙에 대해 알아보았다. 앞서 본 것처럼 인천의 전통신앙은 다양하다. 성황신앙을 비롯하여 인물, 풍어, 마을 등 다양한 신앙이 존재하고 의선당과 서해안 풍어제처럼 다른 지역에서 이주한 사람들에 의해 전래된 신앙들도 존재한다. 여기서는 이러한 전통신앙들의 특징을 종합적으로 정리하는 것으로 전반적인 결론을 대신하고자 한다. 그리고 이러한 결론을 위해 본 책의 목차와 상관없이 항목들을 묶어서 정리하고자 한다.

첫 번째로 인천의 전통신앙은 역사적인 인천의 지역적 또는 지리적 특성을 반영하고 있다. 지금의 인천은 광역시로서 각기 다른 역사 및 문화적 전통을 가진 지역들이 합쳐진 지역이다. 즉 적어도 조선시대에는 교동, 강화, 영종, 옹진(서해 5도), 부평, 인천[1]으로 나뉘어져 있으며 이들 지역이 현대에 들어서면서 지금의 인천광역시로 통합된 것이다. 특히 대부분이 1980년대 이후에 인천광역시에 통합된 지역으로 그 이전에는 경기도에 속했던 지역이다. 이러한 인천의 특징을 보여주는 것

1) 지금의 인천 미추홀구, 남동구, 연수구, 중구 및 동구 등에 해당되는 지역

이 바로 성황신앙이다. 여기서는 인천의 성황신앙으로 강화도의 갑곶 성황, 백령도의 성황당, 문학산의 안관당 등을 다루었지만 기록상으로는 교동의 화개산과 부평의 계양산에도 성황사(城隍祠)가 있는 것이 확인된다.[2] 이러한 성황신앙은 지역세력과 밀접한 관련을 가지고 있어 각 지역을 대표하는 신앙이라는 것을 보여준다.

또한 인천은 크게 보면 내륙지역과 해안·도서지역으로 나눌 수 있는데 『화도진도』 등 조선시대 지도를 보면 갯벌과 해안의 규모가 지금과 비교해서 매우 컸다는 것을 알 수 있다. 지금은 상당수 지역이 매립되었기 때문에 볼 수 없지만 인천 지역에서는 갯벌과 해안이 많이 있었다. 이것은 단순히 강화도, 교동도와 같은 섬지역에만 한정된 것이 아니라 미추홀구, 연수구와 같은 지역도 비슷하다고 할 수 있다. 그래서 인천에는 풍년뿐만 아니라 풍어신앙도 발달했던 것으로 보인다. 지금은 강화도 외포리 곶창굿과 황해도에서 전래된 서해안 풍어제가 인천의 풍어신앙을 대표하지만 연평도의 임경업 신앙이나 연수구에 있었던 동막도당굿 역시 풍어와 관련이 있는 신앙이라고 할 수 있다.

두 번째로 인천에는 예부터 인천에 존재했던 신앙뿐만 아니라 외부로부터 전래된 신앙들이 다수 존재한다. 예를 들면 강화도에 있는 관제묘들의 경우, 만들어진 것은 조선 고종 때이지만 실제 한국에 관우신앙이 전래된 것은 임진왜란 때 명나라 장군들에 의해서였다. 처음 관우신앙은 당시 유교사회를 지향하던 조선의 지방 유림들에게 배척의 대상

2) 다만 여기서 논란이 될 수 있는 것은 문학산의 안관당인데 그 이유는 문학산의 안관당의 위치가 『신증동국여지승람』에서 말하는 문학산 성황사의 위치와 완전히 일치하지 않기 때문이다. 하지만 다수의 전문가들은 지금의 안관당을 문학산에 있던 성황사로 보고 있다.

이었다. 그러나 점차 시간이 지나면서 토착화되어 민간신앙으로 자리를 잡게 된다. 그리고 조선후기에는 국가차원에서 제사를 드리기도 하고 관우신앙에 깊은 관심을 가지고 있던 조선 고종에 의해 강화도에 관제묘가 만들어지게 된다. 그래서 이러한 관우신앙을 여기서는 인물신앙으로 분류했지만 달리 보면 외래 신앙에 속한다고 할 수 있다.

이러한 외래신앙에 속하는 대표적인 것으로 이주민들에 의해 전래된 신앙들이 있다. 바로 의선당과 서해안 풍어제이다. 먼저 의선당은 임오군란 이후 인천에 정착한 화교와 밀접한 관련을 가진다. 이러한 의선당은 산동성의 중국인을 중심으로 다양한 지역에서 살던 사람들이 인천에 정착하면서 자신들의 안녕과 복을 기원할 장소가 필요하여 만들어진 것이다. 그래서 의선당에 모셔진 신들을 보면 관음보살, 관우, 마조, 용왕, 호선 등으로 중국 민간신앙의 대표적인 신들이다. 다음으로 서해안 풍어제는 지금은 인천의 대표적인 무형문화재 중 하나이지만 본용왕용왕래 황해도민들이 인천에 이주하면서 인천에 정착시킨 것이다. 서해안 풍어제는 배연신굿과 대동굿으로 나뉘며 그 중 배연신굿에만 기원설화가 있다. 배연신굿의 기원설화에는 2종류가 있는데 하나는 임경업 장군에 관한 것이고 또하나는 장산곶과 관련된 것이다. 배연신굿을 연구한 하효길의 경우 배연신굿의 기원설화로 장산곶과 관련된 기원담을 들고 있다. 그런데 장산곶은 지리적으로 백령도 앞 건너편에 있는 용연반도에 위치한 곳으로 조선시대 기록에 의하면 이미 이곳에는 장산곶사라고 하는 신당이 존재하고 있었다. 그리고 백령도와 장산곶 앞 바다는 물길이 험난한 곳으로 유명했다. 그래서 서해안 풍어제에는 항해상의 안전을 기원하는 의식이 배연신굿과 대동굿에 모두 존재한다고 한다.

세 번째로 강화도의 관우와 대청도의 원순제의 경우에서 보듯이 외국인을 신으로 모시는 사례들도 보이고 있다. 강화도의 관우는 조선 고종 때 만들어진 것이지만 대청도의 원순제의 경우는 정확히 언제인지는 알 수 없으나 『동아일보』, 「도서순례」의 내용을 보면 비교적 오래되었을 것으로 추정된다. 특히 강화도의 관우신앙은 강화도와 아무런 상관이 없지만 대청도의 경우는 원순제가 황제가 되기 전에 유배를 온 장소였고 조선시대에도 원순제가 유배되었던 건물의 흔적이 있을 만큼 깊은 관련을 가지고 있었다. 이렇게 인천에서는 외국의 인물들에 대한 신앙도 보이고 있다. 그러나 대청도의 원순제 신앙의 경우는 연평도를 중심으로 하는 임경업 장군 신앙의 확산과 기독교의 전래로 인해 결국 완전히 사라지고 말았다.

이러한 사례는 개항기 인천의 모습과 연결된다. 인천은 개항 이후 각종 외래문물과 더불어 다양한 지역의 사람들이 모여들었다. 그렇게 모인 사람들 중에는 의선당과 서해안 풍어제처럼 자신들의 신앙을 가지고 오는 경우가 있다. 관우신앙과 원순제 신앙은 이런 경우와는 다른 경우이기는 하지만 넓게 보면 인천이 가지고 있는 개방성과도 연결된다고 생각된다. 앞서 언급했던 것처럼 인천광역시는 교동, 강화, 부평, 서해 5도, 인천의 남동·연수·미추홀구 등 역사문화적으로 각기 다른 지역이 광역시로 합쳐진 것이다. 이러한 다양성과 더불어 다른 나라의 인물들을 신으로 모시거나 받아들이는 개방적 성격도 가지고 있다고 생각된다.

네 번째로 인천에는 현재 점차 사라져 가는 전통신앙들도 다수 존재한다. 즉 일부 지역에서는 존재하지만 인천의 변화로 인해 점차 사라져 가는 전통신앙이 존재하고 있는 것이다. 대표적으로 풍어신앙과 마을

신앙 및 가신신앙 등을 들 수 있다. 풍어신앙도 인천에만 있는 것이 아니라 다른 지역의 섬이나 해안 마을에는 대부분 있던 신앙이다. 그 외에 마을신앙과 가신신앙도 마찬가지라고 할 수 있다. 인천의 풍어신앙으로 남아있는 것은 현재 외포리 곶창굿 하나뿐이고 동막도당굿 등은 이미 사라져 존재하지 않는다. 그리고 인천의 마을신앙으로는 교동의 부근당과 연수구 동막마을의 도당굿 및 동제(洞祭)가 있다. 부근당은 교동에만 있는 것이 아니라 서울 한강변에 많이 발견되는 마을신앙으로 부군당, 부근당 등 다양한 이름으로 불린다. 그리고 동제 역시 전국적으로 분포하는 것으로 2015년에 인천시립박물관에서 조사된 자료에 의하면 인천 전체에 68개의 동제가 있는 것으로 확인되고 있다.

그러나 이러한 풍어신앙을 비롯하여 마을신앙과 가신신앙 등은 점차 사라져 가고 있는 추세에 있다. 풍어신앙도 지금은 강화도 외포리 곶창굿과 서해안 풍어제 정도만 남아있고 연수구 동막마을 도당굿을 비롯한 동제와 가신신앙도 점차 사라져 가고 있다. 이 중 동제의 경우는 자연마을에 기반을 두고 있는데 인천의 도시화가 진행되면서 자연마을들이 하나둘씩 사라져가면서 동제 역시 사라져갔다. 이는 가신신앙 마찬가지라고 할 수 있다. 가신신앙은 다른 말로 가정신앙이라고도 하는데 2003년 인천광역시립박물관에서 출간한 『인천남부종합학술조사』와 2010년에 민속원에서 출간한 『강화도의 가정신앙』 1·2를 보면 인천 남동구, 영종도 및 용유도, 강화도, 교동도 등지에서 발견할 수 있다. 그러나 이러한 가신신앙 역시 거의 대부분 사라져 가는 신앙이다. 이러한 변화의 원인은 마을신앙과 비슷하게 도시화과정으로 인해 전통적인 자연마을 이 사라져 가는 것도 있지만 주거환경의 변화가 가신신앙의 몰락을 가속화하고 있다고 한다. 또한 교동의 경우 기독교 신자가 늘어나는 것도 가신신앙이 사라져 가는 주요 원인이 되고 있다. 비록 강화도와 석모도 등에 일부 지역에는 남아있기는 하지만 인천지역의 도시화가 가속화되고 신도시가 개발되면서 주거환경이 변화하게 되면 남아있는 가신신앙 역시 사라질 가능성이 높다고 생각된다.

다섯 번째로 일부 전통신앙은 국가와 밀접한 관련을 가지고 있기도 하다. 이른바 국가제사라고 불리는 것으로 인천 미추홀구에 있었던 원도사와 강화도 마니산에서 벌어졌던 참성단 초제가 있다. 통상 국가제사라는 것은 기본적으로 중앙정부가 주도하여 벌어지는 제사를 말한다. 그러나 세종 7년(1425) 만들어진 『경상도지리지』에 의하면 국가에서 사람을 보내 제사를 지내는 경우가 있고 수령이 직접 제사를 지내는 경우가 있어서 일반적인 국가제사의 정의에 다소 문제가 생길 수 있다. 그러나 여기서는 정부에서 사람을 보내 제사를 지내는 경우와 수령이 제사를 지내는 것을 모두 국가제사의 범주에 포함시켰다.

먼저 강화도 참성단은 단군이 하늘에 제사를 지냈다는 전설이 있지만 기존 연구들을 보면 고조선과 강화도는 관련성이 적은 것으로 보이고 있고 참성단 및 삼랑성의 단군전승도 고려시대 만들어진 것으로 추정된다. 초제가 벌어진 것은 고려 고종 때로 몽골에 침략에 저항하기 위해 강화도로 천도한 후였다. 이러한 초제는 처음에는 도교식으로 치루어졌으며 조선시대에 이르러 유교식으로 바뀐다. 다음으로 원도사제가 벌어지는 원도는 낙섬이라고 불리는데 지금은 주변이 매립되어 더 이상 존재하지 않는다. 낙섬이 국가제사의 중심지가 된 것은 조선 세종 19년 3월 13일 예조에서 악(岳)·해(海)·독(瀆) 및 산천(山川)의 단묘(壇廟)와 신패(信牌)의 제도를 정하면서 여러 섬들의 제사를 한 곳에 모아서 제사를 지내면서부터이다. 이때 주변 섬들의 신들을 낙섬에 사당을 세우고 합사하면서 원도사가 국가제사 제장이 된다. 이후 원도사는 국가 차원에서 벌어지는 기우제의 제장이 되기도 하였다.

이렇게 인천의 전통신앙의 양상과 특징에 대해 정리해 보았다. 앞서 여러차례 말한 것처럼 인천광역시는 다양한 지역들이 결합되어 지금까지 이어진 곳이다. 그래서 인천의 전통신앙의 특징을 몇 가지로 단정지어서 말하기 어려운 점이 많다. 더군다나 인천은 도시화가 진행되고 있어서 상당수 전통신앙들이 사라져가고 있기 때문에 앞서 언급한 것들 외에도 더 많은 전통신앙이 있을 수 있다. 하지만 현재로서는 추가로 어떤 전통신앙이 있었는지 알 수 없기다. 그렇기 때문에 일단 현재까지 조사된 전통신앙들을 기준으로 그 특징을 종합적으로 정리해보자면 다음과 같다. 첫째로 인천의 전통신앙들은 인천의 역사와 지리에 따른 다양한 문화적 전통을 반영하고 있으며, 둘째로 토착문화와 외래문화가 조화되는 모습들을 모이고 있다. 이것이 인천의 전통신앙이 가지는 전반적 특징이라고 생각된다.

참고문헌

Ⅰ. 성황신앙

『강도지(江都志)』

『강화부지(江華府志)』

『京城 仁川·水原·開城』, 조선총독부, 1938.

『계양산성Ⅴ-인천 계양산성 8차 발굴조사 보고서』, (재)겨레문화유산연구원, 2019.

『고려사』

『동국여지지』

『동아일보』 도서순례 백령도방면

『만기요람(萬機要覽)』

『백령도지』

『삼국사기』

『삼국유사』

『성호사설』

『세종실록』

『세종실록지리지』

『소성진중일지』

『신증동국여지승람』

『여지도서』

『옹진군지』

『을해조행록(乙亥漕行錄)』

『인천부읍지(1842년)』

『인천부읍지(1899년)』
『인천의 지명유래』, 인천광역시, 1998.
『임하필기(林下筆記)』
『한국세시풍속사전-정월편』, '서낭제', 국립민속박물관, 2007.
『함주지(咸州志)』
『화도진도』
『1872년 인천부 지도』

김옥근, 「조선시대 조운제연구」, 『경제학연구』 29, 한국경제학회, 1981.
김락기, 「[세상읽기] 문학산 안관당에 모신 사람은 인천부사 김민선?」, 『인천투데이』, 2013.05.16.
남동걸, 「인천지역 설화를 통해 본 인천의 지역성 탐색」, 『인천학연구』 25, 인천학연구원, 2016.
『문학산일대 문화유적지표조사보고서』, 인하대학교박물관·인천광역시, 1999, 90쪽.
濱田耕策, 『新羅國史の研究』, 吉川弘文館, 2002.
서영대 외, 『시흥군자봉성황제』, 시흥문화원, 2005.
서영대, 「강화도의 참성단에 대하여」, 『한국사론』 41·42, 서울대학교 국사학과, 1999.
서영대, 「고려 말, 조선 초의 三聖信仰 연구」, 『한국학연구』 46, 인하대학교 한국학연구소, 2017.
서영대, 「한국과 중국의 성황신앙(城隍神仰) 비교」, 『중국학연구』 12, 중국사학회, 2001.
서영대, 「한국 중국의 성황신앙사와 순창의 〈성황대신사적〉」, 『성황당과 성황제』, 민속원 1998.
신종원, 『신라초기불교사연구』, 민족사, 1992.
신혜원, 「조선시대 성황 제소(祭所)의 혼란한 양상에 관한 연구」, 『아시아문화연구』 44, 가천대학교 아시아문화연구소, 2017.
이경성 지음, 배성수 엮음, 『인천고적조사보고서』, 인천문화재단, 2012.

이기태, 『읍치 성황제 주제집단의 변화와 제의 전통의 창출』, 민속원, 1997.
이능화 지음, 서영대 역주, 『조선무속고』, 창비, 2008.
이방원, 「일제하 미신에 대한 통제와 일상생활의 변화」, 『동양고전연구』 24, 동양고전학회, 2006.
이영수, 「인천문학산 설화연구」, 『인천학연구』 20, 인천학연구원, 2014, 212쪽.
이영재, 「순흥 읍치성황제의 형성과 변화」, 『민속학연구』 23, 국립민속박물관, 2008.
이용범, 「원인천 지역 지방제사의 전통과 계승」, 『박물관지』 15, 인하대학교 박물관, 2012, 12쪽.
『인천 문학산 제사유적』, (재)한국고고인류연구소·인천광역시 남구, 2018.
정의도, 「제장으로서의 산성 연구」, 『문물연구』 12, 동아시아문물연구학술재단, 2007.
채미하, 「신라 명산대천의 사전 편제 이유와 특징」, 『민속학연구』 30, 국립민속박물관, 2007.
채미하, 「신라 城제사와 그 의미」, 『역사민속학』 30, 한국역사민속학회, 2009.
채웅석, 「고려 중후기 '무뢰'와 '호협'의 행태와 그 성격」, 『역사와 현실』 8, 한국역사연구회, 1992.
최종석, 「조선시기 城隍祠 입지를 둘러싼 양상과 그 배경」, 『한국사연구』 143, 한국사연구회, 2008.
한국종교사연구회, 『성황당과 성황제』, 민속원, 1998.

Ⅱ. 인물신앙

『강도지』
『江華府 關帝廟重修願募錄』
『고려사』
『광해군일기[중초본]』
『난호어목지』
『동아일보』 도서순례

『연려실기술』
『옹진군향리지』, 옹진군, 1996.
『원사(元史)』
『일성록』
『인천의 지명유래』, 1998.
『선조실록』
『세종실록지리지』
『속수증보강도지』
『신증동국여지승람』
『신편 한국사 42 대한제국』, 국사편찬위원회, 1999.
『여지도서』
『永嘉誌』
『임원경제지』
『임충민공실기』
『조선왕조실록-인조실록』
『增補文獻備考』
『춘관통고』
『토향지』, 내무부지방국행정과, 1973.

강성복, 「조선후기 홍성 성호리 동제의 성립과 신격의 변화」, 『지방사와 지방문화』 10(2), 역사문화학회, 2007
권오중, 「大靑島에 온 元의 流配人」, 『인문연구』 35, 영남대학교 인문과학연구소, 1998.
김덕진, 「17세기 해수저온과 수산공물」, 『이화사학연구』 43, 이화여자대학교 이화사학연구소, 2011.
김탁, 『한국의 관제신앙』, 선학사, 2004.
민관동·배우정, 「國內 關羽廟의 現況과 受容에 대한 硏究」, 『중국소설논총』 45, 한국중국소설학회, 2015.
박구병, 『한국어업사』, 정음사, 1975.

서종원, 「조기잡이 어업기술의 변화양상 고찰」, 『도서문화』 34, 목포대학교 도서문화연구원, 2009.

손병규, 「갑오시기 재정개혁의 의미: 조선왕조 재정시스템의 관점에서」, 『한국사학보』 21, 고려사학회, 2005.

손숙경, 「19세기 후반 식민지기 관우 숭배의 확산과 쇠퇴」, 『석당논총』 65, 동아대학교 석당학술원, 2016.

송지원, 「정조대 의례 정비와 『春官通考』 편찬」, 『규장각』 38, 규장각한국학연구소, 2011.

오타기 마쓰오 지음, 윤은숙·임대희 옮김, 『【중국의 역사】 대원제국』, 혜안, 2013.

이방원, 「일제하 미신에 대한 통제와 일상생활의 변화」, 『동양고전연구』 24, 동양고전학회, 2006.

이영학, 「조선후기 어업에 대한 연구」, 『역사와 현실』 35, 한국역사연구회, 2000.

이태진, 「'小氷期'(1500~1750년)의 天體 現象的 원인: 『朝鮮王朝實錄』의 관련 기록 분석」, 『국사관논총』 72, 국사편찬위원회, 1996.

조희구·나일성, 「18세기 한국의 기후변동-강우량 (降雨量)을 중심으로」, 『동방학지』 22, 연세대학교 국학연구원, 1979.

주강현, 「서해안 대동굿지」, 『민족과 굿』, 학민사, 1978

주강현, 「서해안 조기잡이와 어업생활풍습」, 『역사민속학』 1, 한국역사민속학회, 1991.

한은선, 「어업 환경의 변화에 따른 어촌 마을굿의 변화 양상: 연평도·위도·추자도를 중심으로」, 목포대학교 박사학위논문, 2014.

Ⅲ. 풍어 신앙

『강도지』

『고려도경』

『교동군읍지(1899)』

『선화봉사고려도경』

『속수증보강도지』

『태종실록』
『토향지』

강영경, 『강화도 외포리 곶창굿』, 민속원, 2010.
김현석, 「교동의 역사유적」, 『교동도』, 민속원, 2015.
문경호, 「12세기 초의 동아시아 국제정세와 神舟의 고려 항로」, 『한국중세사연구』 55, 한국중세사학회, 2018.
문경호, 「1123년 서긍의 고려 항로에 대한 재검토」, 『역사와 담론』 78, 호서사학회, 2016.
윤형숙, 「강화도 젓새우잡이 어업의 발달과 변화」, 『도서문화』 34, 목포대학교 도서문화연구원, 2009.
인하대학교 한국학연구소 편, 『교동향교지』, 교동향교, 2012.

Ⅳ. 마을신앙

『강도지』
『경기감영도(京畿監營圖)』
『경조부지(京兆府志)』
『교동군읍지(1899)』
『대동야승』
『동국여지비고(東國輿地備考)』
『성호전집』
『숙천제아도(宿踐諸衙圖)』
『연수구사(상·하)』, 인천광역시 연수구, 2014.
『오주연문장전산고』
『인천남부 종합학술조사』, 인천광역시립박물관, 2003.
『인천의 동제』, 인천광역시립박물관, 2015.
『조선왕조실록』
『주자어류』

『교동 역사문화유적 학술조사용역 최종보고서』, 강화군·인하대학교 박물관, 2018.
김영준, 「신라 일월제(日月祭)의 양상과 변화」, 『한국학연구』 52, 인하대학교 한국학연구소, 2019.
김태우, 『한강 유역 부군당 의례의 전승과 변화 양상』, 민속원, 2017.
목진호, 「경기 도당굿의 지역성 고찰」, 『로컬리티 인문학』 10, 부산대학교 한국민족문화연구소, 2013.
문상범, 「인천의 동제 연구」, 『인천학연구』 2(2), 인천학연구원, 2003.
손태도, 「조선 후기의 무속」, 『한국무속학』 17, 한국무속학회, 2008.
유승훈, 「경강변 부군당의 성격과 역사적 전개양상」, 『서울학연구』 20, 서울학연구소, 2003.
이용범, 「동막도당굿의 특징-굿의 주체와 진행방식, 종교적 성격을 중심으로」, 『한국무속학』 28, 한국무속학회, 2014.
전종한, 「조선후기 읍성 취락의 경관 요소와 경관 구성: 태안읍성, 서산읍성, 해미읍성을 중심으로」, 『한국지역지리학회지』, 한국지역지리학회, 2015.
정연학, 「강화 교동도 '교동읍성' 내 부근당의 성격과 제의」, 『실천민속학연구』 28, 실천민속학회, 2016.

Ⅴ. 국가신앙

『강도지』
『경상도지리지』
『고려사』
『국조오례의』
『만기요람』
『백령도지』
『삼국사기』
『선조강화선생일기』
『세종실록지리지』
『속수증보강도지』

『신증동국여지승람』
『인천부읍지』(1842)
『증보문헌비고』
『조선왕조실록』
『주비산경(周髀算經)』
『주역』
『화도진도』

김성환, 「강화도 단군전승의 이해와 인식」, 『인천학연구』 8, 인천학연구원, 2008.
서영대, 「강화도 참성단의 제천의례」, 『우리 문화 속 단군 읽기』, 동과서, 2019.
서영대, 「강화도의 참성단에 대하여」, 『한국사론』 41·42, 서울대학교 국사학과, 1999.
서영대, 「참성단의 역사와 의의」, 『단군학연구』 19, 단군학회, 2008.
『譯註 仁川府邑誌』, 인천광역시 역사자료관, 2004.
이영춘, 「朝鮮後期의 祀典의 再編과 國家祭祀」, 『한국사연구』 118, 한국사연구회, 2002.
이욱, 「조선후기 제관(祭官)의 차정(差定)의 갈등을 통해 본 국가 사전(祀典)의 변화」, 『종교연구』 53, 한국종교학회, 2008.
이종철·선영란·김삼기, 「智島地域의 信仰民俗」, 『도서문화』 5, 목포대학교 도서문화연구원, 1987.
이종철·선영란·오미순, 「新安郡 長山島·荷衣島의 信仰民俗」, 『도서문화』 3, 목포대학교 도서문화연구원, 1985.
이형구·노태천, 「강화도 삼랑성 실측조사 연구」, 『백제논총』 5, 백제문화개발연구원, 1996.
『인천문화원43년사』, 인천문화원, 1997.
최종성, 『기우제 등록과 기후의례』, 서울대학교출판부, 2007.
『한국세시풍속사전-겨울편』, 국립민속박물관, 2006.
허흥식, 『한국신령의 고향을 찾아서』, 집문당, 2006.

Ⅵ. 이주민 신앙

『대동지지』

『백령도지』

『삼국지』

『신증동국여지승람』

『조선왕조실록』

김정숙, 「仁川市 황해도민의 정착과 정체성 형성」, 한국교원대학교 석사학위논문, 2007.

마서전 지음, 윤천근 옮김, 『중국의 삼백신』, 민속원, 2013.

박현규, 「인천화교 의선당의 모습과 민간신앙 조사」, 『역사민속학』 29, 한국역사민속학회, 2009.

아서 코트렐, 도서출판 까치 편집부 옮김, 『그림으로 보는 세계신화사전』, 도서출판 까치, 1995.

이정희, 「조선화교의 민간신앙과 비밀결사: 거선당과 의선당을 중심으로」, 『사회와 역사』, 한국사회사학회, 2018.

이정희, 『한반도 화교사』, 동아시아, 2018.

조영천, 「서해안 풍어제의 배연신굿의 연구」, 한국교원대학교 교육대학교 음악교육전공 석사학위논문, 2004.

하효길, 『서해안배연신굿 및 대동굿』, 화산문화, 2002.

Ⅶ. 가신신앙

『삼국지』

『조선무속고』

『강화도의 가정신앙 1·2』, 민속원, 2010.

김명자, 「가신신앙의 역사」, 『한국민속사입문』, 지식산업사, 1996.

윤동환, 「강화도 가정신앙의 대상과 유형」, 『실천민속학연구』 17, 실천민속학회,

2011.

『인천광역시 중구사(상)』, 중구사편찬위원회, 2010.

『인천남부종합학술조사』, 인천광역시립박물관, 2003.

홍태한, 「강화도 가정신앙 '대감'의 성격 연구」, 『도서문화』 36, 목포대학교 도서문화연구원, 2010.

홍태한, 「강화군 교동도 가정신앙 전승의 다양성」, 『도서문화』 35, 목포대학교 도서문화연구원, 2010.

찾아보기

김영준

現 인하대학교 강사
전공: 한국고대사
주요 연구주제: 한국 고대 문화, 인천지역사

약력
인하대학교 사학과 졸업
인하대학교 대학원 사학과 석사과정 졸업
인하대학교 대학원 한국학과 박사과정 졸업

주요 논문
「신라 일월제(日月祭)의 양상과 변화」, 「『강도지』에 보이는 갑곶성황제에 대한 검토」 등.

인천학연구총서 46
인천의 전통신앙

2021년 2월 26일 초판 1쇄 펴냄

기 획 인천대학교 인천학연구원
지은이 김영준
펴낸이 김흥국
펴낸곳 보고사

등록 1990년 12월 13일 제6-0429호
주소 경기도 파주시 회동길 337-15 2층
전화 031-955-9797(대표)
02-922-5120~1(편집), 02-922-2246(영업)
팩스 02-922-6990
메일 kanapub3@naver.com / bogosabooks@naver.com
http://www.bogosabooks.co.kr

ISBN 979-11-6587-151-2 94300
979-11-5516-336-8 (세트)

정가 23,000원